中国工运通史

金融工会卷

中国金融工会　编

中国工人出版社

图书在版编目（CIP）数据

中国工运通史．金融工会卷／中国金融工会编．北京：中国工人出版社，2025. 4. -- ISBN 978-7-5008-8489-7

Ⅰ．K261.3

中国国家版本馆CIP数据核字第20243D6W53号

中国工运通史 金融工会卷

出版人	董　宽
项目统筹	蒋佩轩
责任编辑	陈培城
流程编辑	李若昕
责任校对	张　彦
责任印制	栾征宇
封面设计	久品轩
出版发行	中国工人出版社
地　　址	北京市东城区鼓楼外大街45号　邮编：100120
网　　址	http://www.wp-china.com
电　　话	（010）62005043（总编室）
	（010）62005039（印制管理中心）
发行热线	（010）82029051　62383056
经　　销	各地书店
印　　刷	北京盛通印刷股份有限公司
开　　本	710毫米×1000毫米　1/16
印　　张	23.5
字　　数	300千字
版　　次	2025年4月第1版　2025年4月第1次印刷
定　　价	188.00元

《中国工运通史 金融工会卷》
编 委 会

主　　编　梅志翔　康华平

副 主 编　张　亮

编　　委　王海光　余　洁　张　亮　曾　萍　张　锐　李立东　李晓文

顾　　问　冯喜良　彭恒军　濮　旭　陶跃进　陈　炜　任保华　阎雪君

执行编辑　张　冰

参写人员　付晶晶　范业亮　王新荣　申　琪　何　晶　李　柳　谢　怡　邹　超　张继飞　詹　婧　雷晓天　常　成　王　欣　盛龙飞　苏建宁　张贤中　魏新然　鄢　然　徐小雯　李　欣　肖志锋

目录 / CONTENTS

第一编

新中国成立前的金融工运（1840—1949）

第二编

社会主义革命和建设时期的金融工运（1949—1978）

第三编

改革开放和社会主义现代化建设新时期的金融工运（1978—2012）

第一编

新中国成立前的金融工运（1840—1949）

第一章

近代金融业的产生和发展

处于半殖民地半封建社会的中国金融是伴随着鸦片战争后的一系列不平等条约出现的。一开始它就具有特权和掠夺的性质。鸦片战争前，中国是一个物产丰富的国家，不需和外洋来往，可以自给自足。但是西欧的商人却不断来中国掠夺，要求和中国进行殖民地性质的贸易。在这种情况下，中国政府开始采取限制政策，以广州一个口岸与外洋通商，由于中国自给自足的自然经济占统治地位以及实行限制中外贸易的政策，外国商品侵入中国并没有市场。与之相反，中国的丝茶出口数量每年都有增加，在商品交换上，中国居于出超国地位。于是外国侵略者，首先是英国为了达到侵略目的，采取外交和恫吓的手段，企图打开中国的大门，当正常的工业品在中国没有市场时，他们就采取海盗式掠夺行动，向中国输出鸦片，毒害中国人，攫取暴利，抢走了大量白银，致使中国银荒奇重，银价高涨，大大增加了人民负担，影响了人民的生活。村镇市场银钱比价悬殊，工农产品的零售价格上涨远远跟不上银价的急剧上升。银价越高，劳动者的收入相对越少，生活水平日益下降。鸦片输入，白银外流，不仅危害人民利益，而且给中国带来了灾难。

鸦片战争后，外国资本侵入，其目的是推销商品、掠夺原料，把中国变为他们的殖民地市场。1842 年 8 月 29 日，清政府被迫签订第一个不平等条约——《南京条约》（又称《江宁条约》）：

割让香港岛，废除只许广州一口贸易的限制，开放广州、福州、厦门、宁波、上海等处为通商口岸，赔款与协定关税，取消公行制度。从此以后，香港就成了英国在远东的军事和商业基地。在通商口岸，英国人可以携带眷属自由居住，可以进行自由贸易，并派驻领事等官员。中国赔给英国的款项2100万银元，其中烟价600万银元，商欠300万银元，水陆军费1200万银元。协定关税，即中国海关增减进出口货物税率必须双方共同协定，这使中国失去关税自主权。规定英国货物只在某一个港口按例纳税后，即准中国商人运销各地，不能任意增加内地税，外国货因而享受了比中国货还要优越的条件。

1843年，英国侵略者又强迫清政府签订了《虎门条约》作为《江宁条约》的补充，规定了极低的关税，开设租界，有领事裁判权和最惠国待遇。在《江宁条约》签订后，美国、法国垂涎英国既得利益跟踪而来，向中国进行敲诈勒索。继之资本主义小国，如葡萄牙、比利时、瑞典、荷兰、西班牙等都纷纷要求和清政府订约，清政府一概应允。从此，中国大门不但向几个资本主义大国开放，而且向整个资本主义世界敞开了。

1894年7月，发生了帝国主义侵华的中日甲午战争，战后帝国主义又获得许多新的政治经济特权。其中包括各帝国主义在中国设立银行，这是他们对中国进行经济侵略的一种手段。

最初在中国境内开办银行的，是外国资本家。外国资本家因对华贸易和对华实行经济侵略的需要，纷纷在中国通商口岸设立银行，办理国际汇兑及各种经济侵略事宜。自1840年鸦片战争以来，英帝国主义首先取得在华的特殊权利，而其对华贸易又居于当时各国对华贸易的第一位，所以它最早在中国境内设立银行。1857年，英商麦加利银行首先设立分行于上海。随后于1867年，汇丰银行（先为各国资本家合办，后归英商独办）亦设分行于上海。中日甲午战争之后，英国的有利银行、法国的东方汇理银行、德国的德华银行、日本的正金银行及俄国的华俄道胜银行均先后在中国境内设立分行；义和团事变后，美国的花旗银行、比利时的华比银行、荷兰的荷兰银行、日本的台湾银行，亦相继在中国成立分行；其后外国银行在华设立者陆续增加，而以日本为最多。这一时期全国共有外国银行（包括名为中外合办而实权操于外人手里的中外合办银行）六七十家，其资力之雄厚和营业成绩之优良，都胜于国内银行。从中日甲午战争以来，在华外国银行的势力，虽因本国银行的发达而相对减少，但在绝对的意义上还是处于优胜的地位，中国的金融界还处于这些外国银行的支配之下。1857 年至 1925 年外国银行的设立数目详见下表：

年份	数目（家）
1857	1（麦加利银行上海分行成立）
1867	1（汇丰银行上海分行成立）
1875	2（有利及东方汇理总行成立）
1889	1（德华银行总行成立）
1890	1（正金银行总行成立）
1893	1
1896	1（华俄道胜银行成立）
1899	1（台湾银行总行成立）
1901	1（花旗银行总行成立）
1902	2（华比总行及荷兰银行上海分行成立）
1907	1
1908	1
1912	1（日商）
1913	2（日商）
1918	6（内有日商银行 3 家）

续表

年份	数目（家）
1919	1（荷商安达银行上海分行成立）
1920	10（英国大英银行、美商大通银行及日商银行成立）
1921	2（日商）
1922	3（内有日商银行 1 家）
1923—1925	本时期内设立者以日商为多，可惜无确实统计
未详	24（内有日商银行 19 家）
合计	63

上表所列 63 家外国银行中，包含所谓中外合办银行 17 家（这些中外合办银行，后来大多归于失败）。这些外国银行，分属于英、日、美、法、德、荷、比、意、挪（挪威）、俄十国。这 63 家外国银行的国籍、行数及分行数详见下表：

国籍	行数（家）	分行数（家）
英国	4	22（汇丰有 12 家，麦加利有 7 家，有利有 2 家，及大英银行）
日本	42	90（正金有 13 家，朝鲜银行有 21 家，台湾银行有 7 家，及其他银行）
美国	6	20（花旗有 8 家，汇丰有 3 家，大通有 2 家，及中美合办的中华懋业银行）
法国	3	11（东方汇理有 7 家，义品有 3 家，及中法合办的中法实业银行）
德国	1	7（德华银行）
荷兰	2	5（荷兰有 3 家，安达有 2 家）
比利时	1	4（华比银行）

续表

国籍	行数（家）	分行数（家）
意大利	1	1（华义银行）
挪威	1	1（中挪合办的华威银行）
俄国	2	18（远东有6家，道胜有12家）
合计	63	179

以上两表说明：第一，只有英国在华的主要银行，在1894年中日战争爆发以前已经筑成了坚固的基础；其他重要各国在华的主要银行，都是在中日战争以后日俄战争以前形成它们的基础的。英、美、德、法、日、比诸国对华侵略的代表的金融机构，都已在日俄战争以前组织完备，从中日甲午战争至日俄战争这一期间，是外国银行对华实行经济侵略最猛烈的期间，因为这一期间是帝国主义者争夺中国路权矿权最猛烈的期间，在华外国银行便是各帝国主义国家争夺路权矿权的金融工具；而且这时中国只有一家国内银行，金融主导权基本握在帝国主义者手里。第二，从1912年以来，所设外商银行大部分为日商银行，这是因为此前近二十年，日本在中国的经济势力日益增加，尤其在第一次世界大战期间有飞跃的增加。第三，在华外国银行，以英、日、美三国银行的势力为最大，这是因为三个国家的对华贸易及其在中国的一般经济势力为最大。总之，在华外国银行的发展情形，大体上是可以代表各帝国主义国家在华经济势力的发展情形的。换言之，就是各帝国主义国家在中国政治上的势力，大体上亦可以拿各国在中国的银行势力做代表。各国在华银行资本的利益，大体上就是各帝国主义国家的利益——各国在华银行家的意见，实际上可以代表各帝国主义国家的意见；各国在华银行，一方面代表各国金融资产阶级执行经济侵略甚至政治政策，另一方面影响各国政府

对华的经济政策甚至外交政策。因此，在华外国银行是各帝国主义国家侵略中国的大本营，其势力不但支配着中国的金融界，而且支配着中国整个经济生活及政治生活。

第二章

早期金融业与金融工运

人类社会任何的活动甚至包括最激烈的战争，都是建立在金融货币这个舞台之上的。可以说，没有资金的支持，任何人或者组织的任何活动都是困难重重的。

中国共产党领导的金融事业的萌芽是伴随着农民运动的广泛兴起，以及农民协会的大规模建立而发展起来的。其出生和成长并不是刻意创造或者有计划设置的，而完全是顺应历史潮流，自然而然诞生的。更确切地说，红色金融的初创实际上是在回应广大农民群众的迫切需要而产生的。

毛泽东在《中国社会各阶级的分析》一文中是这样描述当时农村中贫农阶级的生活的：“所谓另一部分贫农，则既无充足的农具，又无资金，肥料不足，土地歉收，送租之外，所得无几，更需要出卖一部分劳动力。荒时暴月，向亲友哀告怜借，得几斗几升，敷衍三日五日，债务丛集，如牛负重。他们是农民中的极艰苦者……”农村可用资金枯竭，高利贷猖獗，苛捐杂税泛滥，即使有货币流通也极为混乱。封建势力、割据军阀、私人商号，利用各自权力乱发纸币，加之当时各种铜元、银元成分不一、贵贱不一，杂币繁多不可胜数，这些导致货币最重要的功能——“信用”“方便兑换”“保值”“延迟付款”等丧失殆尽，最终使得这些货币反倒成为剥削农民大众仅有财产的工具。

没有金融，农民即使有土地也无法购买生产资料进行恢复生产，或者进行更大规模的生产兴旺农村经济。为了拯救农民和挽救农村经济，中国共产党除了领导农民协会打破封建压迫、建立自治机关、减租减息、废除苛捐杂税、解决民生问题、禁止高利贷等，对于如何建立一套服务于人民自己的金融系统这一摆在自身面前的当务之急，也不负众望地进行了有益的探索和不断的尝试。

一、早期金融业发展

（一）金融业的发展

从19世纪60年代起，中国开始创立银行和保险机构。经过不断发展，至20世纪30年代，中国银行和保险业已颇具规模。

1. 银行业的出现

中国第一个自办的新式银行是中国通商银行。中国通商银行简称“通商银行”，于1897年5月27日在上海成立。这也是上海最早开设的华资银行。创办这个银行，是要和外商银行竞争发展中国的国外贸易，其本质上是一个私立的商业银行。在此之后成立的各地银行中，最重要的是中国银行的前身——户部银行，其乃1905年经财政处奏准，清政府在北京设立的。户部银行于1908年更名为大清银行；1912年，大清银行改组为中国银行，负责整顿币制，推行纸币，以济财政，其设立之初具有中央银行①的性质。此外，1907年经邮传部奏请设立的交通银行，负责掌握输、路、邮、电四政，以收回权利为主旨。

① 国家中居主导地位的金融中心机构，负责制定并执行国家货币信用政策，干预和调控国家经济发展。

1928 年 11 月 1 日，南京国民政府成立中央银行，总行设在当时全国的经济金融中心——上海，在各地设有分支机构。此后，中国银行的性质确定为政府特许的国际汇兑银行，而交通银行则改为特许实业银行，致力于支持全国实业发展。

自 1912 年以来，新式银行逐年增加，如兴华汇业银行、盐业银行、殖边银行、劝业银行、中国实业银行、中国农工银行、新华储蓄银行等，其中发展最快的时期，是 20 世纪 20 年代初期，以及 20 世纪 20 年代末到 30 年代初。不过，中国的银行业在这两个时期的迅速发展，并非由于产业发达之故，而是由政府公债繁荣所造成的。

2. 保险业的出现

18 世纪中期，清政府开放海禁，把广州设为唯一对外通商口岸。很多商铺货船理赔事件发生在广州，为了便于“理赔”，1805 年由英国东印度公司鸦片部经理达卫森发起，在广州开办了谏当保安行（又称“广州保险会社”）——这就是中国的第一家保险公司，保险业由此正式进入中国。

1865 年，上海华商义和公司保险行创立，打破了外商保险公司独占中国保险市场的垄断局面，中国近代民族保险业正式诞生。第一次世界大战期间，由于列强忙于战争，一度放松了对中国的经济侵略，这为中国民族资本主义工商业发展带来了机遇，也使民族保险业得以发展，到 1925 年，39 家保险公司陆续设立，其中有 19 家经营寿险。1926 年起，卢作孚的民生实业公司先后投资了民安、太平洋、中国航运意外等保险公司。1927 年，国民党在南京成立国民政府，建立了以四行两局一库①为代表的官僚

① 国民党政府时期官僚资本直接控制下的七大金融机构的合称，“四行”即中央银行、中国银行、交通银行、中国农民银行；“两局”即中央信托局、邮政储金汇业局；“一库”即中央合作金库。

资本金融机构，这些机构和民营银行相继投资于保险业，形成民族保险业第一次发展高潮。在此背景下，国民政府于 1929 年 12 月颁布了《保险法》，规范并进一步促进了行业发展。中国近代著名实业家张謇领风气之先，其大生纱厂集团投资创立了自己的保险公司。20 世纪 30 年代，中国保险业进入发展的鼎盛时期。

（二）金融业职工队伍的形成及特点

在 20 世纪 20 年代，想要进入金融行业做工并不容易，因为那时的金融行业家族色彩浓厚，封建性强，需要有家族关系、同乡关系或身份地位才能进入做工。随着金融业的发展，后续用人不仅关注这些关系，还逐步呈现出对技术和适应大机器生产的要求。

1. 同乡关系

山西票号，又称汇兑庄或票庄，是一种金融信用机构，是晚清至新中国成立前一种介于钱庄与银行之间的旧式金融组织。总号设于北京，分号遍于各省市，所发庄票随处皆可汇付。其执事者山西人居多，故称“山西票号”，也称“山西票庄”。山西票号于 1860 年至 1900 年间处于鼎盛时期，其职工队伍庞大，票号用人通常仅限于山西籍，而且在可能的情况下，更倾向于选择地缘关系更密切的小同乡。

2. 家族关系

钱庄在中国封建社会后期出现，最初业务主要是货币兑换，后来逐渐增加存款、放款和汇兑业务。到清朝乾隆年间，钱庄已有相当规模。钱庄大多分布于长江流域及江南各大城市，但钱庄业中心在上海。钱庄组织的封建性很明显地表现在人事安排方面，其用人强调家族关系，重要职位优先安排本族子弟和近亲，其次是同乡和极要好的朋友。例如，在绍兴帮钱庄经理中有不少是父子相传的，还有祖孙三代相传的。

3. 身份地位

历史悠久的川帮银行——聚兴诚银行（下文称“聚行”）的总行在重庆，由重庆富商杨文光及其族人出资创办，是川帮较大的商业银行中唯一无军政背景的民族资本银行。1915 年成立时为股份两合公司，杨氏家族占 73.2%；1937 年改组为股份有限公司时，杨氏家族仍占 51.2%。聚行极盛时有员工一千多人，除了招收培训的学徒和杨氏家族的近戚，还有重要的一类组成部分就是延揽入行的各种“客卿”，亦称为高级行员。聚行先后延聘的客卿有曾任北洋政府国会议员、后又任四川省财政厅长的黄墨涵，曾任直隶（河北）省代省长的任望南，曾任四川省财政厅长的龚农瞻、董庆伯，担任过旧军政界高级职务的李维城、李世璋、高新亚、宫廷璋等，这些人曾分别担任过聚行的总经理、协理、秘书长、经济研究室主任、专员、顾问等职。这些人员有维新改革派，有旧民主主义人士，也有早期的共产主义者。招揽这些人不仅有助于抬高聚行的社会地位，而且他们也成为聚行分析形势、谋划决策的智囊。

4. 学历背景

北京印钞厂，现被称为北京印钞有限公司，始建于 1908 年，是中国印钞造币总公司所属大型骨干企业，中国现代化的印钞基地之一。1909 年，印刷局从各地招募了具有大学程度的工徒学习铜版雕刻技术，招募中等专业学历的工徒学习钢版雕刻技术，还招募了一些有相当于中学文化程度的艺徒学习手刻、机刻、过版等技术。同时，一些留学回国的制色专业技术人员也被招募以完成钢凹版印钞工作。1914 年后根据生产需要，开始招收能适应现代化机器生产的普通劳动力。

（三）金融业职工劳动、生活状况

20 世纪 20 年代，金融业工人受雇主盘剥，收入和待遇不足以支撑生活，不仅经济地位低下，政治上也没有任何权利。工人受到苛待，没有良好的生活环境，缺少工作保障，还被迫长时间辛劳工作，甚至被监控起来，禁锢思想，更没有学习的机会。心理压力与现实经济压力使得工人们饱受折磨。

1. 艰苦环境禁锢思想

天津造币总厂，全称“中国财政部天津造币总厂”，是北洋政府的中央造币厂。天津的几个造币单位的设置地点和时间不同，后历经多次损毁、改建、合并，直到 1912 年，北洋政府将原北洋造币局和造币总厂进行合并而成立了天津造币总厂。天津造币总厂在延长工人劳动时间上的做法令人瞠目结舌。工人夏天每日做工 11 小时，冬天则每日 9 小时，平均每日 10 小时。这是正常工作时间，额外的加班不算在内。甚至，有工人因为加班致使工作时间延至 13—14 小时。工人因为加班时间过多，劳动过度，疲劳至极，而且工厂工作环境艰苦。除此之外，造币厂更不许工人看报，工人没有获得知识的可能性。

2. 受到压迫生活困苦

1904 年，河南巡抚奏请朝廷设局开铸铜元，获准后遂将地处开封南关的机器局改为铜元局。民国初年，造币厂被军阀所掌握，为支付巨额军政费用，所铸面值越来越大，致使铜元泛滥成灾，至 1933 年停产歇业。这期间，铜元局的工人受着残酷压迫和剥削，过着悲惨的生活。《铜元局工匠章程》对工人规定了很多限制条件。工人进厂后一切自由都被剥夺了。上下班进出大门全身都要搜查一遍，并且要把衣服上的口袋用针线缝住。工时很长，每天至少 10 个小时。当学徒工更苦，冬天早上 7 点上班，5 点就得进车间生煤火。上班后，如果生火的烟没有跑完，就得挨打罚跪。物价不断上涨，连自己一个人的生活都难以维持。

3. 超时工作收入不足

典当业是起源很早的行业。清朝嘉庆、道光时期以来，由于部分商业资本转化为高利贷资本，使高利贷资本异常活跃，其中最典型的是典当铺。在金融行业领域，山西商人经营着典当业、票号、钱庄，号称山西金融行业的三大支柱，其中尤以典当业的规模宏大，正所谓“全国之典肆，江以南皆徽人，曰徽商；江以北皆晋人，曰晋商”。山西典当业学徒一年内基本上管饭，但不给工钱。如果掌柜认为表现不好，解雇时不直接通知本人，即行解雇。工人工作时间都很长，如在民国初年，武昌五局的工人，日工工作10小时，夜工工作4小时，每天工作共14小时。

二、早期金融工运

（一）早期金融业的自发运动

中国共产党成立初期，在金融业职员的进步分子中逐步建立了影响，金融业是最早领导工人运动的领域之一。1922年9月16日成立的上海金银业工人俱乐部是上海金银业出现的首个工会性质的组织，1922年10月，其领导的金银业工人大罢工要求承认工人俱乐部、增加薪资、减少学徒年限。这场前后持续了28天的罢工，有2000余人参加，在上海甚至全国各地金融业职工中产生很大的反响，令工人群众看到了团结和斗争的力量，提高了阶级觉悟。1925年5月爆发了震惊中外的五卅运动，上海、青岛的日本纱厂先后发生工人罢工的斗争，遭到日本帝国主义和北洋军阀的镇压，反抗的工人和宣传讲演的学生遭到反动政府和帝国主义的逮捕和屠杀，这造成了极其恶劣的影响，激起了全国民众的公愤，各地陆续开展了罢工、罢课、罢市等反帝反封建运动，形成了全国规模的反帝爱国运动高潮。

1925 年 6 月 1 日，上海公共租界各商户一律闭门停业，表示对于五卅惨案的愤慨。上海银行钱庄一律停市，银行业务仍照常收解。其余如证券市场，因证券交易所停业，亦无行市。自 6 月 3 日起，上海全埠金融几乎完全停顿。北京银行公会号召国人应一致奋起协力抵抗，以雪此奇耻大辱。决定：银行界除对英日经济绝交即日实行外，对于罢工工人，给予实力资助。并决定：即日起对英日各银行断绝往来；不收用英日各银行纸币；由各行重要职员，共助现洋一万元，即日汇沪，交由上海银行公会代为分别救恤工人。① 天津银行公会提议对沪案援助办法，全体一致通过。议决：由本会各银行共助洋一万元，以促中外人士一致主张公道，以求正当解决。天津各界不约而合，赴南开操场开市民大会，由各界联合会主席团夏琴西、邓颖超等共同主持大游行，包含首队女学生、男学生和各报馆、各同业会、各法团、各团体、各工厂，最后是市民。各商店工厂，为赴市民大会，皆下午停业半日，先施公司、售品所、中华实业、各银行钱商，皆停业一日，以表援助外交之决心云。②

1926 年 3 月 18 日，北京各界人民在天安门前集会抗议，反对帝国主义侵犯我国主权。会后，举行了反帝游行示威。财政部印刷局富振起、马广泉等工人参加了这次重大的集会游行。财印局工人在游行的行列中和民众一起高呼“打倒帝国主义”“打倒段祺瑞”“驱逐八国公使”等口号。当示威队伍行至铁狮子胡同执政府门前时，段祺瑞在帝国主义的指使下，命令军警开枪，打死打伤示威群众二百余人。财印局活版课工人富振起腹部中弹身

---

① 《晨报》1925 年 6 月 11 日。

② 《益世报》1925 年 6 月 16 日。

亡，时年二十四岁。①

随着工人运动的不断发展，工人思想也进一步觉醒，运动的目的不仅是打倒帝国主义，反对封建势力，更是为自己谋求福利、提高工资待遇、增置卫生设施、实行八小时工作制等。1927 年 1 月 15 日，武汉金银业店员工会会员，为了生活提出条件与店东交涉，经劳资仲裁委员会召集双方调停。1927 年 1 月，汉口银行行员工会，因生活成本上升，为环境所迫，对于雇主方面，提出改良待遇请求。1927 年 1 月 22 日，武昌钱业公会成立，会员百余人，并通过章程，选举李晟钦等数人为执行委员。1927 年 3 月 26 日，外国银行行员因要求改良待遇条件，未得结果，汉口钱业店员工会援助外国银行行员罢工与外国银行实行经济绝交。1927 年 3 月 27 日，上海市成立了“银行职工总会”，属于上海总工会领导下的店员工会。在上海市香港路 59 号银行公会开会，参加的有几百人，都是各银行的职工代表。大会通过章程，选举执行委员，杨传琦、薛铭三当选为执行委员。

（二）党对金融工运的早期组织与领导

工人的反抗斗争开始是自发的。1921 年，党的一大通过的《中国共产党的第一个决议》明确规定党成立后的中心工作是领导、组织和推进工人运动，基本任务是“成立产业工会”，强调“党在工会中要灌输阶级斗争的精神”。这一决议的制定和贯彻，使中国工人运动发生了根本变化。由于在思想上接受了马克思主义的教育和指导，工人阶级、工运干部的政治觉悟、理论水平和工作能力不断提高。当时的政治环境迫使党的活动只能秘密地多次派党的地下工作者发动、组织工人进行斗争，这对国内的一些重要的金融组织产生了巨大的影响。

① 北京印钞厂厂史编委会编：《北京印钞厂简史》，1987 年，第 42—43 页。

1. 党领导的铜元局工人运动

1923年，中国劳动组合书记部从上海派李震瀛到开封领导工人运动。他首先到河南铜元局和机器局，发动组织工人，在两个厂分别成立“工人互助会”，印发工人互助会章程，并散发传单、广泛宣传。工人中的积极分子张少环、刘长春成为工人领袖，并有了严密的组织，2000多名工人分为100多个小组，又组织了工人纠察队，力量日益壮大，几次要求增加工资，都取得了胜利。1925年6月，铜元局和兵工局的工人，在斗争取得不断胜利的基础上，相继成立了工会，工会成立后，积极领导工人开展各项活动。1925年9月18日，河南省总工会在郑州成立。铜元局和兵工局都派选代表参加大会，铜元局和兵工局工会是当时成立河南省总工会的主要发起者和参加者之一。1926年底，铜元局监道张宝华克扣工人工资不发，在中共地下党员张少环的领导下，组织众多工人到城里小纸坊街张宝华的住所。张宝华被迫答应工人的要求，发了工资。1930年党又派宋延寿到铜元局和铁路工作，领导工人罢工和参加增加工资运动。1930年5月，兵工局副厂长蒋万福克扣工人工资，一连3个月不发饷。工人们为了求生存，冒着生命危险开展了斗争。①

2. 党领导的上海金融业工人运动

新中国成立前，上海是我国最大的工商业中心和金融中心，也是帝国主义对华侵略和国民党反动派统治的重要据点。在上海，中外金融机构林立，从业人员众多。新民主主义革命时期，历次革命斗争对金融业职工都有相当影响。1925年，在中共闸北区委领导下，曾建立“银行支部”，有党员10人，党支部书记先是楼建南，后为应修人。1927年春，上海工人第三次武装起义胜利。

---

① 开封市地方志编委会编：《开封方志》，中州古籍出版社1988年版，第23—24页。

北伐军进驻上海，在上海总工会的号召下，上海商业储蓄银行、金城银行等职工奋起组织工会，拥护国民革命，并向资方要求改善待遇。不久，蒋介石在上海发动“四一二”反革命政变，这些工会组织都被反动政府取消。在革命低潮中，也还有个别中共地下党员在活动，如福源钱庄职员应修人，其于 1930 年冬任中共江苏省委宣传部长，在国民党反动派追捕中不幸牺牲。[①]

3. 党领导的北平财印局工人运动

财政部印刷局（简称财印局）是全国最大的官办印钞厂，是反动统治阶级操纵金融的财库，也是他们剥削人民的工具。为此，历届统治当局都对财印局控制得十分严密，唯恐“赤色分子”[②]侵入这个重要机构。然而，中共北平市地下党组织在白色恐怖下，冲破重重困难，终于打入财印局内部，发展了党员，建立了支部，领导印刷局工人进行斗争。财印局地下党组织领导工人斗争虽几经挫折，屡遭破坏，却在历史上有着闪光的一页。

（三）职工会指导金融业职工进行经济斗争

1927 年 1 月 17 日，银行公会召开银行职工会，并置纠察队于四周，该行因此停业，职工会提出要求，包括增加薪酬、取消担保制、非经职工会许可不得辞退职员等条款，旋经商妥暂时办法，该行于午后复业。外国银行也按同样要求者，其代表曾开会讨论，闻决议诸华商银行公会，并由各领事与陈支仁办理此事。国民政府 1 月 18 日发表公报如下：汉口银行职工于国民政府所派公断委员会调查之际，将不罢工，而后银行职工会提出要求，国民政府设法制止罢工，派员至职工会，令将要求由政府与银行所

---

① 中共上海市委党史资料征集委员会编：《上海市金融业职工运动史料 第三辑》，1990 年，第 34 页。

② 国内革命战争时期国民党对信仰共产主义的共产党员及其追随者的称呼。

派代表组织之混合委员会办理。该委员会将判决各点，领行与职工会均当遵守，纠察队现已经撤退，各银行照常营业。银行职工会通告外国银行日后由政府推荐的仲裁委员交涉，经仲裁委员会调解，外国银行仍无承认表示，外国银行行员罢工持续两星期之久。①

---

① 《申报》1927 年 1 月 27 日。

第三章

革命战争年代的金融业与金融工运

中国共产党领导的红色金融与中国革命相伴相生，在大革命时期萌芽探索，在土地革命时期星火燎原，在抗战岁月中不断壮大，在解放战争的黎明中走向统一，经历了从无到有、由弱到强、由幼稚到成熟、由分散到统一，直到今天辉耀世界的沧桑巨变。

在中国共产党领导的革命根据地时期，红色金融始终肩负“为革命战争服务，为劳动人民服务，为发展生产服务和为巩固根据地服务”的使命与责任，为打破敌人的军事“围剿”和经济封锁，各边区和根据地建立自己的银行，发行自己的货币，促进生产，发展经济，改善民生，与国民党和日寇展开货币斗争，为红色政权的生存、壮大，保障根据地经济恢复、改善人民生活发挥了关键作用。在长期斗争中，中国共产党在发展金融事业方面实现了诸多伟大的创举，形成了独具特色和行之有效的实践经验。红色金融的发展壮大，展现了中国共产党人顽强的斗争精神和充满智慧、极富远见的经济谋略。

金融是经济的命脉，中国共产党从初创时期就认识到金融的极端重要性，在开展革命斗争和革命战争的同时，“一手抓枪杆子，一手抓钱袋子”，从金融入手，建立独立自主的货币、金融和财政体系，为根据地和解放区的经济发展壮大注入金融动力，为革命政权的巩固发展提供了强大经济支撑。中国共产党领导下的金融发展，是顺应时代历史要求的，是顺应人民需求的，是顺应人心的。它的产生和发展是一代代中国共产党人、红色金融学家经过科学探索和实事求是的态度不断完善的结果。

一、土地革命战争时期的金融业与金融工运

（一）大革命时期的银行业与金融职工

1926 年 5—6 月军阀混战，上海物价不断高涨，职工生活困难。中国共产党领导的工人运动以各种形式声援北伐军，以上海工人武装起义为发展高峰。各工厂纷纷组织工会，要求增加工资。这时社会上许多行业职工纷纷组织工会，以保障职工生活福利待遇，工人运动风起云涌，特别是工人阶级为配合北伐军进攻上海，在中国共产党领导下先后举行了三次武装起义，显示了中国工人阶级的顽强战斗精神和强大的组织力量。

上海银行职工在革命形势发展的影响下，也有组织工会争取自己的经济、政治合法权益的要求。当时行内就有一批积极分子，酝酿筹组职工会，得到全行职工热烈响应。工会第一次会议在仁记路（今滇池路）中国旅行社楼上举行，由杨传琦主持，参加会议的有 100 多人。1927 年 3 月 27 日，上海市成立了“银行职工总会”，属于上海总工会领导下的店员工会。该会在本市香港路 59 号银行公会开会，参加的有几百人，都是各银行的职工代表。大会通过章程，选举执行委员，杨传琦、薛铭三当选为执行委员。上级店员工会的负责人是交通银行的毕格心。

1926 年春节前夕，钱庄行业职工纷纷酝酿组织职员工会，到了 1927 年春更为普遍发动。1927 年 1 月武汉银行钱庄参加反英运动，汇丰等银行营业受到影响。各团体在济生三马路开反英运动大会，银行钱庄热烈参加。武汉金银业店员工会会员，为生活所驱使，提出条件与店东交涉。武汉钱业公会武昌分会于 1927 年 1

月 22 日，在大乾街中和里钱业公会开成立大会，到会会员 100 余人，由主席李晟钦报告开会理由。1927 年，虽然汉口金城银行的职工运动蓬勃开展，但京津两地尚在军阀势力控制之下，没有什么举动。等到 1928 年 6 月北洋政府垮台后，又为国民党反动政权所控制，所以京津两行的银行职工运动一直难以开展。

1928 年 6 月，北伐军进入北京。当时，国民党北京市党部设有民众运动指导委员会，管理工、商、学、妇等民运工作。北京市总工会为民运会的一部分，领导全市各行业分工会的工作。1928 年 7 月，财政部印刷局工会建立，设有 17 名理（执）监委员，另设维持队，由执委李振峰兼任维持队队长。工会建立后，创立过《笛声报》。

（二）土地革命战争时期的银行业与金融职工

土地革命战争时期，随着革命根据地红色政权的诞生，为保障军队的给养和供给、改善人民的生活，必须进行各项必要的和可能的经济建设事业。其中一项重要的措施，就是建立银行，发行货币，如 1928 年 2 月，海陆丰苏维埃人民委员会建立了海陆丰劳动银行，这是最早的革命根据地银行；毛泽东于 1929 年 2 月率红四军到达赣西南东固后，成立了东固平民银行；1929 年，毛泽东、朱德率红四军解放了长汀、龙岩、永定后，开辟了闽西革命根据地，并于 1930 年 9 月决定设立闽西工农银行；1931 年 11 月 7 日在瑞金召开的中华苏维埃第一次全国代表大会通过决议，成立中华苏维埃共和国国家银行，并任命毛泽民为行长。1932 年 3 月，中华苏维埃共和国国家银行正式营业，这标志着中国共产党领导的新民主主义性质的金融事业开始发展。

革命根据地的银行，作为财政经济方面的重要组成部分，在漫长曲折的革命战争年代里走着一条曲折艰险的道路，但新的金融事业和革命进程一样，从小至大，由分散到集中，需要逐步建立统一的、独立的、稳定的金融事业。革命根据地在建立银行的同时，也注重发展信用合作社。因为根据地经过废债运动以后，广大农民从地主、富农的高利贷重压下解脱出来，迫切需要新的信贷机构来代替过去的高利贷，于是信用合作社便应运而生。有的地方是先成立信用合作社，然后在信用合作社的基础上建立银行。

革命根据地的金融组织是在土地革命的基础上摧毁旧的金融机构之后建立起来的新型金融组织，是革命根据地革命政权的组成部分。它与革命根据地的政治、军事和经济斗争有着密切的联系。它的发展可分为两个阶段：一是 1927 年至 1933 年，为蓬勃发展阶段。这一时期已有中央苏区等 8 个革命根据地建立了金融机构，共发行了 96 种货币，广泛开展金融业务活动。这对促进革命根据地经济发展，支援红军作战，改善当地军民生活等起到了积极有益的作用。二是 1933 年至 1937 年，进入低潮阶段。由于敌人的疯狂进攻和党内“左”倾机会主义路线的干扰和影响，已经建立的革命根据地陆续丧失，革命形势非常严峻。到 1934 年，大部分革命根据地的金融组织被迫中止业务活动，停止了货币发行和流通。

革命根据地的银行属于新民主主义性质，与旧中国的银行，特别是与国民党反动派直接掌握的银行有着本质上的不同。根据地银行是属于全体劳动人民的，而不像旧中国的银行是属于大官僚、大买办、大地主和大资本家的；根据地银行是为革命政权和全体劳动人民的生产事业服务，而旧中国的银行只为少数官僚、买办、地主、资本家及帝国主义势力服务；根据地银行的组织是民主平等的，而不像旧中国的银行是由少数大股东所操纵的；根据地银行受到广大劳动人民群众的爱戴和拥护，而不像旧中国的银行为劳动人民所漠视。根据地银行的上述性质，从银行各方面的活动中都明显地表现了出来。

20世纪30年代，金融业职工队伍的形成，有的通过考试，有的通过内部关系介绍，因此其特点也有所区别。同时随着金融行业的发展，不同岗位对从业人员的要求也不同，文化程度有差异，大部分职工的文化水平和个人条件还是比较差，少数资产阶级出身的职工虽然文化程度高，但也是阶级意识模糊、软弱摇摆。

1. 个人条件较差

上海保险业职工的来源，从家庭出身的社会阶层上来分析，工友大多是农民出身，通常通过私人关系介绍，个别大型公司虽采取考试形式，但仍然需要通过一定的内部关系，才有应试与录取机会。洋商公司的职工，起初是由教会学校或外国人创办的华童公学等学校校长保送的，1934年以后，通过买办关系私人介绍进公司的很多，在洋商公司的买办间，以及少数小公司中，还残存有“拜先生”的习惯。保险业职工的文化程度因工作性质不同，差别很大。约占全部职工三分之一的外勤人员，他们主要依靠吃、玩、嫖、赌的“交际”手段来招揽业务，大部分文化程度很低，其中甚至有只识几个字的人。洋商公司中一部分从工友逐步提升做职员工作的职工，文化程度也很低，主要是在日常工作中多与外国人接触，学得一些普通外国语。

2. 小资产阶级占多数

四行二局职员的出身绝大多数都是小资产阶级，中上层人员中，地主或资产阶级家庭出身占一定比例。他们的文化程度一般在中学以上，小学与私塾占很少数，大多数是中上层小资产阶级的知识分子。他们的经济生活水平高于一般职工，而且职业地位稳固，工龄在十年者很多，加上行局改良主义统治的影响，所以一般是阶级意识比较模糊，重技术、不问政治、安于现状、明哲保身、自由散漫。在四行二局的斗争中，往往以工友为先锋，但由于工友不是主要劳动者，不能单独起决定性作用，所以必须以一般职员为主力，团结中层，争取上层，这样才能形成坚强的力量。

(三) 九一八事变前后金融职工的抗日救亡运动

1931年9月18日，日本驻中国东北地区的关东军突然袭击沈阳，以武力侵占东北。日本军国主义在军事侵略的同时，开始了更为疯狂的经济掠夺，他们通过极力推行殖民地的经济统治政策，垄断经济、掠夺资源，把东北特别是辽宁变成了他们扩大侵略战争的战略物资供应地。在日本一步步向华北侵犯的同时，中国国民党继续采取退让卖国政策。在中国共产党的领导下，全国各地掀起了澎湃汹涌的抗日救国运动。

率先开始的是金融业救亡运动，上海钱业公会于1931年10月2日开会议决，其内容包括：中日绝交问题，如直接与日本商行交往者，即日找清，停止往来；如间接者（日商洋行买办及做日货之各业），不再加放欠数，并将已欠之款，催其从速归清等。1932年上海商界及银行界各领袖，因日军炮攻闸北，用炸弹延烧居民，华界居民死伤枕藉，特会同总经理陈光甫先生，发起上海市民地方维持会，以维持商业秩序、调剂金融、救济难民为目的，即日组织成立，分组进行，先组成慰劳、救济两组，慰劳组专门募款慰劳前方战士，救济组专门负责救济被难同胞。

一些金融职工虽然有爱国热忱，但受“合法观念”和“金饭碗”观念的束缚，较少参加政治性活动，而其中个别政治上有觉悟的分子如金城银行①的职员韩宏绰，早在1935年就参加社会上的救亡运动，成了上海职业界救国会银钱业大队的骨干，1936年又参加了上海市银钱业同人联谊会（简称“银联”）的筹组工

① 1917年旧中国创立的著名的商业银行之一，总行设在天津，总经理处设于北京，是民国时期重要的私营银行之一，也是民族资本金融业的典型代表。

作。1936 年 10 月，“银联”成立，韩宏绰被选为理事并负责会员部工作。1936 年以后，金城银行为了资产的安全，不断地把资金南移，在上海的业务有了进一步的发展。他们采取了招考制度来增添人手，使一些与银行上层没有关系的知识青年，进入了金城银行。他们中间有的人思想进步，在学校里就参加了学生救亡活动；有的人是小资产阶级家庭出身，对民族危机日益深重、生活处境日渐艰难的现实感到不满。这些人进入银行，使行员队伍数量扩大、构成变化，为行内以后的职工运动带来了有利条件。

随着 1937 年 8 月 13 日中国在全民族抗日战争中的第一场大型会战——淞沪抗战的爆发，“银联”在党的号召下，发动银钱业职员群众，积极参加支援前线活动，还举办了时事演讲会，邀请范长江、胡愈之等作抗日战争形势的演讲。这时金城银行一部分职员，在爱国热忱激发下，经常去“银联”听讲，提高了对时局的认识，其中一部分人就在这时参加了“银联”。在韩宏绰的带领下，有些积极分子还参加了“银钱业同人战时服务团”的劳军献金和慰问难胞的工作。

除此之外，1935 年冬，北平爆发了“一二·九”学生抗日救亡运动。上海学生随即罢课示威，积极响应。当时在上海辛泰银行、上海市银行和中央银行等工作的几个青年张人俊（张承宗）、张昆者（张困斋）、袁君实、周晴（周士华）等，自九一八事变后，痛感国土大片沦陷，对国民党的卖国投降和“剿共”政策深感不满，同情和拥护中国共产党抗日救国的主张。他们经常聚谈国事，并在几年前集资出版《石榴》刊物，隐晦含蓄地进行团结抗日的宣传。他们还在周围群众中组织了一个“职业青年抗日救国大同盟”的团体。这个团体的成立，标志着大革命失败以来长期沉寂的上海金融业职工运动，在抗日救国汹涌浪潮的推动下，开始萌芽了。

二、全民族抗战时期的金融业与金融工运

（一）抗日民主根据地的金融工运

1937 年 7 月 7 日，日军发动七七事变，抗日战争全面爆发。1945 年 8 月 15 日，日本向反法西斯同盟国无条件投降。全民族抗战时期是漫长的，职工在艰苦环境中度过，但在党的领导下，坚信抗战必胜，始终保持高度的乐观主义精神。这期间涌现了代表性的工会建设：太行区冀南银行工会建设、冀南银行第一印刷厂的工会建设。工会平时努力生产，战时空舍清野，护厂打游击，还克服各种困难，开展丰富多彩的文体活动，开展生产自给运动、劳动竞赛运动，还召开了劳动英雄代表大会。

1. 太行区根据地工会建设与工运开展

1939 年 10 月 15 日，在八路军第一二九师供给部印刷所的基础上，党指导在太行山腹地黎城小寨村成立了冀南银行印刷厂，其在日寇投降前夕逐步发展成四个所（队）和一个科（完成科），共 200 余名职工。各所（队）和完成科先行建立了工会组织。1940 年 12 月，工会召开了全厂第一次会员代表大会，有 30 多位代表参加，会期 3 天，会议选出正式委员 7 人和候补委员 2 人，王骥被选为工会主任。大会收到了第十八集团军（后来的八路军）总政治部主任罗瑞卿的赠旗，上有鼓舞人心的四个大字“职工之家”。根据形势的发展变化，冀南银行印刷厂在抗日战争期间曾先后召开四次职工代表大会。工会发动职工群众团结互助，同心协力，克服各种生活上的困难。由于根据地建在贫瘠的山区，物资极为贫乏，加上敌人的封锁、围困和频繁的“扫荡”，困难重重，许多问题都要靠自力更生解决。工会在每次战斗到来时，还要发动工人以高度的责任心保卫工厂、埋藏机器、搞好空舍清

野，甚至直接参加战斗。此外，总行和各级分支行都很重视对会计人员的培养教育，第一届会计人员训练班经过了 3 个多月的完整培训，于 1939 年 11 月 2 日举行了毕业典礼。

2. 其他边区银行的工会建设与工运开展

1940 年夏秋，冀南银行路东行历经不到一年的时间，在各级党政机关的领导和支持下，经过与日寇和国民党反动派的艰苦斗争，在冀南各专区都建立了分行，打击伪钞，排挤国民党政府发行的法币，整顿肃清土杂钞，进行收兑金银的工作，发放农业低利贷款，得到了广大人民的热烈拥护。在艰苦的战争环境和繁忙的生产工作中，银行职工始终保持高昂的战斗意志、饱满的政治热情，这源于当时工会组织生动的政治思想工作和高度的政治觉悟，以及经常举行的“寓教于乐”的文体宣传活动，其中具有特色的活动包括印钞厂的篮球活动、印钞厂的文化生活、陕甘宁边区银行的文化生活、边区印刷局的文化生活等。

3. 边区金融职工的生产自给运动

1941 年至 1944 年，面对日军的疯狂“扫荡”和严重的自然灾害，边区金融职工开始生产自给运动。太行山抗日根据地的广大农村，基本上是自给自足的自然经济。1942 年，根据地遭遇严重的旱灾、蝗灾，加之日寇“扫荡”和国民党的破坏，人民的生活更加艰苦了。1942 年 5 月的“大扫荡”是历次“扫荡”中兵力最多、最残酷的一次。日寇对根据地实行“三光”（杀光、抢光、烧光）政策，烧杀掳掠无恶不作，给根据地人力、财力、物力上造成了巨大损失和经济困难。同时，这一年太行山区久旱不雨，导致农业歉收，而冀西邢台、沙河一带更是蝗虫成灾。在这种情况下，唯一的办法就是上山开荒种粮，自力更生以解决吃饭问题。1942 年 9 月，冀南银行总行几度派人到黎城、涉县等地勘查，最后定于偏城县的圪拉铺后山开荒。经过两个多月的艰苦奋战，成功开荒 400 多亩地，完成了预定目标。1943 年春，冀南银行总行又组织50多名干部到圪拉铺进行春播劳动。到5月份，庄稼即将成熟，总行又组织30多人连同留在那里的人共50多人收秋。太行印刷厂职工在党的领导下，一方面拿起武器与敌人周旋，进行反“扫荡”；一方面开展生产自救、节衣缩食、救济灾民，与根据地人民共渡难关。“扫荡”过后，各单位立即返回原驻地，清理财产，安装机器，仅用一两天时间就恢复了生产，夺回了“扫荡”中的损失。

4. 边区金融职工的劳动竞赛活动

1943年4月的最后一周，边区光华印刷厂工人创造了提高产量11%（以3月份平均产量为基数）的纪录，以纪念“五一”国际劳动节。在光华印刷厂，“五一”国际劳动节除举行纪念会之外，还有若干模范受奖。奖次共分三等，受第一等奖的有丁立智、范耀武、王福林、薛兆林四位同志①。厂方曾以3000余元及若干肥皂、毛巾等在纪念大会上分别予以奖励。该厂纪念大会的特点，是多数工人不仅提供了他们本年度的生产计划，而且提供了完成计划的保证。光华印刷厂在竞赛中改造了领导，解决了干部不团结的问题，精简了组织机构，将十个脱离生产人员规模减为四个半人，工人比以前更加安心了。在范耀武等同志努力下，组织了积极分子，正确地发扬民主，发动每个人提意见。各工厂分别举行纪念会，其内容除开始检查赵占魁运动之外，边区系统下的工厂，以整风的精神，侧重检讨过去工作，建立合乎边区情况的工厂管理制度。

5. 劳动英雄代表大会召开

全边区劳动英雄总共近500人，出席第一届劳动英雄代表大会的有180多人。荣获特等奖励的劳动英雄，共25名。刘玉厚率领代表团到延安，毛泽东、朱德及刘少奇、周恩来等同志与英雄

① 《解放日报》1943年5月4日。

群体中的吴满有、刘建章等同志亲密握手，询问他们的生产劳动情况，并赠亲笔题字。

（二）国民党统治区的金融工运

抗日战争全面爆发后，随着战局的演变，重庆成为中国的战时首都，重庆的金融业也随之繁荣起来。银行、钱庄公司从抗战前夕的 41 家，增至 1941 年的 93 家，保险公司数量也急剧增加。大批爱国青年进入金融机构，他们在中国共产党领导的各种革命群众组织中，积极地参加了抗日救亡活动。1945 年春节后，物价剧烈波动，数月间高涨数倍，员工生活再次陷入困境。员工生活艰苦，影响工作效率，各机关均感人事问题的严重性，金融业也不例外。国民党统治区的金融员工待遇一向较同业偏低，略微调整后也仅够维持最低生活。然而重庆地区食物等必需品的物价持续高涨，当地各行据行内财力继续调整工资待遇，以此安定员工生活。金融职工以银行职业作为掩护进行革命活动。国民党统治区金融职工的处境艰难，但表现出顽强的斗争精神。

1. 重庆救国会的建立及工运开展

1937 年，在漆鲁鱼、杜延庆、郝威等组织领导的重庆救国会及其下属的“职救”“妇救”“文救”等各界革命群众团体的抗日救亡活动，搞得轰轰烈烈。金融界的一批青年职员参加了这些群团组织的领导工作。同年 11 月，经中共四川省工委批准成立以漆鲁鱼为书记的中共重庆市工委。重庆市工委成立后，随即开始进行建党工作。在救国会积极分子中发展的第一批党员里，有平民银行的丁雪松和川康银行的王光弟、朱斯白等。1938 年底，在中共川东特委廖志高领导下，由赵忍安负责，领导陈维智、李承林等组成了和成银行党支部。到 1939 年初，重庆市金融界的地下党员已发展到 40 余人（包括外地转来的党员）。当时建立了 5 个支部，即陈维智任书记的以和成银行为主的支部；曾冕庄任书记的中国银行、交通银行支部；张家璧任书记的以建设银行为主的支部；李道源任书记的以江海银行为主的支部；还有一个由宋林（李应吉）亲自联系的中央银行、中央信托局支部。随着形势的发展和革命斗争的需要，中共川东特委为了加强对银行各支部的集中统一领导，在特委组织部长宋林（中央信托局）的直接领导下，曾先后建立过三届重庆市银行系统的中共特别支部。在领导和推动抗日救亡活动中，很好地发挥了先锋战斗作用。皖南事变后，为贯彻党的隐蔽方针和“三勤”原则，金融界的地下党员，在中共南方局经济组的直接领导下，开展调查研究，收集了大量国统区的经济、金融情报资料。

在全民族抗战和解放战争时期，重庆金融界先后有百余名地下党员以银行职业为掩护，进行各项革命活动，是重庆地下党组织中一支重要力量。其中有不少同志还担任了地下党各级组织的领导工作，例如：中央信托局的李应吉曾先后担任中共川东特委组织部长和重庆市委组织委员，彭咏梧曾先后担任川东临委委员兼下川东地工委副书记和重庆市委委员，何文逵曾担任川东特委组织干事和重庆市委委员；交通银行的杨修范曾担任川东特委青委委员和重庆市委青委委员；和成银行的许建业曾担任重庆市工委委员、天府煤矿区委委员，赵忍安曾担任化龙桥区委委员、书记；四川省银行的胡明曾担任南方局统委妇女组干事，刘国曾担任沙磁区学运特支书记；中国银行的蒋文桂曾担任城区区委和下城区区委书记，曾冕庄曾担任下城区区委委员。四川建设银行的张家璧曾担任城区区委委员和化龙桥区委书记，谭枢安曾担任化龙桥区委委员；华威银行的刘大震曾担任南岸区工委委员；等等。

“要参加到各种公开和合法的团体、组织中去，通过工作启发群众，教育群众，以至掌握这个团体、组织。要在公开合法的团体中建立短小精悍的秘密堡垒。”“要善于利用公开合法的群众组织，做团结、争取群众的工作。凡有群众参加的社团、组织，不管是灰色的、黄色的，地下党都要设法进到里面去。”金融界地下党组织根据中共中央南方局的上述指示要求，积极组织领导金融职工，通过建立联谊会、读书会、互助会和学习小组等各种群团组织，广泛地开展抗日救亡活动。

2. 重庆市银行业学谊励进会的建立及工运开展

1939 年 2 月 12 日，在中共银行特支的直接领导下，重庆市银行业学谊励进会（简称银励会）正式成立，这是当时重庆金融界最大的、经过国民政府登记批准成立的公开的群众团体。中共银行特支在银励会中建立党团，负责贯彻党的方针、政策，组织推动银励会各项活动的开展。通过党员在银励会的骨干作用，进一步带动银励会会员积极参加抗日救亡活动。银励会的活动主要有三项：一是救亡的歌咏、话剧活动。二是政治时事学术活动，主要是邀请社会名流、专家学者和战地记者讲演时事政治，也有些与金融有关学术方面的讲演。围绕着抗日、当时社会问题、战时经济、金融等问题的讲演很受群众欢迎。银励会会员还就某些问题进行过多次专题讨论。这些讲演的内容和集体讨论的发言，大多刊登在《银励》会报上，发给会员进行交流。三是一般的图书、摄影、棋类、球类、武术、旅游、俄语和英语补习等活动。这些活动中除外语补习外，其余也多少贯穿着抗日救国、团结进步的政治内容。

1939 年，“五三、五四”以及后来日本飞机连续对重庆进行狂轰滥炸，各银行、钱庄纷纷疏散到郊区，人员分散，使银励会活动受到很大影响。于是中共银行特支通过银励会常务理事会议研究决定，银励会活动化整为零，分散进行。1941 年，国民党背信弃义，发动皖南事变，掀起了第二次反共高潮，对进步的群众社团和进步人士进行迫害，封闭进步的报刊出版机关。银励会是经过登记批准的合法团体，不便解散，国民党就为它的活动制造重重困难：收回银励会活动的房屋，要金融界上层人士不再与银励会联系往来，并指使三青团分子公开出面来争夺银励会的领导权。在激烈的斗争中，银励会公开出面的负责人软化了。这时中共川东特委也感到这样搞有些暴露，为了贯彻党的十六字隐蔽方针，决定将已经暴露和可能暴露的党员进行转移，同时改变工作方式，逐渐减少公开的活动。后来由中央银行的范某、潘某等搞了一个银行界同人进修服务社，以取代银励会，但会员既少，又没有什么活动，只是搞了一幢房子，挂了一块牌子，实际上是个空架子。

银行、钱庄从抗战前夕的41家增至1941年的93家，保险公司也有急剧发展。大批爱国青年进入金融机构，他们在中国共产党领导的各种革命群众组织中，积极地参加了抗日救亡活动。其中有的人经过考验，被吸纳为共产党员。

3. 重庆职业青年救国会的建立及工运开展

除银励会外，还有以金融界地下党员和进步青年为领导骨干的，秘密的“重庆职业青年救国会”的对外公开组织——重庆青年职业互助会（简称职互会，由原半公开的职业青年读书会改名而公开的），于1936年7月19日成立，拥有会员两三百人，主要是银行、商店、公司的职业青年。该会的宗旨是：培养健全身心，养成高尚人格，从事学术研究，提倡正当娱乐，建立集团生活，借以自助助人，共谋青年之福利。职互会成立后，公开走向社会，团结职业青年，围绕抗日救亡广泛开展各种活动，例如：办壁报、出版《前锋》半月刊，宣传抗日形势；到医院慰问伤兵；邀请邓颖超、葛桥、谢冰莹等作政治时事讲演；组织进步书刊知识的学习和救亡歌曲的演唱会；开办平民夜校，名为学习文化实为宣传抗日救亡等。此外，还开办英语、日语补习班，排演京戏话剧，开展体育活动，办理失业人员登记和介绍工作。

4. 信友联谊会的建立及工运开展

金融界的另一个群众团体是中央信托局内的“信友联谊会”

（原名“五一五”联谊会），是在中共银行特支的领导下，以该局原来的“同仁励进会”“大众读书会”的积极分子为骨干组织起来的。该会以“团结、互助、合作”为宗旨。联谊会办得比较灰色，总干事是国民党中信局区分部的委员，银行特支就利用他的身份来作掩护，因此，联谊会经受住了国民党三次反共高潮的严峻考验。联谊会的经常活动主要有：筹集社会科学通俗读物、进步书籍供会友阅读；举办青年问题——职业、婚姻恋爱和复员问题等座谈会；举办旅游、聚餐、迎送会等，以联络感情、增进友谊。许多会友是同情并拥护中国共产党的，有的会友为掩护中共地下党的同志，传递信息，代找职业，以及安排撤退等，不避风险地做了许多有益的工作。该会还设法筹集了一些资金，投资办了工厂、商店，用以资助中共地下党的活动经费，同时帮助低级职员改善生活条件，从经济利益上把更多的职工团结起来。

5. 重庆金融业其他工会的建立及工运开展

1941 年初，由邮政储金汇业局黄思静、熊曜晖、祝纪和、严子刚等组织成立的“储汇同仁进修社”，上至局长，下至勤杂工都是会员。所有开支，都由公家支付。由全体社员选举成立干事会。下设文娱、体育、联络、服务、妇女等几个组。先后举办了联欢会、讲座、口琴班、俄语班、识字班（勤杂工）、流动壁报、消费合作社、象棋比赛、电影晚会等活动，并成立了篮球队、排球队、乒乓球队，举行职工运动会等，还出版了《浪花》月刊。在这些活动中影响最大的是几次讲座，吸引了大批局外人来听讲，轰动了上清寺一带。讲座有朱学范《从苏联归来》、张骏祥《当前的话剧运动》、老舍《怎样写作》、马寅初《抗战时期的经济问题》等，有十来次。

此外，在金融界还有一些在党的影响下的小型的进步群众组织。如金城银行的“益友社”，聚兴诚银行和川康银行的“读书会”，和成银行的“求知会”，江海银行的“学习会”以及其他银行、钱庄组织的时事讨论会、聚餐会等。这些组织的活动内容，主要是举办讲座，开展文体活动，学习一些进步书刊。还有重庆银行的李华飞、李思齐、朱芝菲等编辑出版了进步刊物《春云》月刊，曾发表过郭沫若和柳青的文章。中国银行的沈镛和邮汇局的祝纪和两人集资办了一个“美学出版社”，在冯一代、宋寅生、俞世等人的协助支持下，利用业余时间，先后出版了夏衍、于玲、宋之和、徐迟等作家的作品和其他二三十种有价值的读物。

6. 党对重庆金融工运的组织领导

抗战中期，党中央提出开展调查研究，广泛收集国统区的经济情报资料。根据这一指示，重庆金融界的中共地下党员，在贯彻党的隐蔽方针和“三勤”原则中，在中共中央南方局经济组组长许涤新的直接领导下，在做好本岗位业务工作的同时，认真搞好统战工作，团结进步群众，广交朋友，开展调查研究，直接、间接地获取国统区的经济、金融情报资料。通过中共地下党员或党外朋友收集到的资料、情报，分别用书面或口头汇集到许涤新那里，由他综合写成书面报告，送周恩来、董必武审核后，报送党中央，为党中央制定政策、采取措施作出了重要贡献。

（三）沦陷区的金融工运

1935 年，日本帝国主义继侵占我国东北以后对华侵略步步紧逼，华北形势岌岌可危。而国民党反动政府顽固地继续推行不抵抗主义和“攘外必先安内”的反动政策。1936 年，上海职业界救国会中一部分银钱业、保险业、洋行业的进步职工，为使救亡活动进一步深入各行业广大群众中去，先后发起组织“上海市银钱业业余联谊会”、“上海市洋行华员联谊会”（以后改名“华联同乐会”）、上海市保险业业余联谊会等群众团体。

1. 上海市银钱业业余联谊会的发展及工运开展

上海市银钱业业余联谊会（简称“银联”），成立于 1936 年

10月，1946年6月第七届会员代表大会以后，改称上海市银钱业同人联谊会。它是上海各银行、钱庄等金融企业职员的群众性团体，是中共上海地下党领导的职工运动的组成部分。“银联”前后十三年，经历了四个阶段。第一个阶段：1936年2月至1937年11月，从“职救”银钱业大队到“银联”；第二个阶段：1937年12月至1941年12月，在“孤岛”环境里，“银联”群众基础得到巩固和扩大；第三个阶段：1941年12月至1945年8月，在敌伪直接统治下，“银联”继续争取合法存在；第四个阶段：1945年8月至1949年5月，“银联”在争取和平民主，迎接上海解放中的活动。

（1）从“职救”银钱业大队到“银联”。

1936年2月9日，上海职业界救国会正式成立。它把会员组成六个大队，形成了职业界群众运动中秘密的指挥系统。1936年，上海银钱业的从业人员，总共约有15000人。举办各种业余活动，把发动群众和争取上层结合起来。1937年元旦，“银联”出版了铅印《会报》创刊号。这一时期，“银联”在工作中，除宣传团结抗日外，继续按照会员的不同需要，开展各种业余活动。1937年七七事变发生，“银联”理事会明确决定以支援前线为中心工作，组织上海银钱业同人战时服务团，发动群众支持抗战。“银联”还参加了上海职业界救亡协会和上海各界抗敌后援会。为了便于开展战时服务工作，把会所迁至上海法租界霞飞路（现淮海中路）542弄5号。1937年10月初，经过上层人士王志莘、蔡承新、林康侯、潘仰尧的赞助，“银联”同银行学会、银行业务联益会、交换员联谊会、集益会等四个团体，联合起来成立了“金融业同人联合会”，作为金融业救国的联合组织，运用各个团体的特点发挥作用，进行劝募救国公债、举办战时金融问题讨论会等活动，在行业内外扩大了影响。“银联”初创阶段，由于有党的间接和直接领导，办会的宗旨和方针符合实际，注意从本行业和职工特点出发，紧紧抓住发展抗日民族统一战线这一中心环节，根据形势发展和群众各方面的需要，开展了许多抗日救亡活动，逐步扩大有组织的群众队伍，稳扎稳打地积蓄了力量，为以后“银联”的蓬勃发展奠定了基础。

（2）在“孤岛”环境里，“银联”群众基础的巩固和扩大。

在“银联”理事会内部，大家的思想认识达成统一，决定停止公开的战时服务团等工作，开展各项业余联谊活动，更好地广泛联系银钱业的职员群众。1938年初，中国共产党为了加强群众团体的领导，在“银联”建立了党团（即党组）。1938年初，创办了铅印会刊《银钱界》，每半月出版一期（八开四页）。“银联”在团结中层人员方面也做了不少工作，许多中层人员已为办好团体作出了努力，特别在争取上层方面发挥了桥梁作用。随着会员人数的增加，“银联”相应地扩大了会务工作机构，除设立秘书处、总务处、会员部外，还建立了学术、出版、福利、补习教育、合作事业、体育、娱乐七个委员会。“银联”会员部为了进一步加强会员之间的联络和服务工作，又分设了银行、钱庄、信托保险、妇女等四个联络科组，以便按会员的企业类型，分块组织交谊活动，并在每个行庄、公司都聘请了一批联络干事，形成了四个联络网，加强“银联”同会员之间的联系和会员相互间的联系，便于开展基层工作。1938年8月、9月分别举行了八次交谊会，每次参加人数都有三四百人，增进了会员之间的联系。1938年下半年，继续根据会员需要举办了经济学讲座，参加者80余人。1938年10月，广州、武汉相继沦陷。上海各界开展节约救难、劝募寒衣活动，用以救济难民。“银联”即把工作中心，转向节约救难，支持抗日。“银联”成立二周年纪念暨第四届会员大会，因环境关系，采取了书面形式，由《银钱界》出版了《特刊》。银钱剧团于1938年11月23日、24日两晚，在丽都戏院（今贵州剧场）公演了曹禺名著《日出》。1939年是“银联”

会务大发展的一年。这一年，“银联”举办的各项业余活动，在原有基础上注意从德、智、体、群四个方面提高会员的素养。1940 年全民族抗日战争已处于战略相持阶段，“银联”党团决定把工作中心逐步转移到发展福利事业，为会员生活服务，以密切联系群众，并转变工作方式，发挥联络干事作用，帮助各行庄会员中的积极分子在党的领导下深入开展基层工作，为应对环境的突然恶化做准备。在会员联络工作方面，前两年会员部设立了银行、钱庄、信托保险、妇女四个联络科，聘请了联络干事四百余人，已逐步形成了条块结合的联络网，并在大量会员集中的银行业，进一步建立了“银联”驻各行的代表。于是在中国银行、交通银行、上海银行内，由“银联”驻行代表和联络干事发起成立了“银联联络干事常务干事会”。

（3）在敌伪直接统治下，“银联”继续争取合法存在。

1941 年 12 月 8 日，日军占领租界后，“银联”党团和党在各行庄的基层组织，就发动骨干积极分子分头进行宣传解说，并向中上层方面做了争取说服工作，力争把“银联”继续办下去。经过艰苦努力，利用矛盾，继续取得合法地位。继续办好福利事业，稳步恢复其他群众活动。“银联”虽然取得了合法地位，但在敌伪统治下，开展工作还是比较艰苦的。当时开办的福利事业，主要有：银钱理发室，经济食堂，特约医师，支持银钱业消费合作社，帮助“银联”扩大业务为社员和会员服务等。这一时期，“银联”的群众性活动虽有所减少，但各大行庄中的群众工作，由于党的基层组织在上级组织安排下，依靠党员深入群众，贯彻“勤学、勤业、交朋友”的方针，并没有受到多少不利的影响。

2. 上海市保险业业余联谊会的发展及工运开展

“银钱业业余联谊会”和“洋行华员联谊会”两个团体是在 1936 年 10 月成立的，它们在救国会的基础上进一步扩大了党和广大职员群众的密切联系。这种组织形式更适合于开展抗日民族统一战线工作和广泛发动群众，也适合于保险业的特点。全民族抗战初期，上海的华商保险公司有 30 余家，而外商保险公司及代理商有 160 余家。1938 年 5 月，抽调在“洋行华员联谊会”（简称“华联”）活动的程恩树和在“银联”活动的震峰两位党员组成保险业党支部，及时改变了活动方式，借鉴“银联”“华联”的经验，结合保险业的特点成立上海市保险业业余联谊会（简称“保联”），以推动组织适合保险业各阶层群众的需要。“保联”设会所于爱多亚路（现延安东路）160 号，原《泰晤士报》大厦四楼。

“保联”是中共上海地下党领导下的广泛团结保险职工和中上层人士的群众团体，成立于 1938 年 7 月。1946 年 9 月，国民党反动政客罗北辰伙同国民党社会局将“保联”改为上海市保险界同仁进修会（以下简称“进修会”）。上海保险业的地下党员和积极分子，在地下党组织的领导下，在“进修会”的内外，利用多种方式继续开展活动，与罗北辰进行斗争，直到 1949 年 5 月上海解放。在这前后近十一年中，上海保险业党组织根据党在全民族抗战和解放战争时期的总任务、总要求，结合不同时期形势的发展变化，以及保险业的特点，采取灵活多样的、政治与经济相结合的、改善生活福利与寓教育于娱乐的斗争形式和组织形式，组织广大保险职工和中上层人士，开展了群众性联谊活动。地下党通过公开合法的群众团体活动阵地，在困难复杂的斗争环境中，经过各个阶段的斗争实践和锻炼，提高了群众的觉悟，培养了一批积极分子，发展了保险业党的组织。中共地下党领导下的上海保险业职工运动的十一年，在上海职工运动史上留下了它光辉的一页，并为上海解放后的接管工作，以及社会主义革命和建设事业，培养了一定的干部力量。

1938 年 7 月 1 日，“保联”在西藏路宁波同乡会召开成立大会，参加大会的有华商和洋商保险公司的职员 400 余人。大会选举胡咏骐、谢寿天、董国清、程恩树、林震峰、关可贵（保险业同业公会秘书长）、王中振（保险业同业公会秘书）、朱懋仁、郭雨东（以上两人是太平保险公司）等组成第一届理事会，推选郭雨东为理事会主席。理事会下设了秘书处、会员部、总务部、娱乐部、体育部、学术部、妇女部、出版委员会、图书委员会及福利委员会等工作部门。各部、会根据工作需要，再分设若干组，广泛吸收各公司会员参加各项会务活动。由于“保联”的各项活动能适应广大群众的需要，又得到各公司中层人员的积极推动和上层人员的赞助支持，参加“保联”的人数不断增加。1938 年 8 月，第一届征求会员运动结束时，会员即达 973 人；1939 年 3 月，第二次征求会员运动增加到 1116 人；到 1940 年 1 月，第三次征求会员运动增加到 1402 人，占整个保险业职工总数的 70%左右。“保联”成立后，为了广泛团结教育群众，按照不同历史阶段的环境条件，针对各种不同类型群众的特点与需要，采用多种多样的活动方式，开展了广泛的群众活动。

“保联”成立时，正值太平洋战争爆发前夕，上海的租界成为日寇占领区四面包围的“孤岛”。“保联”在党的抗日民族统一战线方针的指引下，利用租界这一特殊环境，采取多种多样的形式，组织群众，团结群众，教育群众，广泛深入地开展了各项活动，包括：建立联络干事制度，密切联系群众；发动募捐义卖，支援抗战；创建图书室，为职工提供精神食粮；举办各种讲座，进行时事政策教育，提高业务技术水平；开展文体活动，调剂职工业余生活，培养团结互助作风；创办消费合作社，解决职工生活困难。与此同时，1938 年春，党支部第一次争取原有的半官性组织“球艺部”举行改选，恢复了活动，并使之成为群众所掌握的一个组织，这为团结一般青年群众又开辟了一个阵地。这一段时期，中共中行党支部运用银联会的组织和活动，使原来处在比较散漫状态的职工逐渐走向有组织，工作阵地初步开辟，并在群众中开始生起根来。随着形势的变化，工作重点从以学术性的文化学习为主要形式，逐渐转移到群众生活福利工作上，并领导了几次生活斗争。1941 年春，日寇为了进一步贯彻其以战养战的政策，急需将汪伪发行的中储券在市场行使。汪伪特务在 1941 年 3 月 20 日晚进行血腥暴行，枪杀了农民银行十多名职员，绑架逮捕了中行 108 名职员，以定时炸弹爆炸中央银行等恐怖行为，企图借此逼使金融机构就范。在恶劣的环境里，中共党支部总是设法联系群众，越是在生活感到很大威胁的日子里，做好与群众日常生活密切相关的工作，就越能与群众打成一片和受到群众的欢迎与爱护，使工作顺利与稳固地进行。这一时期工作特点是：宣传着重在口头，活动的方式又比较社会化，表面上似乎都不包含什么政治性，形式又是分散的、点滴的，所以提高一般积极分子对这些活动的政治目的性的认识，教育群众以坚韧斗争的信心持续地进行长期深入的工作，是非常重要的。

1941 年 12 月 8 日，太平洋战争爆发，日军占领租界，这个突变结束了上海“孤岛”时期。为了继续团结和争取更多的上层继续支持，“保联”便利用太平集团和大上海集团在业务上的矛盾，推动大上海集团上层董汉槎、顾中一等人出来支持，并根据当时中小公司纷纷设立的情况，通过中国保险公司总经理过福云、永安水火保险公司总经理容受之等人在同业中的影响，争取到绝大部分公司的支持。这样就解决了当时“保联”这一组织的登记和经费两个主要问题，使“保联”合法地保存了下来，继续开展各种活动，其中包括：适应群众需要，扩大以生活互助为中心的各项活动；为了满足青年职工业务进修的要求，1942 年秋，举办了系统的保险学术讲习；1942 年至 1943 年话剧组吸收新组员，参加的有 120 多人，选择较进步的剧本进行演出等。这一时期，通过各项福利、学术、文体活动，贯彻“勤学、勤业、交朋友”的方针，依靠党员积极分子，深入各公司同广大职工建立革命感情，进一步从政治上进行启发教育，鼓励发扬民族气节，不断提高群众的政治觉悟，并为党的发展壮大做了准备[①]。

3. 党对上海金融工运的组织领导

总体来说，在上海金融业职员的进步分子中，中共党组织在抗日战争全面爆发前的救亡运动时期已通过上海职业界救国会建立了影响。在1936年10月成立了上海金融业职员群众的公开合法团体——上海市银钱业业余联谊会，为开展群众工作和中上层统一战线工作创造了条件。1937年冬，在金融业职员的积极分子中，开始吸收党员9人。11月，建立了银行支部。1938年上半年，又吸收了一些新党员。至6月底止，在金融业职员中已有党员27人。7月，“职委”决定，扩建原银行支部为银钱业总支委员会。在保险业，1938年7月单独成立职员群众的公开合法团体——上海市保险业业余联谊会。1938年下半年至1939年初，又吸收了一批新党员入党。这时，金融业职员中，已有党员59人。1939年3月，上级党组织“职委”决定，扩建银钱业总支为金融工作委员会（简称“金委”），并指示，应“深入群众，广泛地团结基本群众到党的周围来，以巩固扩大党的组织”。1939年5月，金融业中的钱兑业职员，也在党员的倡导下，另行成立公开合法的群众团体——上海市钱兑业业余联谊会（简称“钱联”）。“银联”“保联”“钱联”从群众多方面的需要出发，开展了广泛联系群众的文化、娱乐、体育、生活福利的合法活动（其中有些活动在当时条件许可下也带有一定的政治内容）。到抗战胜利时，金融系统共有党员50人，基本上保存和发展了党的力量。

① 中共上海市委党史资料征集委员会编：《上海市保险业职工运动史料》，1987年，第5—23页。

三、解放战争时期的金融业与金融工运

（一）国民党统治区的金融工运

国民党统治区的金融职工生活比在全民族抗战时期更为严峻，在恶性通货膨胀下艰苦奋斗。职工处于“吃不饱穿不暖”的困境之中，但仍旧安守职位。1946 年 7 月，国民党政府颁布了员工临时津贴办法。这期间颁布了一些财政经济紧急处分令。例如，1948 年 9 月 2 日，总处致沪总行函中写道：“兹以政府于本年八月十九日颁布财政经济紧急处分令，改革币制，实行金圆券，并取消生活指数，所有本行同人薪津过去依照生活指数发给办法，已不适用。兹遵照政府法令规定，决自九月份起，本行各行处同人薪金，一律按照八月份所得薪津法币全数以三百万比一，折合金圆券发给，并将 1946 年人通字第十一号及三十六年人通字第二十三号两函所规定之生活津贴办法，均同时予以废止，用特函达，即希查照办理，并转知所属各行处为荷。”国民党政府官方所编生活指数是具有欺骗性的，及至解放战争时期，主编生活指数的国民党伪上海市政府统计处，仍沿用敌伪时期的一套编制方法，伪造工人生活指数，并将其作为为统治阶级服务的工具。

1. 从“银联”使命的完成到上海金融工会的成立

抗日战争取得伟大胜利之后，在日伪统治时期饱受压迫和生活痛苦的银钱业职工，同广大群众一样，以为从此可以享受和平和民主，生活上也会有所改善。可是，随之而来的却是国民党“劫收”上海，并在美帝国主义支持下，破坏和谈，挑起内战，对广大人民在政治上残酷镇压，经济上疯狂掠夺，文化上肆意摧残。随着前几年抗战形势的发展，“银联”一部分初期的会员骨干分散到“大后方”各地，抗战胜利后，他们大部分被陆续调回

上海，但对“银联”会务感到生疏。留在上海的会员骨干在日伪统治时期，因群众活动规模缩小，同会员群众间的联系也较过去减少，因而此时“银联”的群众工作基础相对薄弱。

1945 年 9 月 30 日，“银联”在向上海市社会局申请登记过程中，主动积极地开展各项会务复兴工作，从 1946 年 4 月 1 日起，开展第七次征求会员运动。各行庄职员中的“银联”旧友闻风响应，也有不少新会员踊跃参加。截至 5 月 25 日，会员人数增至 5300 余人，遍及 193 家行庄公司。通过这一系列的爱国民主活动，进一步扩大了“银联”群众工作基础。这是“银联”在复兴会务活动中，之所以热气腾腾的极其重要的动力。当时主要的班会活动包括：充分发挥《银钱报》的宣传作用；办好学术交流，提高理论和业务水平；充实图书室藏书，扩大流通；文娱活动，蓬勃发展。1946 年夏，国民党破坏和谈，“银联”在新的政治形势下，根据中共上级党委的指示，对会务的活动作了相应的变更，更广泛地团结会员群众。“银联”于 1948 年 1 月召开第八次会员代表大会。当时会员人数已达 13560 人，遍及 241 家行庄、公司，理监事会分别推选王志莘、孙瑞璜、凌云岐为理事会正副理事长，沈础成续任监事长。抗战胜利后，“银联”兴办福利事业，对缓和银钱业从业员生活的困难和巩固“银联”同广大会员的联系起了一定的作用。

1949 年初，淮海战役取得了伟大胜利，紧接着平津又获解放，解放军已进抵长江北岸，准备渡江。“银联”党团根据上级党委的统一部署，在上海解放前夕的特殊环境中，继续发挥“银联”这一合法团体作用，发动银钱业群众积极准备迎接上海解放，这主要包括：宣传党的政绩、推动各行庄成立应变互助会、协助组织人民保安队。1949 年 5 月 30 日出版的《银钱报》上，响亮地提出了银钱业的新使命。国家行局已由中国人民解放军接管，迅速筹建成立了中国人民银行上海市分行，加强了金融市场的管理，人民金融事业迅速发展和壮大起来。人民币已成为统一流通的合法货币。《银钱报》告诉银钱业职工：新通货诞生，经济将由此安定，恢复生产，人民各安本业，我们应该如何感奋和欣喜人民币的出现，并以实际行动来保证它的信用；号召银钱业同人，尤其是国家行局同人更要身体力行，为工商界树立模范，做金融界的新战士，来庆祝和迎接新民主主义中国的建设。为了纪念五卅运动和庆祝上海解放，银钱业职工于5月30日假座中央信托局大饭厅，举行“纪念五卅庆祝解放”大会，参加职工1000余人，情绪空前热烈。为了铭记七七事变和庆祝解放，上海百万军民于7月6日下午举行了空前大规模游行，银钱职工10000余人参加了沪中区的队伍。

在上海解放以后，银钱业工会筹备会于1949年7月31日成立，在“银联”原有积极分子的基础上，成立了职工会的筹建机构。银钱业工会改名为上海金融工会，于1949年12月25日正式成立。至此，曾拥有15000名会员的业余团体——“银联”历时十三年，经过艰难困苦、团结战斗的历程，胜利地完成了它的光荣历史任务。

2. 从“保联”的使命完成到上海市金融工会筹委会的成立

1945年8月15日，日寇投降，抗日战争取得最后胜利。保险业中共地下党也及时地发动和组织保险业的职工开展庆祝活动。当时曾组织了一次有1000余人参加的庆祝胜利大会，在白俄罗斯剧场召开。随着国际、国内形势的变化，“保联”的活动又进入了新的阶段。在新的形势下，“保联”的工作主要是迅速恢复各项会务活动，进一步组织和发动保险业职工，积极投入为争取和平民主和改善职工生活的斗争。太平洋战争爆发以后，在日伪白色恐怖下，政治活动受到限制，有些会务活动不得不紧缩。抗战胜利之初，“保联”立即进行复兴会务的各项工作。1945年11月，党内成立了“保联”党团，党团书记由中共保险业支部书记兼任。

1945年末至1946年4月，“保联”根据形势需要，连续举办了20多次有关时事形势、政治经济方面的演讲会。通过这些演讲会对广大会员和职工进行反对内战、要求和平、反对独裁、要求民主、反对迫害、要求自由的政治教育，对团结群众、教育群众收到一定的效果，为以后开展的各种活动，扩大了群众基础。国民党政府“劫收”上海，对原有的保险公司作了一些限制和规定，使一部分保险公司停业结束，不少职工失业。为解决一部分职工失业的问题，“保联”在会员中举办了职业介绍登记。通过“保联”各种关系，曾帮助10余人获得了职位。其中绝大部分是由中共地下党创办的民安产物保险公司吸收的。举办职业介绍为会员解决了失业的困难，更扩大了“保联”的影响。

抗战胜利后，1946年下半年国民党反动派发动全面内战，“保联”也遭到国民党社会局及特务机关的打击。当时，反动政府、国民党上海市金融特别是党部常务委员、中央信托局人寿保险处经理、保险同业公会理事长罗北辰，凭借其在保险界的地位和政治势力，对“保联”进行了破坏。

1948年1月，为关心生活困难职工，中共地下党“保联”党团决定发起保险业同人子女教育贷金劝募运动，成立了“保险界同人教育贷金劝募委员会”。通过活动和斗争，团结锻炼了党员和广大职工群众，给罗北辰的破坏活动以有力的回击，他在广大职工群众中越来越陷于孤立。上海解放后，党抽调了一部分过去在“保联”活动的骨干参加了接管官僚资本保险机构的工作和恢复保险业务，组织保险业职工参加纪念“七七”和庆祝解放的上海百万军民大规模游行活动，并动员一批进步职工参加西南服务团，为解放大西南提供了干部。以后，又筹备成立保险业工会，登记发放平价米，办理失业登记等。

1949年12月，“保联”与银钱业工会合并改组为上海市金融工会筹委会。至此，党领导的上海保险业职工运动，经过长期的、艰苦曲折的历程，胜利完成了民主革命时期的光荣使命而进入一个新的阶段。

3. “北四行”的成立与工运开展

“北四行”是指盐业、金城、中南、大陆四家银行。1923 年 1 月，“北四行”共同投资创办“四行储蓄会”，首创以 4 家银行联合保证支付储蓄存款本息和红利的方法，发展储蓄会会员，广泛吸收储蓄存款，并由“北四行”所属业务机构分别代理收储，很受社会欢迎，成为当时储蓄存款最多的一家金融企业。1931 年成立了“四行调查部”，为“北四行”和四行储蓄会办理征信调查工作。1934 年又由“四行储蓄会”投资兴办号称“东亚第一大楼”的国际大饭店，这是“北四行”联合投资的一个有代表性的企业组织。“四行一会”同人交谊会是四行储蓄会同人交谊会的简称，是中共领导下的五单位的职工群众团体，从 1946 年 2 月 24 日开始筹建，3 月 17 日宣告成立。1948 年 8 月 1 日，根据国民党政府财政部“银行不能办银行”的有关规定，四行储蓄会、信托部合并改组为股份有限公司，改名为联合商业储蓄信托银行，简称联合银行。它经历了三年多的战斗，迎接了上海解放，完成了历史任务，于 1950 年 1 月 5 日光荣结束。

1946 年 2 月 24 日举行“四行一会”同人新春聚餐会，参加者 400 余人，在聚餐会上产生了交谊会的筹备委员共 50 人。当时“四行一会”同人总计 1217 人，会员总数 1081 人，占同人总数的 92%，其中职员会员 680 人，占职员总数的 85%；工友会员 401 人，达到工友总数的 99%。“四行一会”同人交谊会筹建期间，正是金融业职工生活斗争兴起之时。交谊会开展了多种康乐方面的活动，重视开展学术方面的活动，组织进行形势教育、专题座谈会等。按期举行了第二届会员大会，改选理监事，修改会章。“四行一会”同人交谊会的建立，肇端于 1946 年新春聚餐会。

1947 年 2 月 2 日举行新春联欢大会。大会盛况空前，进一步开展上层统战工作。1947 年 3 月，中共代表团被迫全部撤离，国共谈判完全破裂，上海政治形势进一步恶化。“北四行”联合党支部根据上级指示精神，决定将带有政治性的活动，都改为以分散隐蔽的方式进行。交谊会在以后一段时间的活动，主要是开展行会同人的学术、体育和文娱活动，进一步促进群众的相互了解，增进友谊，这对加强职工团结，扩大民主力量，起了积极的作用。“北四行”联合党支部还通过《四一会刊》，发动党员和积极群众，为保障同人生活福利，不断撰写文章。

为了进一步贯彻党在国统区隐蔽精干的方针，除继续发挥“四行一会”同人交谊会的作用，根据需要与可能，进行各种活动外，在两个党群力量较强的单位——金城银行、中南银行内部，还结合本单位特点，利用各种合法条件，开展群众性的福利、文体活动，使群众运动进一步向广度和深度发展。金城银行当局为了笼络全行职工，缓和劳资间的矛盾，于 1947 年起恢复了同德会组织。这个会原是总经理处在北平时创立的，是一个“官办”的同人业余文体活动组织。抗战胜利后，会务曾一度停顿。该会恢复后，很大一部分交谊会的骨干，都积极参加同德会的活动，担任基层各系的干事。中南银行职工为了进一步开展业余活动，向行方建议成立同人团体。经过几个月的筹备，于 1948 年初正式成立“同人集益会”。集益会成立后，中南同人的业余文体活动进一步活跃起来，特别是在该会理事长、知名票友包幼蝶的主持下，评剧活动更为兴旺发达。1948 年 8 月 1 日，四行储蓄会改名为联合银行，“四行一会”同人交谊会也相应地更名为“五行同人交谊会”，《四一会刊》也更名为《五行会刊》。通过聚餐方式交换各单位同人和行方的动态讯息，并继续研究和推进交谊会会务的进行，特别是在上海解放前夕，研究坚持《五行会刊》的出版工作。上海解放前后，五行职工在党的领导下，通过互助会和人民保安队等组织，保护了银行财产及职工的安全。党员和积极分子还协助军管会，做好接管工作和维持社会秩序。交谊会在互通消息上也起了一定的作用。上海解放后，银行职工也获得了组织工会的自由，交谊会的历史使命已经完成。1950 年 1 月 14 日，全体理监事假座中南银行举行联席会议，根据向绝大多数会员征求意见的结果，五行同人交谊会决定光荣结束。

4. “四行一局”的成立及工运开展

1946 年 2 月中旬，以中国银行为主力的“四行一局”（中央银行、中国银行、交通银行、农民银行和中央信托局）职工首先取得了一次增加米价补贴的生活斗争的胜利。福利方面，在争取合理工资待遇的同时，还注意到会员群众多层次的生活需要。1948 年以后，国民党为了维持其反动统治，对上海的工人运动，采取血腥的镇压，不仅发生“申九惨案”和杀害上电工人领袖王孝和事件，而且在金融业中也出现破坏“四行一局”职工为保障生活而酝酿的“等工”斗争。

1946 年 2 月 18 日，“四行二局员工福利会”改为“四行二局员工联谊会”（简称“六联”），共计 1950 人。这一时期群众运动的特点是：由分散零星的群众工作，到大规模的集中的群众运动；由基本上是中行一个单位的工作，扩展到四行二局的联合斗争；从福利性、服务性的工作，发展为带有广泛群众性的以改善生活为主的民主运动。这一时期工作的优点是根据党的路线政策，根据群众的要求，抓紧利用当时有利的时机，开展了一系列的生活斗争与政治斗争，大踏步地打开大规模群众运动的局面，从这基础上建立了行局全面性的统一组织，在斗争中发掘培养了大批干部，提高群众领袖的威信，并使群众对自己力量有了认识。缺点是在斗争中政治教育工作还做得不够，同时在每一斗争告一段落后，未能有计划地进一步去组织和培养积极分子，使之在组织上和政治上继续巩固。“二一六”以后群众有组织的队伍从一二百人扩大到2000余人。在此时期，“六联”着重展开各项康乐体育、文化学术等活动，建立各种组织，扩大群众联系面，全力打开较弱的单位。同年5月25日，“六联”机关报综合性的定期刊物“联讯”的出版与发行，大大推进了“六联”的工作。各单位内部又建立了公开的福利工作，如中行、中信局的膳食会、合作社。在这些机构中，进步分子都争取了领导地位，使这些机构成为“六联”统一领导下的基层组织；其中中行的合作社和膳食会就成为“六联”堡垒——中国银行内部的有力支持点与一切工作开展的核心阵地。通过各项工作，扩大了群众基础。1947年9月“六联”征求会员，扩大到4783人，比成立时增加了两倍半，占全行局职工总人数的60%。干部也大量增加了。“六联”核心人物在群众中的威信也随之提高了。

1948年3月之后的半年，虽然为时不长，但斗争很激烈和紧张，可以说是十年来职工运动中的第二次高潮（第一次在日寇投降后）。主要是由于职工群众经过多年锻炼教育，觉悟与力量大大提高，全国形势日益有利；而敌人却日暮途穷，一面加紧搜刮，一面更不顾政治影响实行残酷迫害，形成了革命与反革命势力在行局内针锋相对、各不相让的形势，所以这些斗争对行局职工来说是空前的。1948年9月下旬，国民党当局以“总统府”名义，下令取缔上海四行二局员工联谊会。“六联”全体理监事在党的指示下作策略性退却，“六联”停止活动，行局职工运动从以大团体和联合斗争为主转入分散活动。

5. 北平市银行的工运开展

在这期间，工运事件中比较典型的还有北平市银行。北平市银行是北平市政府出资开办的银行。1947年，何思源任北平银行董事长时，物价飞涨，民不聊生。他组织职工签名，准备在北平市政府、警察局、中小学校领工资的6月28日这天罢工。被抓以后，家属都来银行要人，去北平市政府、人民自由保证委员会等部门请愿。当时，李济时的弟弟在北平新闻社，带着家属们到处请愿。北平市各报纸也登载了这条消息，家属的上访请愿、舆论界的压力和蒋介石要来北平视察的消息，使北平市政府没敢轻举妄动，3 天后就把人放了。

6. 上海金融业党组织不断发展

解放战争时期，上海金融业党组织不断发展、壮大。日寇宣布无条件投降后，在国民党反动统治回到上海立足未稳之际，"金委"根据上级组织的指示，领导各个基层组织抓紧有利时机，发动金融业职工群众开展争取改善生活待遇和争取和平、民主的斗争，把金融业的职工运动推进到一个新的阶段。原中国、交通两行留沪职工在抗战胜利后立即向从后方飞来接管的人员开展了"反歧视"的斗争。

1946 年 2 月，"四行一局"的原留沪职工和从后方陆续"复员"回沪的职工，联合发起了要求改善待遇的怠工斗争。在 2 月怠工取得一定胜利的基础上，"四行一局"职工联合了另一官办金融机构邮政储金汇业局职工，组建了上海市四行二局员工联谊会。这是上海金融业第一个带有职工会性质的、把职员和工友公开联合组织在一起的团体。接着"北四行"和四行储蓄会职工，也成立了"四行一会同人交谊会"，新华银行、浙江实业银行职工分别成立了各行的"同人福利会"。这些都是中国共产党领导下的职工会性质的团体。

1946 年秋，"保联"的领导权被国民党上海市金融特别区党部委员、上海市保险业同业公会理事长罗北辰夺去，团体名称被改为"上海市保险界同仁进修会"，但中共保险业支部仍密切联系群众，通过多种方式坚持斗争。1947 年 5 月，为了加强党对保险业工作的领导，上级组织"职委"决定，保险业支部及其全体党员的组织关系，划归"职委"直接领导，改建为保险业分党委。1947 年 3 月，"银联"班会支部改称中小行庄支部。1947 年

9月，“四行一局”职工为对国民党政府下令削减他们的“米贴”表示抗议，举行了一次联合拒食午餐的行动，取得了借支一个月薪金的胜利。这一行动被一些报纸称为“饿工”；突破了国民党政府“禁止罢工”的法令，很快就为其他行庄职工所运用，在社会上引起广泛的影响。1947年12月，为了加强领导行局的职工运动，“金委”决定成立行局总。至1949年2月底止，“金委”系统实有1个“银联”党团、1个行局总支和14个支部，党员117人。

（二）党领导下的解放区金融工运

1. 边区印刷局开展劳动竞赛

1945年8月下旬，边区印刷局接收蒙疆新闻社印刷厂和星野印刷厂后，迅速健全机构，组织人力，做好恢复生产的准备工作，短短的十几天后，便正式开机印刷了。在组织机构健全的同时，印刷局各项规章制度也进一步完善。由于生产设备的变革，边区印刷局生产能力大为提高。印刷局结合形势，开展了“劳军”和竞赛活动。

1947年7月，刘邓大军南下，挺进大别山，解放了大片土地，并继续前进。这是解放军从内线转向外线作战，挺进蒋占区，进行解放战争大反攻的一个重大转折。在新解放区，急需人民自己的货币以解决军政费用支出，打击法币，巩固政权，满足市场流通的需要。1948年3月，在华北金融贸易会议上，作出《统一新中国货币问题》的决议。1948年5月中州农民银行成立后，在各重要县城市镇陆续设立了支行或兑换所开展各项业务工作。这时中州农民银行钞券需要量急剧增加，在这迅速发展的大好形势下，钞券满足供应成了影响民主政权、繁荣经济、稳定物价、摆脱法币对解放区人民的掠夺，保障人民财产，扩大军事发展的重要任务。这时，上级把印刷中州农民银行钞券的任务，交给了晋察冀边区印刷局。平时需要3个月才能完成的印制任务，要求在一个来月内完成。为此，行政领导将此繁重的任务交给工会，发动群众开展了“45天大突击”运动。

晋察冀边区印刷局接到任务后，深感责任重大。过去虽然完成过紧急突击任务，但是像这么重大的任务，这么长时间的突击生产，在印刷局还是第一次。印刷局党政领导在精心细致做好准备工作、组织工作的同时，决定开展一次生产劳动竞赛运动（简称“45天大突击”运动），并且决定把大突击的动员与组织工作交给印刷局总工会。印刷局总工会于1948年6月21日在其主办的《工人战旗》上，发表了向全局职工的号召书，题目是《总会号召》。“45天大突击”运动开始后，整个制版科的同志们紧张地安装机器，大家争先恐后地担沙土、抬石头，不怕脏、不怕累、不怕热，按计划进度安装完毕，并成功制出印版。在大突击中，大家每天干12小时还嫌短，总埋怨时间过得快。为了多增加生产，印刷部曾发生倒拨钟表的现象，上一班该下班了，下一班接班的来了，可是上一班的机器还不停，因为他们把钟表往回拨了。大突击发起的第二天，生产部门就都行动起来了，工房内外贴满了挑战书、应战书和各种战斗口号。管理部门的非生产人员也上了第一线，轻病号也要求进车间。印刷局领导为了表彰“45天大突击”运动中作出宝贵贡献的职工群众，召开了总结庆功大会，职工群众还自编自演了大突击文艺节目。1948年底印刷局进行了年终评奖工作，经过年终评奖，群众情绪更加高涨，先进的更加努力，后进的也有重大转变，在生产工作上增添了新的气象。

北海银行渤海印钞厂为了提高生产效率，节约原料，实行生产奖惩办法，配合计时工资制，收到了相当好的成绩。1945年下半年由厂务扩大会议研究，开始实行奖惩办法，后又逐渐改进，其奖励办法共有四种：产量超额奖、工作时间奖、减少成品消耗奖、材料节约奖。自《大众日报》登载了被服总厂红旗运动的成绩和《红旗终于归十班》的文章后，工厂里的很多工友希望也能组织开展竞赛运动。工友们在完成突击生产任务时的情绪和最后获得超产的成绩，尤其是胜利形势突飞猛进地发展，给工人们的鼓励更是空前的大，提高了信心。当时为了应对复杂的生产性质、多样的工作方式的困难，采用多制几面红旗，制定各种竞赛的标准和条件的办法，来进行红旗运动。红旗运动的结果，完成了原计划 140%以上，并且做到质量不低于过去；个别部门的消费率在运动中自 1.98%降到 1.83%。在技术方面也有很大改进与提高。红旗运动使全厂职工同志们经过了一次很大的锻炼与考验。

边直机关的个人生产自财政厅召集个人生产座谈会后，已经打破从前那种停滞状态，普遍地掀起生产热潮，各机关均纷纷进行动员组织。据 16 个单位统计，参加人数共 1124 人。边区银行个人生产已组成 15 人生产委员会，定期检查，按周通报，每月总结一次。全体工作人员及家属共组成 9 个小组，生产种类包括农业、手工业与社会劳动；个人任务按工作不同情况具体规定为 2 斗至 6 斗。

立功运动的热潮普遍开展，据分行了解，各级行亦在开始行动，接到东海、西海两支行的立功计划与挑战书，西海支行行长已定出个人的立功计划，提出与大家竞赛；东海支行于 1946 年 12 月 19 日发出立功条件，又于 1947 年 2 月 18 日发出了立功挑战书。1947 年 3 月 5 日，北海银行总行为建立立功组织颁发立功办法的通函。1947 年 3 月 7 日，胶东分行普遍地掀起生产节约运动，有组织、有领导地动员与号召全体干部掀起普遍性的生产热潮，提倡节约，养成刻苦朴素的优良作风。晋察冀边区印刷局的广大职工在“加紧生产，支援前线”口号的鼓舞下，在局党政领导和工会组织的号召及各级干部的带动下，政治热情空前高涨，带动生产大发展。1947 年 3 月 8 日，《工人战旗》小报上发表了局长王文焕“开展立功运动”的署名文章，对如何开展立功运动做了全面部署。印刷局总工会执委会作出“全面开展立功运动”决议。1947 年 4 月 3 日，冀南银行发出关于开展立功运动问题的通知。

晋察冀边区印刷局职工还开展了减薪、献金运动。在开展立功运动的同时，作为立功运动的重要内容的减薪、献金运动，也蓬蓬勃勃地开展起来了。1947 年纪念“二七”大会上贺晓初副局长提出增产、降低生活水平的号召后，制版部除个别人和学工外，都用减薪的实际行动响应局领导的号召。晋察冀边区印刷局开展慰劳解放军活动。随着解放战争的发展，印刷局全体职工及家属，还开展了慰劳人民解放军的运动。在这一运动中，局部的领导干部带头献棉衣、鞋袜、毛巾、牙刷等生活日用品。

2. 各地方工会的重新组建

1941 年 8 月，在山东省昆山县（今山东省梁山县），召开了鲁西银行印刷所和鲁西日报社全体职工大会，建立两个部门的职工会。鲁西银行印刷所赵荣轩当选工会主任，翟诚当选工会秘书。1943 年春，鲁西银行印刷所组建工会组织，工会主任为房重千。1945 年 8 月 1 日，成立厂职工总会，刘杰三当选工会主任。1945 年 8 月下旬，晋察冀边区印刷局进驻张家口市后，由于吸收了许多新工人，所以又重新组建工会。工会委员会经工人选举，由 10 余名委员组成，穆其彬任工会主任。工会有健全的组织机构，设有生产委员会，负责劳动竞赛、劳军等活动，工会还设有专职文化娱乐干事，负责组织工人开展文艺体育活动。鲁西银行第一、第二印刷所成立后不久，成立了工会组织。

1945 年 8 月，抗日战争胜利，冀南银行总行从黎城小寨村迁往河南涉县（今河北涉县）索堡镇。原总行所属太行第一、第二印刷厂合并建立冀南银行第一印刷厂，鲁西银行印刷所和冀南区各所合并为第二印刷厂，并在冀南临清县成立大机器印刷厂。1945 年 12 月，四个区行（冀鲁豫、冀南、太行、太岳）统一划归冀南银行总行领导，总行从索堡迁往武安县城，银行工作进入城市。1946 年 1 月，总行召开印刷厂会议，将平原、太行各印刷厂统一由总行发行处管理。

1946 年 8 月，在武安县下白石村召开了冀南银行第四次职工代表大会，银行工会工作进入了新时期。1946 年 8 月 1 日，第二印刷厂在清丰县城召开冀南银行印刷厂劳模表彰大会。同月，冀南银行第二印刷厂选出职工代表，参加了冀南银行召开的局属各印刷厂职工代表大会，选举产生了冀南银行统一的工会组织——冀南银行总工会。1946 年 9 月，第二印刷厂工会成立，王平瑞当选工会主任。1947 年成立冀南银行印刷三厂，张子重兼任厂长，高文明任监委，黄健任工会主任。至此，冀南银行工会下属三个印刷厂的分工会，组织开展了银行系统为争取解放战争胜利的立功支前运动。

1949 年，解放战争取得决定性胜利，银行进入大城市。在解放区各银行的基础上，成立了中国人民银行。冀南银行完成了历史任务。以冀南银行印刷厂为基础，分别在北京、天津、上海建立中国人民银行的三个印钞厂。冀南银行工会，也于 1949 年底结束工作，胜利完成了历史任务。

北海银行发行局于 1948 年 5 月 11 日在驻地召开所属各厂职工代表大会，成立总工会筹备委员会，并同时选出出席华东职工代表大会之代表。上海解放以后，各行庄同人因鉴此后为配合新民主主义社会建设工作，职工之间实有加强团结确立组织之必要，故对职工会组织均普遍加以注意，并纷纷筹划进行。

3. 帮助职工提高政治思想及业务水平

根据地银行为了提高在职员工政治思想和业务文化水平，每天工作之余，都安排一定的学习活动，并形成制度。学习时间及内容，由各行根据具体情况，自行决定。“总行机关职工政治学习，共分 7 个小组，规定：每星期二、四早晨集体上政治课；每星期三、五为分组讨论和研究政治问题；每星期六为分组讨论时事问题和读报等。”[①] 东安分行为了提高职工队伍素质，全行组织了政治和文化学习，规定干部、职员的学习是读报、上大课、阅读文件、开展讨论。对战士每两日上一次课，每星期六开一次生活检讨会，解决吵架、不团结、不服从分配等问题；对新招收的学生，组织业务学习，主要学习记账、珠算等。东北银行总行为了提高在职干部的工作能力和政治水平，培养骨干力量，于 1948 年起开办在职干部培训班。其目的在于培训本行行员，使之提高工作能力和政治水平，以期成为本行基本骨干干部。东北银行合江省分行，“为了适应农贷工作需要，对每个农贷员采取了以下措施：加强在实践中培养、建立工作日记制、建立《农贷简介》内部刊物”。牡丹江支行根据新入行的同志多，业务技术差，出纳、会计上经常出现差错、事故的具体情况，在加强业务学习的同时，于 1949 年初开展了提高技术、消灭事故的岗位立功运动，并把 3 月份定为提高技术、消灭事故月。

4. 根据地银行统一工薪标准

1946 年合江省银行薪俸人员的薪给，在 1946 年 10 月以前，都是根据佳木斯市同级政府规定发给。10 月合江省政府统一规定，工资薪俸均按小米折价发给，每人每月由 340 斤至 440 斤，不另发给伙食费。但当时银行干部为了工作学习便利，全部住宿行内并供给伙食，为此决定每人每月薪金为 250 斤至 300 斤小米，在这个数目之内，根据工作优劣予以增减，特别积极者给以 10 斤至 30 斤的奖励[②]。1947 年 2 月黑嫩省政府“为了统一薪水制待遇并避免因物价波动致影响生活起见，决定自二月份起改以实物

---

① 《银行通讯》第 17 期，1948 年 12 月 15 日。

② 黑龙江档案 66 全宗 1 目 8 卷。

（小米）计算”①。东安分行1947年4月公布了员工待遇标准——薪金制：股长7500元、职员7000元、勤杂人员6000元；供给制：每人每月津贴100元，全年供给单衣两套、棉衣一套、手巾两条、肥皂四块、牙粉四包、牙刷两把。菜金每日40—50元，每人每日粮食1.4斤，每周发细粮1.4斤（扣粗粮）。每人全年种菜地一亩，解决全年吃菜问题，超种部分归个人。全行养猪20头、鸡80只归供给人员伙食用。1948年嫩江省分行公布战时工薪评分办法，该工薪评分办法十分详尽，包括总则、等级标准、分数及点数、评分内容及比重、评议办法等五条。1949年6月冀南银行发布了关于工厂薪资标准试行办法的通知，总共十七条。

5. 职工会迈入建设新中国的新征程

中国人民解放军进入上海后，上海市职工们在帝国主义势力和国民党反动势力的迫虐下获得了解放；这工商经济重地的上海，职工运动就此从推翻帝国主义在中国统治的道路迈入建设新中国的道路。过去在国民党管制下的残酷黑暗，促成了银钱业联系，扩聚力量支援革命运动，进行反帝、反封建、反官僚的斗争，进展到新的扩聚力量建设新民主主义的运动。共同负起下列职工运动的任务：实行管理民主化、实行企业管理委员制、督促资方执行政府法令、培养吃苦多做的精神、促进劳方福利事业。

上海解放以后，各行庄同人因鉴此后为配合新民主主义社会建设工作，职工之间实有加强团结确立组织的必要，故职工会的组织已普遍蓬勃发展起来。银行全体职工在中国银行四楼集会，由军管会陈特派员讲监督指导的意义，并当场追认筹委会成立。中国通商银行同人于上海解放后第二天，即着手筹备组织职工会，先由各单位推举一两位代表，组织筹备会。筹备会分设总务、联络两组，进行筹备工作，草拟职工会简章草案，拟具筹备工作程

① 辽宁档案1313号。

序。1949年5月3日晚，假沪行举行成立大会，到会全体职员工友300人，军管会陈、韩两特派员及陈联络员莅临致辞，会场情绪空前热烈。鸿祥钱庄在冯总经理热烈赞助下，遂定于1949年6月4日下午3时，召集全体员工举行职工座谈会，共同讨论筹组事项。6月2日召开筹备会时，参加人数共170余人，约占全行职工总数的70%。业中大部分行庄皆已成立职工会。茂华银行职工会已于1949年5月31日成立，并推刘寿同为该会主席。嘉昶钱庄亦于6月1日下午3时成立筹备会，到会人数达全部职工的75%，并推举选定执委。中国企业职工于6月2日举行全体职工会议，通过会章，并选出理事9人及监事3人。大中银行也于2日召开职工筹备会，并请沈文达列席指导。人丰钱庄职工会已于4日成立，当即选定干事数人分成3组。至中银行同人由筹备会起草拟定章程，已于6日在行方竭力协助下召开成立大会。国货银行同人，于3日下午召开筹备会。中汇、福昌、永泰亦均已成立。正明银行于3日下午4时由全体职工60多人，召开职工会筹组会。同润钱庄职工于6日下午，集合全体职工开了一次预备会，先产生了11个筹备委员，成立了1个筹备委员会，以后组织的工作即由筹备委员会办理①。

---

①《银钱报》外号1949年6月10日。

第二编

社会主义革命和建设时期的金融工运（1949—1978）

第四章

新中国成立初期的金融工运

新中国成立初期，随着新中国经济建设的繁荣发展，金融职工队伍不断壮大。为调动广大金融职工的劳动热情和生产积极性，1951 年 10 月，全国总工会召开常委会，决定成立中国金融工会。此前，中国人民银行就成立中国金融工会事宜正式向全国总工会提出申请。1951 年 11 月，在全国总工会大力支持下，中国金融工会正式备案成立，标志着金融系统广大职工有了自己真正的“娘家”。

成立之初，中国金融工会的主要任务是团结教育全国金融业职工，保护金融业职工利益，繁荣国家经济，广泛开展金融业务。

1953 年 8 月 22 日，全国总工会七届二次主席团会议决定，撤销中国金融工会工作委员会，交地方工会联合会统一领导。

1956 年 1 月 13 日，全国总工会七届四次执委会议作出《关于加强产业工会工作的决议》，恢复财政金融产业工会。恢复建立后的中国金融工会工作人员工作热情高涨，积极推动 23 个省、自治区、直辖市建立省级金融工会组织，此时的金融产业工会蓬勃发展。

一、中国金融工会成立初期的金融工运

中国金融工会在成立初期，为了维护金融工人的权益和促进

金融业的发展，开展了一系列工人运动，例如，通过组织工会、加强工人教育和培训等方式，提高金融工人的组织化程度和素质水平；通过积极推动金融业的改革和发展，提高金融工人的工作条件和待遇水平；积极协调各方利益，推动改革政策的落实，加强对金融企业的监管和检查，促进金融业的健康发展；加强对金融工人的宣传教育，提高他们的政治觉悟和组织意识。

总的来说，中国金融工会在成立初期的金融工人运动对于维护金融工人的权益、促进金融业的发展起到了积极的推动作用。

（一）新中国金融机构的建立

新中国成立初期，国民经济千疮百孔，物价居高不下，工业生产停顿，社会民生凋敝。为了改造旧有金融体系与金融机构，促进国民经济平稳恢复，新中国金融机构有序建立产生。

1. 成立中国人民银行

1948 年 12 月 1 日，华北人民政府颁布关于建立中国人民银行和发行人民币的布告，决定将解放区的华北银行、北海银行和西北农民银行合并，组建中国人民银行，总行设在河北省石家庄市。1949 年 2 月，中国人民银行总行由石家庄迁入北平。1949 年 10 月 1 日中华人民共和国成立后，中国人民银行纳入政务院序列，直属中央人民政府，具有发行货币、管理全国金融并全面办理各项金融业务的职能。中国人民银行的成立标志着新中国的金融体系诞生了①。

2. 接管官僚资本金融机构②

根据新中国成立前夕通过的《中国人民政治协商会议共同纲领》中关于没收官僚资本归国家所有的规定，人民政府对官僚资

---

① 李德：《新中国金融体系的建立与发展》，《中国金融》2011 年第 13 期。

② 纪崴：《新中国金融体系的建立》，《中国金融》2021 年第 15 期。

本金融机构进行了接管。特别是通过对国民党政府的中央银行及其省市县银行等依法接管，把接管工作与建立中国人民银行各级分支机构结合起来，利用其原有的营业地点和人员办理业务，组建中国人民银行的业务部门。按照行政规划，中国人民银行先后建立起总行、区行、分行、支行四级机构。截至 1951 年 11 月，除了西藏和台湾等个别省份，其他省份都建立了中国人民银行的机构。

对官商合办银行，没收其官股部分，实行公私合营，派出公股董事与私股推出的代表一起组成新的董事会。对官僚资本金融机构，除中国银行和交通银行予以保留之外，其他均停业清理。中国银行、交通银行被接管后，官股被没收，私股权利被保留，董事会被改组，职工全部留用，这两家银行分别成为中国人民银行领导下经营外汇业务和经营工矿、交通事业长期信用业务的专业银行。改组后的中国银行和交通银行于 1950 年 1 月 7 日，分别以其总管理处的名义向海外分支机构通电，号召员工安心工作、保护行产，这一号召也得到了驻海外分支机构领导人的积极响应。

3. 取消在华外商投资银行特权①

新中国成立后，对清朝政府和国民党政府先后给予外资银行的特权予以取缔或依法限制。中国人民银行指定有信誉的外资银行代理中国银行买卖外汇，代办国外汇兑业务。根据国家不同时期的需要，由中国银行进行具体的业务指导，要求这些外资银行遵守规定办法，承担应该承担的义务和责任。由于外资银行过去所依恃的特权被彻底清除，垄断利润随之消失，批准继续营业的多数外资银行不久后也申请歇业。

① 纪崴：《新中国金融体系的建立》，《中国金融》2021 年第 15 期。

4. 整顿改造私营金融业①

新中国成立初期，对私营金融业的整顿治理可以分为四个阶段。

第一阶段，对私营金融业进行严格管理和业务疏导。1947 年 4 月 27 日，华北人民政府颁布了《华北区私营银钱业管理暂行办法》，随后华东、华中、华南各地人民政府也先后颁布相关办法，加强对私营行庄的管理。私营钱庄放款业务的利率、期限、金额以及信用保证，均难以适应生产资金需要，为引导私营金融业正当经营，中国人民银行进行了资金疏导工作。

第二阶段，调整金融业公私关系。1950 年 8 月，中国人民银行召开全国金融业联席会议，根据党中央关于调整工商业的总方针，研究调整金融业中的公私关系、金融业与工商业的关系以及金融业中的劳资关系。

第三阶段，聚焦联合经营与联合管理。1950 年下半年，建业银行宣布公私合营。1951 年 5 月，新华信托储蓄银行、中国实业银行、四明商业储蓄银行、中国通商银行和建业银行组成公私合营银行联合总管理处。五家银行总行的管理部门并入总管理处，各行的分支机构统归总管理处直接领导管辖，各行业务实行统一经营，并有步骤地向专业化发展。自此之后，很多银行或其他金融机构纷纷进行联营和合并。

第四阶段，基本完成了私营金融业的社会主义改造。从 1952 年下半年开始，中国人民银行对全国金融业进行了全面改造，根据不同情况对私营银行进行合并或淘汰。已经实行公私合营的银行，进行人员整编，实行机构合并，1952 年 12 月 1 日成立了公私合营银行总管理处。在这一时期，新的保险体系建立起来，中国人民保险公司在 1949 年 10 月成立并陆续在全国各地设立分支机

---

① 纪崴：《新中国金融体系的建立》，《中国金融》2021 年第 15 期。

构。农村信用合作组织开始成立，成为银行在农村的助手。

（二）金融机构职工工作生活状况

中国金融机构的工作报告显示，新中国成立初期，在职金融工人的生活状况主要存在福利资金、员工健康、子弟教育和房屋建设等四个方面的问题。同时，部分工人伴随着金融体制改革，有失业待转业就业的需求，也需要加以考虑。

第一，对失业员工的处置以及在职员工的福利资金来源问题。金融机构改革后，大量有劳动技能的金融工人面临失业问题，在中国人民银行总行的指导下，失业职工如果还有工作能力，并且思想正确，可通过当地支行组织进行培训学习，学习结束后由总行帮忙代为找工作进行安置。对于在职员工，其首先面临的问题是福利资金的来源及规划问题。1951 年后，部分地区可由当地政府行政拨款或依靠小规模公有制生产及上级下拨资金，解决一般的福利问题，少数地区亦有由行政暂时垫借，其他根本没有资金来源和办法。下拨的资金，在使用上也很不统一，一些地区对于资金的使用不规范，没有规划。

第二，员工健康得不到保障。金融工人的健康主要受到用工制度、办公环境、医疗场所及医疗设施等因素的影响。在用工制度上，存在工人工作时间过长、雇佣及用工机制不完善、休息休假及病假制度不合理、薪酬及福利难以满足工人健康生活需求等问题。中国金融工会曾在劳保福利工作报告中提到，一般的单位有部分会计、储蓄人员，经常在晚上十点左右才能结束工作，员工得不到充分休息，以致睡眠不足、精神疲劳，而影响身体健康；在办公环境上，存在办公场所的人均占用面积少、办公环境差的问题，这导致员工所患病的种类中，肺病占据了主要病种；在医疗设施及医疗场所的问题上，存在疗养院等基础医疗场所少，导致其覆盖范围低下的问题，且由于基础医疗设施的老化、老旧等问题，使得医疗院能够承担的医疗任务不齐全，许多疾病无法得到治疗。这些问题使得当时的金融工人疾病情况极为严重。

第三，子弟教育。子弟教育由子弟学校及托儿所承担，其问题主要在于数量少，部分地区甚至没有开始建设。且由于土地规划等问题，部分学校没有专门的场所，学校甚至只能在露天或者员工宿舍内进行授课，同时还存在教职人员数量少，难以满足工人子弟需求等问题。

第四，职工住房。当时存在的主要问题为，房屋主要集中在大城市，中小城市及农村面临着严重的房屋不足、老旧房屋年久需要翻修，以及租房期满导致无房可用等。这些问题对员工在办公场所的需求、库房及员工宿舍等三方面会产生一定影响。办公场所的狭小封闭，将使得工人患肺病的概率大幅上升，库房的缺失将影响银行的正常办公，而员工宿舍的缺失将提升工人的生活成本，特别是在房租较贵的地区，员工宿舍的缺乏已经严重影响到了工人的工作。

针对上述问题，全国总工会金融工会工作委员会推出了系列政策，一一对上述问题进行了解决。同时，全国总工会也积极推进全国各地金融工会的建立，为金融工人提供必要保障。

（三）中国金融工会的成立与发展

中国金融工会的建立和发展可以追溯到新中国成立初期，同时，地方金融工会经历了多个阶段的建立与发展，已经成为中国许多省份和地区的重要社会力量，为当地金融业的发展和职工的权益保护作出了积极的贡献。

1. 中国金融工会的建立

七十余年中，中国金融工会会员从建立之初的 10 多万人到后来的 500 多万人，会员单位从最早的银行业扩展到了现在的金融业，从单个会员单位到现在的 36 家总行（会、司）、34 个省（自治区、直辖市）金融工会工作委员会和2个省（直辖市）金融工会委员会①。

新中国成立初期，随着新中国经济建设的繁荣发展，金融职工队伍不断壮大。1951年10月5日，为了团结教育全国金融业工人职员，保护金融业工人职员的利益，繁荣国家经济，开展金融业务，中国人民银行就成立中国金融工会事宜正式向全国总工会提出申请，全国总工会召开常务委员会决定建立中国金融工会工作委员会，以王显周、王骥、刘善长、沈文达、朱川、章尔澄、张立之、何松亭等同志为委员，即日开始工作，并决定王显周、王骥两位同志驻会专任工会工作。

1951年11月，中国金融工会正式备案成立②。

2. 地方金融工会的建立与发展

地方金融工会的建立与发展，可分为四个阶段。

第一阶段为工会的准备阶段，这个时期的中心工作是发动组织群众，筹备建立工会。此阶段的组织工作，是结合当时职工的迫切要求，通过各种运动发动群众，提高职工的觉悟而开展起来的。

在解放战争时期，由于为数众多的金融业行庄关门停业，造成大批工人职员遭到解雇，引起了严重的劳资纠纷。职工纷纷起来组织工会，要求保障。

由天津市金融工会组织情况可知，1949年新中国成立之初，私营银行有32家，钱庄有99家，共计131家。6月成立银钱业工作组，9月成立银钱业工会筹备委员会，计有人民银行30个单位，职工3000余人，私营银行31家，钱庄90家，共121家。然

① 王新荣：《中国金融工会从这里走来——喜迎中国金融工会70华诞》，《中国金融家》2021年第9期。

② 王新荣：《中国金融工会从这里走来——喜迎中国金融工会70华诞》，《中国金融家》2021年第9期。

而到1950年底，私营银行只剩23家，钱庄只剩35家。

这种情况在北京、重庆等城市也有所体现，例如，北京工会为协助资方克服困难，开源节流，“三个人的饭五个人吃”，号召职工自动降低待遇，进行适当的减薪，这样才扭转了资本家“一心想关门”的思想。

此外，由于资本家对职工长期的压迫和剥削，职工在新中国成立初期便起来组织工会，要求改善工资福利。

工会建立初期的组织工作，结合了当时职工的迫切要求，通过各种运动，如春节劳军、禁用银元、宣传庆祝中苏友好同盟条约等，发动职工群众而开展。

第二阶段为工会的初步建立阶段，这个时期工会的中心工作是合理解决劳资问题，端正新中国成立初期混乱的劳资关系，开展职工政治学习，培养工会干部，健全工会组织。

由于理论知识的缺乏，当时存在一些阻碍工会发展的消极行为，如有些雇主对工会有不正确认识，怕工人报复而惧怕工会，表面开明进步，暗中却分化和打击工会。职工方面，有一部分对资本家的报复思想很严重，有些经常作出激进的行为。因此，当时的劳资关系很不正常。如上海市金融工会就报告过，部分劳方在业务上偏于保守，与资方一个鼻孔出气，在福利待遇问题上有些激进，由于联管联营，往往产生清算思想。

在这样的背景下，工会通过举办店员政治学习班，吸收积极分子来学习，进行了阶级、政策及时事教育，提高干部的政策、业务水平。北京、重庆等地区工会，为了更好地提高银钱业职工的政治觉悟，以便更好地执行国家金融政策法令，曾先后举办了多次工会干部学习班，收到了很大的成效。与此同时，工会还大力宣传新的民主、平等、两利、契约的劳资关系和推广劳资协商会议的组织，基本上贯彻了劳资两利的方针，初步端正了劳资关系。

第三阶段为工会的发展阶段，随着抗美援朝运动和土地改革运动在全国范围内蓬勃开展，此时工会工作的重心，就是通过这些运动对职工进行爱国主义与国际主义教育，把职工从政治上、思想上提高一步，从而整顿工会组织，纯洁工人阶级的队伍。

金融业职工的出身多是知识分子，过去生活又比较优裕，不少职工有崇美思想。经过抗美援朝时事教育及各种运动，特别是志愿军代表的报告，大大提高了职工的政治觉悟和爱国热情。北京工会就在此阶段，组织与教育了银钱业职工（即除国家银行专业银行以外各行庄职工）要坚决执行政府的金融政策，检举资本家投机倒把、私营拆放、倒卖黄金，如国华银行工人梁庆辛检举资本家倒卖黄金，晋鸿裕钱庄职工焦仲怀两次检举资本家放暗息、抽资本、逃税等，同时也检举了不法的职工，如金城银行职工李宝栋私营拆放被马庆余检举等，并对不法职工给予适当的教育处理。

在这个阶段，工会组织有了更大的发展，会员数量也不断增加，如重庆金融工会此时已拥有会员 2383 人，占当时职工人数的 64%。

第四阶段为工会的初步完善阶段，这个时期的中心工作是检查工会法，总结过去的工作，在继续深入开展抗美援朝运动的基础上，开展爱国主义劳动竞赛。

过去有不少工会，特别是国营银行工会，对自身的定位和立场很模糊，有些成了行政的尾巴，行政也有包办工会的现象，工会不能代表职工利益，因而脱离群众；一般对生产工作喊得多，做得少，大部分除了搞大的运动，还是以搞福利、搞文娱为主，工会工作缺少经常性的内容，有些流于形式；有些工会干部作风不民主，造成群众对工会不满。经过检查工会法，提高了职工对工会的认识，转变了工会干部的作风，进一步密切了工会与群众的联系。

在抗美援朝运动中，在各级党组织的领导、行政的支持，以及各级工会的努力下，爱国主义教育在广大职工群众中得到了广泛的落实。此举有效地提高了职工们的政治觉悟和工作积极性。如北京工会，通过开展落实爱国主义教育，员工政治觉悟得到了普遍加强，全市财政金融职工捐款，较原计划超额了约 20%。同时 90% 以上的职工订立爱国公约，普遍经过两三次的检查与修订。

除了在工作业务上有了很大的成绩，职工还自觉地开展了劳动竞赛，中国人民银行北京分行开展师傅带徒弟的运动，参与人数据统计共有师傅 679 人、徒弟 1217 人。1951 年 9 月，中国人民银行北京分行全面开展了劳动竞赛，至 10 月 25 日共 317 个小组参加了竞赛。全行职工提高技术，从而提高了工作效率，各办事处比没有开展竞赛以前普遍提前一小时以上结束工作，如东单办事处过去每天结账要到九十点钟，竞赛后七点多就结束了工作；西单成国源小组，原先每天要出错误二三十笔，每日记账串户错误的要有五六件，常耽误会计晚上结账，竞赛后每天只有两三件小错，没有了串户现象，每天都按时结账。

中国人民银行总行在 1951 年 4 月开展劳动竞赛以来，取得一定成绩。发行处、印制局、会计处、营业处、人事处等部门都开展竞赛。总署也开展过竞赛并取得一些成绩。人民印刷厂在提高质量、改进技术、节约材料的号召下进行竞赛，在 1951 年上半年度提前完成任务，节省了 15 亿多元。又如重庆工会，通过深入抗美援朝爱国主义教育，90% 的职工订立了爱国公约，一部分基层开展了爱国主义竞赛，由此使工会工作转入比较细致深入的阶段，以搞文娱、搞福利转向搞生产，面向基层深入小组，是一个重大的转变。

（四）中国金融工会的工作开展

在党的国民经济恢复时期的指导思想下，我国的金融事业与新中国成立前的体制相比发生了历史性巨变，旧中国半封建半殖民地性质的以剥削为生、以投机为主的畸形金融业态终结之后，取而代之的是以稳定物价和繁荣市场发展经济为目标的新金融体系。中国金融工会在这些具有历史里程碑意义的社会大变革中，如调整公私关系、恢复和发展生产事业、土地改革运动、“三反”“五反”运动①、抗美援朝等，都创造性地发挥了其功能和作用。

1. 中国金融工会面临的形势和任务

中国金融工会成立之初，其主要任务是团结教育全国金融业职工，保护金融业职工利益，广泛开展金融业务。会员单位主要有中国人民银行所属的各地人民银行、农业银行、公私合营银行、中国银行及人民银行所属的银行学校、干部学校、印刷工厂等单位，不含财政部门所属的交通银行、中国建设银行、中国人民保险公司等。下设两个工作机构，分别为工会业务研究组和银行业务研究组②。

新中国成立初期的中国金融工会，自公私合营后，在性质上已经起了根本的变化，即由私人资本主义的经济成分变为国家资本主义的经济成分，成为国家金融体系的组成部分，其所承担的任务也由此发生了转变。银行总管理处副总经理资耀华在公私合营后第一次全行行务会议上曾发言道：“解放两年来的新中国，

① 1951 年底到 1952 年 10 月，中华人民共和国在党政机关工作人员中开展的“反贪污、反浪费、反官僚主义”和在私营工商业者中开展的“反行贿、反偷税漏税、反盗骗国家财产、反偷工减料、反盗窃国家经济情报”的斗争的统称。

② 王新荣：《中国金融工会从这里走来——喜迎中国金融工会 70 华诞》，《中国金融家》2021 年第 9 期。

在各方面都有伟大的成就，特别是在抗美援朝、镇压反革命和土地改革三大运动中，获得了辉煌的胜利，大大地巩固了人民民主专政，为全国经济建设打下了巩固的基础。此后国家即将更大规模地开展经济建设工作，在这总任务的要求下，我行基本任务就是人民银行南行长在我行公私合营时给予我们的指示：集中一切力量，扶助工商业。”

新中国成立初期，通过土地改革，农业生产力水平和生产积极性都得到了明显提高；与此相对的，则是此时期相对落后的、难以满足人民需求的工商业的发展。这不仅造成工农业产品价格差距的扩大，同时也是对农民群众的不利，对整个国民经济的发展不利。面对这种情形，资耀华发言道：“工商业面对着广大农民的要求，一方面是需要急速的发展，一方面是迫切地需要资金。在这种形势下，本行的任务具体地说来，将是积极组织社会一切可以集聚的资金，以满足有利于国计民生工商业的迫切需要，并应加强与扩大工商业的联系，进一步发挥对工商业的领导与监督作用。目前我们应搞好我们的企业，大力扩展业务，并在增产节约的基础上为争取超额完成我们的捐献任务而奋斗。”

2. 组织劳动竞赛

（1）上海市人民银行的情况。

上海市人民银行建议，由增产节约委员会领导各部门成立中心组，工会组长及大组生产干事参加，负责本部门的工作，整个运动的具体工作都由工会掌握和布置。建议范围并无限制，内容是以改善制度、改进工作方法为主，以及节约浪费，改进福利以提高工作效率。竞赛第一阶段为“量”的竞赛，第二阶段为采纳“量”的竞赛。第一阶段主要是提出建议，着重在量，展开“量”的竞赛。第二阶段是由量到质，量和质并重，比前一阶段较为细致。中心组将建议交还原建议人进行精雕细刻的加工，一般要求每一建议要有理由、有办法、有价值，或成为一完整的制度。

（2）中国银行的情况。

中国银行的合理化建议是在中国人民银行华东区行增产节约委员会的领导下开展的，大致与区行情况相同。

（3）中国人民银行上海分行的情况。

中国人民银行工会于1950年5月成立后，根据上海市工代大会决议考虑如何展开合理化建议，于1950年下半年即号召会员群众提出合理化建议。由于各方面不重视，工会本身也对这一工作不够明确，因此收获不大；后于1951年结合响应抗美援朝总会六一号召在会员群众的爱国主义基础上正式发动开展合理化建议运动，群众热烈响应。这一运动成绩很大。采纳建议共计430余件，要求较高，大多是带技术性的工作改革建议，特别是创造了新的工作方法，推动了“增产起点”和“标准定额”的建立和推行。

3. 投入抗美援朝

据统计，到1951年11月30日，上海市金融业各单位共计捐献武器62659458件。

4. 稳定劳资关系

金融贸易工会协助天津市政府组织了一个包含失业与半失业1100余位店员的政治训练班，先后共介绍517位失业店员就业，又协助政府对4000位生活困难的店员进行救济、贷款，共拨出款数达31780万元，大部分困难都得到解决。同时，基层工会大力展开稳定劳资关系的工作，号召为迅速恢复与发展业务而奋斗。同时，各行业在一、七、八、十重点区建立了生产工作委员会，在各区党的领导下经过两周的努力，劳资关系基本稳定下来，召开劳资协商会的有1181户，签订合同开展业务竞赛的有197户，普遍订立与修订了爱国公约，加强劳动纪律，打消部分资本家的顾虑，业务开始逐渐稳定好转。

5. 开展职工教育

（1）基层工会开展职工教育的情况。

武汉市金融工会于1952年9月改组成立，于10月起首先在中国人民银行武汉分行系统开展了增产节约运动，以及围绕着运动开展了一系列的工作。

武汉市金融工会通过定职定位，工资改革，调整机构，提拔干部转入增产节约竞赛运动，先从组织上思想上发动群众，组织群众讨论计划和工作标准，随即采取“全面发动，重点掌握”的方针，为“扩大存款，做好放款，加强计划，提高效率”的目标而展开全面的竞赛。

武汉市金融工会从1952年10月20日至12月底，在中国人民银行武汉分行各单位各专业系统里掀起竞赛高潮，订立科股组个人计划，开展合理化建议，试行个人计分办法，与初步测定工作标准，并按照预定的计划和步骤进行两次小评，在70天的竞赛运动中，取得较大成绩。

第一，提高了工作效率。截至1952年底，共收到合理化建议1204件，包括扩展业务、改进工作、节约开支等方面的建议。已经研究审核的计815件，同意采纳实行或上报的占40.6%，其中联行账务集中建议实行后，节约人力25%，捆钞机和粘票机制成后，能提高效率10倍左右，其他有关联行签章、结算方式、账表格式、信汇书款、节约利废、操作方法等建议，对提高效率、减少支出起了很大的作用。

第二，加强了对私营工商业的领导。私人业务方面，通过增产节约运动，扭转了质量信誉的比重，催收了旧贷，完成了户头排队，帮助了私商改善经营，如1952年10月全行清理逾期贷款，仅达22%，到12月底即增至84%，第二营业部从几乎全为信用贷款至12月底扭转为信用贷款仅占12%左右。

第三，增强了计划性。在统计款项、节约库存方面，全行在

70 天中大幅压低了库存数，在减少资金积压的同时通过库存节约竞赛，促进了各单位对现金收支统计的准确性，使营会出纳碰头会、外勤碰头会成为一种经常的制度。在 19 种业务费用节约方面，超额完成计划的 294%，节约 58000 多元，大大减少了资金积压①。

第四，提高了干部职工业务水平，树立了旗帜。武汉市金融工会通过运动，使教学合同、互助互学、轮换工作、短期留学等学习方式更进一步地广泛推广了。桥口区把教学合同作为运动的内容之一，工作上的交叉互助，在全行是普遍有效的工作方法，当工作需要时内外结合互相帮助，不管青工老工、男工女工，为了工作和竞赛，大家目标一致，力量集中，这样在实际工作中普遍提高了业务技术水平，而且大家以搞好工作为基础，加强了团结，因此在年底的总结评模中出现了 154 个模范工作者和四个家属模范，把旗帜树立在各种不同的业务系统，如货管业务、储蓄、农贷、会计、出纳、总务、人事、计划、检查、机要工作和技术工作，领导干部与勤杂同志，群众工作者与家属代表等方面都树立了旗帜，实现了行行出状元。

（2）职工的物质生活与文化生活。

职工的物质生活得到改善。据统计，中国人民银行武汉分行系统在工资改革中，工资总金额增加 14.6%，从 1952 年 7 月起各系统先后实行了公费医疗和家属优待办法，基本上解决了职工的一般医疗预防问题；从 12 月起实行了疾病营养补助，基本上解决了一部分负担过重和久经卧病的职工的实际困难，同时有几个单位建立了互助储金会，基本上解决了职工临时困难借支问题。

中国人民银行武汉分行系统还重点试办了 11 个哺乳室，录用

① 李爱华、任保华：《新中国成立初期的金融工人运动》，《中国工会运动史料全书》，北京图书馆出版社 1998 年版，第 70 页。

了18个保育员，解决了55个女职工喂奶的困难，同时还积极筹设了一所托儿所，遴选了10个保育员，到中南卫生部和市卫生局中南妇联举办的保育员训练班去学习，在1953年3月可以正式收托，紧接着生产竞赛，开展了一系列的物质福利工作，大大地提高了职工的生产积极性。

职工的精神生活也得到提升。各基层工会通过快报、墙报、大字报、黑板报以及本会编印的14期快报、3期合理化建议专栏、1期元旦特刊，起了鼓动生产情绪和交流经验的作用；办了2期速成识字师资训练班，集训了46个教师成为扫盲运动的骨干，从1952年9月起按地区人数组织17个速成识字班，在42个基层内先后开展了扫盲运动，参加学习的有400多人，通过学习，原为文盲的，后有200多人能认识1500字左右，原为半文盲的，扫盲运动之后能认识2000多字，其中有一部分能看通俗课本报纸，个别的能写短篇文章，增强了职工前进的信心，改变了一部分人自认为不识字没有前途的思想。

工会还组织1300个职工家属参加学习，增加她们的知识和逐步建立家务计划，对职工安心工作起到保证作用。在1952年国庆节组织10月会演，演出54个节目，动员演职员900余人，招待职工及家属5000多人，选择7个节目参加市直属机关的“文娱活动周”，其中有3个当选；举行以基层为单位的篮球、排球比赛，选拔金融工人男子排球、女子排球代表队，参加武汉市直属机关篮球、排球比赛，获得男子排球冠军，男子、女子篮球亚军；成立工人俱乐部，在星期一、三、五晚上及每日中午开放，周末举行乐队晚会，招待会员及眷属，同时举办舞蹈训练班，训练了49个基层骨干分子；成立美术研究班、金融工人合唱团，配合中苏友好月活动，举行讲演比赛，装置电影机并调派干部两人参加武汉市文化局电影放映班学习，以便定期放映；结合庆祝元旦举办会员首届集体结婚，报名参加的有21对，扩大了新婚姻法的宣传。

二、"一五"时期的金融工运

从新中国成立到"一五"时期，我国金融业逐步建立了一套规章制度，基本上保证了国家方针政策和信贷原则的贯彻执行。金融业围绕"一五"计划规定的任务开展工作，通过创造良好发展环境、广泛集聚社会资金、集中相对稀缺的资源，全力支持国家发展战略，支持全民所有制经济发展，促进了国家对农业、手工业和资本主义工商业的社会主义改造的实现①。

在国民经济恢复时期，我国建立了高度集中统一的计划经济管理体制；与此相适应，也形成了高度集中统一的国家银行体制，当时全国实际上只有一家银行，即中国人民银行。中国人民银行既是行使货币发行、金融管理职能的中央银行，又是从事信贷、储蓄、结算、外汇等银行业务活动的金融机构②。在计划经济时期，金融体制是高度集中、垂直管理的单一人民银行体系。金融系统服从于计划经济体制的集中管理，是执行社会经济计划的一个环节和手段，金融功能较为单一③。

（一）工会组织的撤销、重建和加强基层工会工作

在"一五"时期，中国金融工会面临着许多挑战和困难，如金融业的快速发展、金融工人的数量和组织结构的变化、政治经济环境的变化等。在这个过程中，一些金融工会组织出于各种原因被撤销或解散，这导致金融职工的组织和权益受到了一定的影响。为了应对这些变化，中国金融工会积极进行重建和调整，加强了基层工会工作，以维护金融职工的权益和促进金融业的发展。

---

① 杨书剑：《中国共产党领导下的金融发展历程》，《前线》2021 年第 12 期。
② 李德：《新中国金融体系的建立与发展》，《中国金融》2011 年第 13 期。
③ 杨书剑：《中国共产党领导下的金融发展历程》，《前线》2021 年第 12 期。

1. 中国金融工会的撤销和重建

1953 年 8 月 22 日，全国总工会七届二次主席团会议决定，撤销中国金融工会工作委员会，交地方工会联合会统一领导。1956 年 1 月 13 日，全国总工会七届四次执委会议作出《关于加强产业工会工作的决议》，恢复财政金融产业工会。中国人民银行党组根据决议精神向全国总工会提出恢复中国金融工会的建议①。

1956 年 9 月，经全国总工会同意，中国金融工会工作委员会恢复建立。中国金融工会下设办公室、组织部、业务工资部、生活劳保部、宣传部、银鹰体协办公室等 6 个部门。恢复建立后的中国金融工会工作人员工作热情高涨，抓住机会，大力发展，积极推动 23 个省、自治区、直辖市建立金融工会组织。先后与 13 个国家的 22 个工会组织建立工作往来关系②。

（1）工会组织的撤销。

1953 年 8 月 22 日，全国总工会七届二次主席团会议决定：为加强重点产业工会工作，对民航、医务、金融、新闻出版印刷、内河航运以及地质等工会的中央一级的组织，根据实际条件立即撤销。金融工会组织遵照决定撤销至所属基层工会组织，此后均交地方工会联合会统一领导。

（2）工会组织的重建。

1958 年 7 月 8 日，全国总工会作出的《关于加强产业工会工作的决议》指出："……为了使某些国民经济部门的职工在全国范围内按产业联合起来，必须在今后一两年内，逐步恢复过去撤销了的一些工会，并且建立一些新的产业工会……"为此，银行

① 王新荣：《中国金融工会从这里走来——喜迎中国金融工会 70 华诞》，《中国金融家》2021 年第 9 期。

② 王新荣：《中国金融工会从这里走来——喜迎中国金融工会 70 华诞》，《中国金融家》2021 年第 9 期。

系统的产业工会也应及时恢复和建立起来。该决议对于中国金融工会的名称与范围也作出了明确规定。

在名称上，统一称谓“中国金融工会”。分全国、省（自治区、直辖市）、基层三级。“中国金融工会全国委员会（或工作委员会）”“中国金融工会河北省委员会（或工作委员会）”“中国金融工会河北省通县委员会”（专区中心支行工会不另设立一级领导机构，大的基层工会之下可设立部门或车间工会）。

范围主要是中国人民银行所属各系统。如各地人民银行、农业银行、公私合营银行、中国银行及人民银行所属的各银行学校、干部学校、印制工厂等。至于财政部门所属的交通银行、中国建设银行、中国人民保险公司的工会隶属系统问题，可暂时维持原状，即如当时和银行工会仍在一起者则暂不必分，如过去和银行已经分开者则暂不必合。

1956 年 9 月 6 日，全国总工会金融工会工作委员会正式成立，并立即开始办公。该工作委员会主任是樊德智，副主任是刘善长、高俄光。

1956 年 10 月 12 日，全国总工会书记处会议决定，任命黄英为全国总工会金融工会工作委员会组织部部长。

1957 年 8 月，全国总工会金融工会工作委员会在关于省金融工会环节组织的报告中提出，在全国总工会和中国人民银行总行发出“关于建立和健全各级金融工会组织”的联合通知后，各省工会联合会和中国人民银行都非常重视和支持，积极主动地进行筹备工作，先后建立起安徽、江苏、广西、青海、甘肃、黑龙江、吉林、辽宁、山西、新疆、内蒙古、北京、天津、上海等 14 个省、自治区、直辖市的金融工会组织。此外，还有部分省份如山东、陕西、贵州等已配备干部，而组织还未建立起来，广东和湖南两省经省委和省工会联合会正式批准成立。

但从党的八届二中全会提出增产节约、精简机构的号召后，部分省份由于在不同程度上偏重于精简机构，忽略工作需要，或其他原因而对成立金融工会的问题采取等待或暂不考虑的态度。湖北、河南曾抽调几个干部进行筹备，但未建立起筹备组织就又撤销了。河北虽经省人民银行同省工会联合会联系7次之多，但尚无结果。因此，中国金融工会成立虽已将近一年，但还有福建、四川、云南、河南、河北、浙江、湖北、江西等8个省没有成立环节组织，这对中国金融工会工作的开展造成许多的困难。

2. 中国金融工会的机构编制和人员配备

1953年1月，根据金融系统工作发展的情况，中国金融工会提出了1953年的工作方针，即为继续深入广泛地开展劳动竞赛运动，普遍发挥群众的积极性和创造性，提高业务水平，必须加强对职工的政治思想教育，研究推广先进经验，建立与健全各级金融工会组织，有计划地改善职工劳保福利，以保证国家金融任务的完成。

为贯彻落实上述方针，起到第二类产业工会的作用，中国金融工会拟将原来25人编制分作第一、第二两组的组织形式，略加扩大与变更，设一室三部（或视干部情况而定），即在工作委员会下设办公室，办公室下辖二科：一科为业务研究科，研究政策与先进经验，出通报以便推动运动，另一科为行政科，以处理内部事务；另设组织、文教、劳保三个部门各司其职。此外，再增加15个人，这样的话，一方面能机动集中一批力量下去学习与帮助工作，另一方面也能留下一定人员做机关日常工作。

3. 加强基层工会工作

（1）全国总工会的指示。

1956年9月22日，中国金融工会认为，依据此时整个国民经济日益高涨的形势，为了在全国金融系统的广大职工中进行经常的、系统的共产主义教育，保护金融职工各方面的利益，发挥职工群众的积极性与创造性，广泛深入地开展先进工作者运动，更好地完成银行在社会主义建设中的工作任务，在全国金融系统中建立和加强各级工会组织已十分迫切。

此时全国总工会金融工会工作委员会虽已成立，但有不少地方尚未建立金融工会组织，尤其是省级的金融工会建立得更少，而在几个直辖市和个别的省份虽然已经建立，但一般还不健全，不能适应工作要求。

为此，全国总工会要求各省、自治区、直辖市的人民银行分行和工会联合会，在当地党委的领导与支持下，共同负责把各地的中国金融工会组织普遍地建立和健全起来，特别要根据全国总工会关于加强产业工会工作的决议，争取在短时期内配备一定的干部，把省级的金融工会建立和健全起来，以便通过它们去推动和帮助基层工会的建立和开展工作。

（2）基层工会的建设。

黑龙江省金融工会开展基层建设。黑龙江省金融工会开办了一期金融工会基层主席训练班。当时，黑龙江各地金融工会刚刚建立，大部分工会干部都是刚接手工会工作，工会业务不熟悉，工作方法不明确，加之过去银行中的机关工会长期处于停顿状态，群众基础薄弱，工会威信不高，因而新任的工会干部对工会工作信心和认识都或多或少地存在一些不足。鉴于这一情况，有必要通过训练来提高这些新工会干部的业务水平，端正他们的思想。

为提高现有干部的业务、政策、理论水平，中国金融工会提出关于培养干部的措施，包括以下几个方面：第一，将每个干部的工作分工逐步明确起来，以促使干部专心钻研自己的工作和提高业务水平。第二，建立经常的业务学习制度，由各部、室自行掌握进行业务学习，内容是上级的指示、决定、各省市产业工会的计划、总结和专题报告等。第三，组织干部进行时事政策的座谈，以促使干部注意时事政策的学习。第四，由主任亲自掌握领导组织副主任、各部部长并适当吸收一些骨干，研究讨论各时期党的政策指示、决议和工会工作的重要问题，以提高主要干部的业务政策水平。第五，组织文化程度较低的同志参加业务文化学习，并试办语文补习班，每周在业余时间组织部分干部语法学习，以提高同志们的写作能力。第六，为逐步改进和加强干部的培育工作和掌握分析思想情况，由组织部每季度进行一次干部培育工作总结，以便定期地研究干部工作。

（二）动员组织金融职工完成“一五”计划的金融工作任务

中国金融工会在党的领导下，带领金融职工切实贯彻落实整个国家经济有计划地建设发展的任务，将保证完成国家计划任务作为工作中心，推行“小组负责制”，同时积极学习其他先进工作者的经验，完成国家赋予的金融任务。中国金融工会作为党和政府联系广大金融职工的桥梁和纽带充分发挥自身的优势和作用，更好地为国家的经济建设作出贡献。

1. 以保证完成“一五”计划任务为中心，全面部署和总结改进中国金融工会的工作

（1）中国金融工会在工会七大上对现阶段进行总结，并对未来中国金融工会的工作作出部署。

在中国共产党的领导下，新中国迅速地稳定了金融市场，完成了经济恢复等工作，对此全国金融职工在各个阶段上的努力也起了很大作用。国家银行执行党和国家政策，迅速地建立起独立自主的全国统一的货币制度，统一金融体制，稳定物价，并集中和运用大量资金，支持贸易，扶植生产以适应国民经济的迅速发展，银行分支机构和专业机构已遍布全国，不仅县城有银行，而且农村普建营业所和群众性的信用合作组织。全国金融职工人数已超过新中国成立前的10倍。

许多大中城市银行的职工，通过增产节约运动，已积累了很多先进经验和工作方法。比如，确立了依靠职工，面向群众出发，

对外扩大营业接触面，对内简化作业程序和处理手续，明确分工而又互相合作的组织形式，收到很大效果，过去一笔交易通常需15分钟，后来一般能做到3—5分钟完毕，过去经常加班加点，有时会计因核对账目不平，寻找错误常通宵达旦，后来一般能按时下班，过往开户柜外拥挤久候的现象也很少见了。各行出现了许多出纳先进工作者，他们在点钞等操作过程中找到了很多窍门，他们的点钞速度都能超过每小时9000张。

不过在一些地区有相当一部分职工还没有组织起来。在劳动组织制度、手续等方面还存有不少必须改革的现象；已有的先进经验和方法，还有待继续提高和有步骤地推广；业务的计划性与组织性必须加强；随着整个国家经济有计划地建设发展，中国金融工会必须在党的领导下，坚决执行工会七大决议，继续加强全体职工群众的政治思想教育，提高觉悟程度，发挥更高的积极性与创造性改善劳动组织，改进工作过程，改良工具和操作方法，更多地创造经验以提高工作效率，完成国家赋予的金融工作任务。

（2）1956年12月中国金融工会关于十个省市金融工会干部座谈会的总结。

会议集中研究了银行的先进工作者运动问题，银行系统的先进工作者运动基本上已经普遍地开展起来，并取得了显著的成绩。针对存在的问题，会议决定做好以下四项工作：充分发挥业务领导部门和业务环节干部的积极性，加强他们对运动的指导作用；巩固提高，大家向先进看齐；有目的有计划地推广先进经验；加强政治思想工作。

2. 推行“小组负责制”和其他先进工作经验

（1）小组负责制的具体内容。

小组负责制的推行，采用的是多刀多刃的原理，从面向群众、为人民服务的基础出发，形成由几个工作人员组成的劳动组织形式。对外接触面广，签章付款在规定权限内，可以独立解决；对内简化手续，分组轧账，做到负责到底。小组的划分，可视业务性质的不同及业务量的多寡分别组成，具体来说，每组每日以300—400张传票为标准。除设若干结算小组外，另设综合小组，办理编制计划、统计、收发保管及上下内外联系事宜，并将放款手续及放款账并入该组。在放款业务上，综合小组只负责办理放款的内部手续。至于对企业的了解与监督，仍由各结算小组的外勤人员负责。

在人员配备和分工上，每组一般设内勤1人、计复核1人、记账员2人、出纳1人，外勤可视业务对象灵活设置，由复核及外勤各1人分别担任正副组长。出纳1人兼管收付，因为收款工作很少，缴款单位多采取封包制，而且大部分在开门办公时缴款，遇有大数收款，可由出纳股的盘点组临时解决，记账工作中的科目账与项目账由2人分记或按户分记（即1人记项目账兼记科目账）。印鉴卡片附科目账，由记账员核对，或印鉴卡另保管，由记项目账人员核对，并由记项目账人员兼接柜台。

（2）其他先进工作经验。

中国人民银行南京分行对汇划往来账的集中办理经验进行了总结，其经验办法：第一，以一切有关科目及具体手续仍由各办事处自行做账和处理为原则，如未实行账外科目制度前所用的代收款项和未收代收款等，仅汇划往来、汇出汇款、异地划拨款及汇差调拨四科目集中办理。第二，各部办代收汇款，视作代理业务但汇费归各部办自行收账和委托书经行签盖寄发不影响汇出款的时效，仅于每日营业结束时分别汇出汇款及异地划拨款制妥日结单，连同收入传票附内往报单划分行，卡片账则于次日分准汇出地区再行送达分行以备销汇。第三，各联行代解南京各部办汇款一律入户，由分行销账。第四，汇入汇款仍照惯例办理，即各联行托解之委书径寄各部办，由各部办自行拆送解付，不会因为联行账集中而影响解决时间，汇入登记簿亦由各部办自行登记，仅解付后于每日营业终了将传票随同制妥日结单及内往报单划分行集中记汇划往来代理行账①。

中国人民银行广州分行海关分理处提出“四边”流水作业法。过去是先把利息计完了之后交会计复核，复核完毕后才缮制利息清单，抄完了利息清单后再把利息过入账簿结出余额，这样经过四个工作程序，假定每一个程序要一分钟，那么当最后的一个程序完毕之后便要经过四分钟的时间，其中第一个程序与第四个程序之间便距离了三分钟，即当第一个程序完毕了之后要经三分钟的时间才开始做第四个程序，这样便浪费了许多时间。针对这种情况，海关分理处同志提出了“四边”流水作业法，即边计、边复、边抄、边过账，组织四人小组，一个负责计利息、一个复核、一个抄清单、一个过账簿，“四边”同时工作，当利息计算完毕之后已跟着复核完毕，账簿也全部过账完毕，这样的“四边”流水作业程序，工作效率明显提高。

① 陶跃进：《第一个五年计划建设时期的金融工会运动》，《中国工会运动史料全书》，北京图书馆出版社1998年版，第35页。

第五章
“大跃进”和“文化大革命”时期的金融工运

1958 年至 1978 年的 20 年里，金融业经历了受挫、恢复、停滞、再恢复等多个阶段，整体发展水平较低。在这一时期，我国年均金融业增加值只有 54.6 亿元，占 GDP 的比重平均为 2.8%，同农业和工业等主要产业相比存在很大差距①。

“大跃进”和人民公社化运动发起后，金融机构的设立和金融业务不断被调整。以高指标、浮夸风和“共产风”为主要标志的“左”倾错误严重泛滥，金融业的发展出现了许多脱离实际的做法。“大跃进”时期，中国人民银行增发人民币数额超过 40 亿元，1960 年末的货币流通量比 1957 年末增长了 80%，物价大幅上涨②。在“人有多大胆，地有多大产”思想的影响下，基层金融部门脱离实际设立高指标，号召企业和居民大量储蓄，在回收贷款时不进行核查，导致各种造假现象③。地方部门随意修改中央金融文件，完全不遵守中国人民银行设立的各项规定，致使经

① 刘振中、刘瑾：《中国金融 70 年：历史脉络、时代贡献与前景展望》，《当代财经》2019 年第 10 期。

② 中国人民银行编著：《中国共产党领导下的金融发展简史》，中国金融出版社 2012 年版，第 160 页。

③ 刘振中、刘瑾：《中国金融 70 年：历史脉络、时代贡献与前景展望》，《当代财经》2019 年第 10 期。

济和金融制度遭到极大破坏①。

1962年3月，国务院发布《关于切实加强银行工作的集中统一，严格控制货币发行的决定》，要求加强中国人民银行总行领导，收回下放到地方部门的权力；加强信贷管理，未经中国人民银行总行同意，不得擅自增加信贷；恢复中国建设银行和中国农业银行②。

一、“大跃进”时期的金融工运

1959年1月28日，全国总工会八届四次主席团扩大会议通过《关于全国总工会及各产业工会全国委员会的组织机构和组织制度的规定》，中国金融工会工作委员会撤销，工作全部并入财政贸易工会全国委员会③。

（一）贯彻社会主义建设总路线，金融职工社会主义劳动热情高涨

社会主义建设总路线及其基本点反映了当时广大人民群众要求改变中国经济文化落后状况的普遍愿望，中国金融工会积极响应号召，带领全国金融职工行动起来，促进工农业生产的新高潮。

1. 组织职工开展劳动竞赛

1958年1月23日，全国总工会金融工会工作委员会发出号召，要求全国金融职工行动起来，努力动员一切可能动员的资金，

① 王新荣：《中国金融工会从这里走来——喜迎中国金融工会70华诞》，《中国金融家》2021年第9期。

② 刘振中、刘瑾：《中国金融70年：历史脉络、时代贡献与前景展望》，《当代财经》2019年第10期。

③ 王新荣：《中国金融工会从这里走来——喜迎中国金融工会70华诞》，《中国金融家》2021年第9期。

积极支援工农业生产的新高潮。中国金融工会号召全国30多万名金融职工开展先进工作者运动，保证完成行政任务，促进工农业生产的新高潮。通过各种竞赛形式，刻苦钻研业务和政策，有目的地提出合理化建议。密切结合银行每种业务工作的特点，吸收更多的存款，及时发放各种贷款，不断提高工作效率和质量。

在全国总工会金融工会工作委员会的号召下，各地金融行业纷纷响应。陕西省金融系统发动群众，帮助长安支行工会制订了1958年目标，并向全省金融职工发出倡议，又通过省工会联合会向县市工会联合会和各级金融工会发出了响应全委号召和长安支行倡议的通知。截至1958年2月底，20多个县市支行向全省行、所或部分地区及营业部门发出了倡议和挑战。此外，1958年2月5日，山西省太原、大同等五市财政金融系统42名先进工作者联名倡议：千方百计动员一切可能动员的资金，精打细算、合理使用，积极支援工农业生产新高潮。1958年2月10日，全国先进工作者代表会议张文国等5人联名倡议在甘肃省金融系统中立即把以增产节约为主要内容的先进工作者运动推向新的高潮，对城镇储蓄、农村金融、工商业信贷、会计、出纳5个方面的工作提出了奋斗目标。1958年2月17日，中国人民银行卢湾、徐汇、长宁、黄浦、新成区办事处5个基层工会组织共同协商在工会工作上开展友谊竞赛。竞赛内容包括深入组织群众开展竞赛，掀起工作高潮保证行政任务的更好完成和超额完成；搞好整风，切实改进工作作风，发挥工会组织作用；贯彻“三勤”方针，厉行节约，反对浪费，切实关心职工文化物质生活；发动群众鼓足干劲，彻底消灭“七害”，春节前做到“七无”单位。而在稍早的扩大行务会和1957年先进工作者代表大会后，天津市人民银行职工跃进高潮就已经进行得热火朝天，群众热情高涨，干劲十足，各区纷纷拟订单位、部门、小组、个人计划，组织竞赛。在全国金融职工普遍地掀起了比先进、学先进、赶先进的新形势下，天津、上海两市各基层工会开展工会宣传工作的大竞赛，他们互相提出竞赛条件、保证书、挑战书等，极大地推动了工会宣传工作的发展。

1958年3月17日至3月27日，中国金融工会召开各省、自治区、直辖市金融工会主席（主任）会议，讨论和研究如何促进金融工作和金融工会工作完善和发展。

2. 全国金融工作先进经验交流大会召开

1959年11月16日，全国金融工作先进集体和先进工作者经验交流大会于北京开幕。出席大会的有各省、自治区、直辖市代表共686人，还有中共中央财政贸易工作部、国务院财贸办公室及中央有关部门的代表。中国人民银行总行行长曹菊如首先向大会致开幕词，强调这次大会就是要表扬、宣传和交流、推广金融战线上的先进集体和先进人物的英雄事迹和先进经验，在全行范围内迅速掀起一个轰轰烈烈的、声势浩大的“比先进、学先进、赶先进、帮后进”红旗竞赛运动的新高潮，为保证提前和超额完成1959年度任务打下良好的基础。

接着，代表们在大会上发言，表示要“认真开好会，虚心取经”。他们还纷纷向大会提出了决心书、保证书、挑战书和倡议书，连夜向所在行处打电报，打长途电话，写信报告情况，鼓舞士气。11月18日下午，北京分行130多人敲锣打鼓向大会报喜，全场掌声雷动。截至19日上午，大会收到了来自全国各级银行的贺电、贺信、喜报及代表们的挑战书等共935件，各行处以各种先进事迹和超额提前完成各项任务作为向大会的献礼。在各项金融工作中，全体金融系统干部发挥了苦干、实干、巧干的精神，创造出优异成绩，不少银行和信用分部既认真贯彻执行政策，又提前超额完成了全年任务。

3. 参加全国财贸部门技术革新和技术革命表演大会

1960年1月26日，中共中央财政贸易工作部发出关于准备召开全国财贸部门革新工具和操作技术表演大会的通知。1960 年 3 月 3 日，商业部、粮食部、财政部、对外贸易部、中国人民银行、中国财贸工会全国委员会发出通知，决定于 1960 年 7 月在北京召开全国财贸部门技术革新和技术革命表演大会，通知各地着手进行准备工作，借以在一切基层单位和广大职工中，掀起一个更加广泛的技术革新和技术革命的高潮；同时集中了各地商业、粮食、银行等系统的先进工作者，组成了全国财贸系统推广先进经验工作队（简称推先队），于 3 月 20 日出发，到西北一部分省（自治区）市，进行巡回表演。1960 年 5 月，随着全国财贸部门技术表演大会的开幕日日益迫近，各地银行投入紧张的准备工作中，包括召开表演大会、进行比武选拔、举行舞台表演会、配套已选拔出的机器工具等，各地银行还掀起了手工操作技术大练兵的新高潮。

1960 年 5 月 18 日，全国财贸部门技术革新和技术革命表演大会银行部门会议在铁路工人俱乐部举行，中国人民银行副行长黄亚光发表讲话，号召大家必须坚持政治挂帅①，虚实并举，认真虚心地学习别人的经验，深入细致地总结自己的经验，抓紧时间把会议开好。中国人民银行北京宣武区办事处、湖北沙市支行等单位的代表和山东莱阳支行李建萍代表等先后在会上发言。在 18 日上午会议进行中，北京市分行职工组织了 300 多人的报喜大队来到会场，向大会汇报了全市银行在技术革新、信贷、储蓄和农村金融方面的优异成绩。18 日下午，中国人民银行总行曹菊如行长到会和全体代表见面并讲话。陕西省西安市人民银行碑林区办事处主任赵海宽在全国财贸部门技术革新和技术革命表演大会发言中指出，他们经过 3 个月的奋战，突击开展 5 场“战役”，全

① 李爱华、陶镛、衣福生：《社会主义曲折前进中的金融工会运动》，《中国工会运动史料全书》，北京图书馆出版社 1998 年版，第 39 页。

面实现了机械化、半机械化。

为配合大会工作与展示，全国财贸部门技术革新和技术革命表演大会银行馆设立建成并进行展示。

（二）国民经济调整时期中国金融工会和职工为战胜困难完成经济调整任务所做的努力

1959 年至 1961 年，我国遭遇严重的经济困难，国民经济比例关系遭到破坏，农业大幅减产，市场供应紧张。为了战胜困难，中国金融工会和金融职工积极努力，不仅促进了经济发展和改善职工生活，也增强了团结和凝聚力，为金融行业的稳定发展奠定了基础。

1. 搞好服务支援农业

1962 年 11 月，中国人民银行南昌市支行洗马池储蓄所登门访问，掌握储户的生活规律，实施有针对性的服务。

储蓄所的职工从了解群众的需要入手。每个储蓄员都主动与储户建立了经常的联系，定期或不定期登门访问，掌握储户的生活规律，帮助储户安排生活，解决困难。

建立柜面记事，也是做好调查工作的一个重要方面。储蓄员们随时注意柜面储户的反映和要求，及时记录下来不断改进工作。同时建立每晚碰头会制度，对当天情况进行分析，根据群众的不同需求，采取相适应的服务方法，如定时定点，流动服务；调整营业时间，方便群众存取；先外后内，先人后己等。

由于不断改善服务态度，改进工作方法，所里的储蓄存款余额不断增加，开户面不断扩大，为支援农业建设积累了更多的资金。

2. 开展向解放军学习的活动

在山西省太原市人民银行工作的共有 132 名转业军官，他们经过一年或几年的实际锻炼，都已成为各业务部门中的骨干，有的还担任了行长、科长、股长等领导职务。太原市人民银行号召全体职工向他们学习。

第一，学习他们抓活的思想，善于做人的工作。曾任过连指导员的余所生，转业到大营盘营业室担任出纳组长后，发现1949年参加工作的老出纳员李光甫经常迟到，工作不紧张，考虑个人问题较多。余所生就主动和李光甫接近，政治上帮助他，生活上关怀他，谈话时，先肯定他的优点和成绩，再启发他自己检查缺点。有一次，余所生发现李光甫没钱买粮食，就主动借给他20元，李光甫很受感动。在余所生的帮助下，李光甫的思想觉悟不断提高，工作态度变得积极主动，出勤率由过去的10%，转变为已达到连续5个月全勤。

第二，学习他们珍惜国家一厘钱，发扬艰苦朴素的工作作风和克己为人的共产主义风格。何志柳转业到和平路分理处担任储蓄业务员，不领背包、不申请公用自行车，每天背着他在部队用过多年、褪了色的黄背包，跑到七八里外的厂矿区动员群众储蓄；每天早晨倒炉灰时，发现有未烧完的料炭，他就一点一点捡回来，捡了300多斤。

第三，学习他们勤学苦练的顽强精神。转业到和平路分理处出纳组工作的周国安，为了很快学会点钞和珠算技术，和老职工焦富军订立了师徒合同，身带一沓旧伪币，时时练，处处练；为了晚上学珠算，自己买了一架算盘。时间不负有心人。短短8个月，他已锻炼成一名业务熟练的出纳员，点钞技术由原来每小时的3000张，提高到8000张以上，并做到全年无差错，被评为“三好”党员、“五好”职工。

3. 表彰金融战线的英雄、烈士

1961年12月20日，天津市和平区大理道储蓄所发生匪徒持枪抢劫。林瑞芳、王承立两位职工，英勇顽强，舍己为公，奋不顾身，赤手空拳与匪徒搏斗。林瑞芳不幸光荣牺牲，王承立身受重伤，用生命和鲜血保卫了国家财产免于损失。根据《革命工作人员伤亡褒恤暂行条例》的规定，经批准，授予林瑞芳革命烈士称号，其家属称烈属，并根据规定给予抚恤。王承立英勇与匪徒搏斗，身受重伤，根据《行政机关工作人员奖惩办法》第三条规定，给予记大功一次奖励，并建议授予其“维护国家财产安全、英勇与匪徒斗争”的劳动模范称号。1962 年 12 月 26 日，中国人民银行天津市分行申请追认维护国家财产英勇牺牲的林瑞芳为革命烈士。

1961 年 7 月，在山东省济南市工学院储蓄所发生一起抢劫案。孙一明为了保卫国家财产不受损失，与抢劫国家财产的杀人凶犯进行搏斗受了重伤。孙一明住院期间，省、市、区委和省、市、区银行的领导同志多次到医院看望慰问，银行领导也派了几位同志协助护理。在医务人员的精心治疗护理下，孙一明全身 63 处刀伤很快痊愈，只剩下两只手的神经还不能恢复正常。为了使他的双手尽快恢复健康，1961 年 9 月又送孙一明到北京接受治疗，经过手术，伤势彻底好转。

（三）1958 年至 1966 年中国金融工会组织、文教和生活福利工作的开展

为积极支持工农业生产高潮，贯彻增产节约的理念，中国金融工会通过组织建设、文教活动、福利工作和职工生活等多方面的努力，大大提高了职工的积极性和工作热情，增强了工会组织的凝聚力和影响力。

1. 中国金融工会的工作

1958 年，中国金融工会开展了文教、组织建设等工作。

（1）加强职工的自我改造。

第一，动员全体职工积极参加整风和社会主义教育运动。要求工会在各级党委统一领导下，贯彻政治思想教育内容。

第二，协助行政整改。工会要动员群众积极参加整改。必要

时，对重大的问题可以提交职工代表会议或职工代表大会研究解决。

第三，做好工会本身的整改，抓住改进工会干部的作风，要求工会干部在生活上同群众打成一片，真正做到熟悉业务、深入群众，坚决克服脱离群众、脱离实际的作风。同时要改进工作方法和工作制度，有事和群众沟通，依靠群众办好工会。

第四，在整改阶段，根据当地党委的布置，会同行政组织群众性的反浪费运动。检查资金运用和经费开支等方面的浪费现象，进一步贯彻“勤俭建国”的方针。

第五，组织职工学习文件精神，发动群众进行批评和自我批评，批判个人主义、自由主义思想，加强团结，提高政治思想水平。

（2）开展先进工作者运动。

第一，做好思想发动工作，向职工广泛宣传工会八大的精神和党中央关于“勤俭建国”的要求以及全国农业发展纲要的精神，充分发挥群众的积极性和创造性，踏踏实实地做好自己的岗位工作，为保证完成和争取超额完成当年银行的工作任务，积极支持工农业生产打下思想基础。

第二，加强对先进工作者运动的组织领导。工会工作必须在党的统一领导下，行政、工会，分工协作，共同负责。工会应该主动与行政紧密协作。要根据两年来的实践，对工作中实际存在的问题，召集有关人员座谈逐步加以解决。

第三，组织群众广泛开展适合各种业务性质的竞赛。如所与所、专柜与专柜之间的小型专业竞赛；为解决关键问题或薄弱环节，在一定时期组织课题竞赛、业务会议、集体研究提合理化建议等；为提高业务水平开展群众性的互教互学互助活动；为加强工作计划性和主动性制订个人或小组计划（保证条件）等。

（3）贯彻勤俭方针，了解职工生活福利，进一步活跃文体生活。

第一，教育职工从国家的整体利益和长远利益出发，按照在发展工农业生产的基础上逐步改善生活的原则，正确地对待和处理生活问题。在职工和家属中贯彻勤俭持家的方针，厉行节约、增加储蓄，帮助职工和家属正确地安排家庭生活，提倡计划生育。认真开展以“除四害”为中心的爱国卫生运动。培养和表扬“五好”家属积极分子。

第二，协助行政改善福利事业的经营管理，提高服务质量；监督福利金的正确使用；根据当地条件开展多种群众互助互济或自办公助的事业；发展和健全互助储金会、组织小型托儿站、充分利用与企业和合作社有业务联系的便利条件组织多种多样的家属副业生产。

第三，组织职工讨论国务院有关劳动工资、劳保福利的规定草案，结合本单位现有不合理的福利待遇制度，展开辩论，有计划地、逐步地协助行政进行调整。

第四，进一步活跃文体生活，以增进职工身心健康。加强对体育协会和俱乐部的领导，进一步推动群众性文体活动的开展。文娱活动提高思想性和艺术性，注意配合中心工作。体育活动注意群众性和经常性，积极巩固广播操或早操，广泛开展多种多样的小型竞赛活动。

（4）加强工会建设，准备召开中国金融工会第一次全国代表大会。

第一，加强思想建设，组织工会干部认真学习工会八大文件，结合银行特点，总结经验，提高工作水平。对“工会只要搞福利，不要搞生产”“银行是企业就要实行劳保，是机关就要取消工会”“机关工会可有可无”等错误思想进行纠正，提高职工对工会的认识，依靠群众和积极分子，改进工会工作。

第二，在组织建设方面，中国金融工会各级组织在贯彻精简机构下放干部的工作中，要取得党和行政的支持，适当地调整和提高干部的质量。中国金融工会各级组织的工作方法，主要是根据产业特点深入调查研究，总结交流先进经验，以典型带动一般。中国金融工会各级组织要确定联系基层的制度，根据条件建立若干试验点。要加强基层和工会小组的工作，尤其是农村支行和营业所的工会工作，创造和总结以支援农业为中心开展工会工作的经验。同时加强对基层干部和积极分子的培养训练，并以工会八大文件为主要教材，结合交流基层的具体经验来培养和提高工会干部。此外，没有建立省金融工会的地方，要在省工会联合会和分行的协助和支持下，本着人员少而精的原则，及早建立起来。

第三，在扩大机关民主生活方面，要在党委领导下，总结研究试行职工代表大会或职工代表会议的经验。

2. 中国金融工会的组织建设

（1）金融工会的组织建设。

1958 年 1 月 3 日，全国总工会党组召开会议讨论，同意中共金融工会分党组由樊德智、李登丰、刘善长、高俄光、何实嗣等 5 名同志组成，由樊德智同志任分党组书记，李登丰同志任分党组副书记。同年 1 月 21 日，中国人民银行总行、全国总工会金融工会工作委员会决定补充和调整工会干部，以进一步发挥职工群众的积极性和创造性，从而支持工农业生产。

（2）基层工会的组织建设。

1958 年，为了使各级金融工会组织和各级行处执行党中央提出的“紧缩机构、减少脱产人员”的号召，黑龙江省筹委会和黑龙江省分行于 1 月 20 日发出通知，对各级金融工会就“根据实际需要配备一定数量的脱产或半脱产干部”提出几点意见：“（一）凡整编后在二百人以上的市、县支行（包括所属办事处及储蓄处等），应按工会法的规定设工会脱产干部一人，其工资由工会负责列为基层工会编制。（二）整编后凡百人以上不足二百人的市、县支行，应设半脱产的工会干部一名，列为基层工会编制，其工资可暂由行政负责三分之二，其余由基层工会负责。但条件较好且不影响工会正常开支的情况，市、县基层工会也可多负担一些。（三）凡经整编后已不足百人的市、县支行，一律不设专职工会干部。市、县支行领导上必须大力支持工会工作，并给予兼职干部一定的时间做好工会工作，在物力、财力等方面也应给予必要的援助，以共同完成银行工作任务。”

3. 职代会的工作情况

1958年，江苏省召开金融系统职工代表大会，会议充分发扬民主，在行政工作报告中除肯定成绩，提出此后工作要求之外，还检查了工作和领导作风上的缺点，并表示欢迎群众批评，大大鼓舞了群众的政治热情。很多群众反映，能这样全面深刻地检查缺点还是第一次，觉得对自己教育很大，纷纷表示做到知无不言，帮助领导克服缺点，做好工作。通过小组讨论和各种座谈会、代表或检查组广泛地征求群众意见，群众对工作上、企业管理上、各项章则制度以及领导方法、领导作风、生活福利和组织机构等方面均提出了不少的批评意见和改进建议。如因对股长有意见长期不发言的白下区办王国恒亦表示这次大会对自己有很大的触动，提出了自己对领导的意见，消除了很久以来领导与领导之间、领导和同志之间的隔阂和误会。由于领导主动地检查了自己的缺点，弄清了很多问题的真相，对有缺点错误的同志进行了批评，职工群众互相团结的意识和机关内部民主的氛围显得非常活跃，职工的觉悟程度和劳动热情有了提高。在职工代表会议期间，因工作需要临时脱产了一部分同志，各股都积极地表示不需要增加劳动力，保证完成工作任务，很多同志一个人负担两至三个人的工作。会议效果显著。

在贯彻增产节约方面，群众的意见共有1935条，其中业务方面的意见占74%；在信贷管理方面，据调研，信贷管理上有过严过死的现象，经过群众讨论，特别是检查组通过检查信贷员记录、小商小贩放款记录，发现工作中仅考虑市场需要的一面而忽视了企业自有潜力的一面，所以有些资金积压；在劳动力组织使用上，群众对合理调配劳动力、发挥职工潜力提出了很多建设性的建议。如白下区办的储蓄柜提出将原财政柜负责的复员金支付任务交给他们，这样一方面可减轻财政柜的压力，另一方面又可以和储蓄业务结合起来便利客户，会计股同志提出改进柜面劳动组织，可以减少编制人员，信贷股提出小商贩放款记录上应建立分期归还明细账，鼓楼分理处提出，把结账任务分一部分给分理处负担等，所有这些问题，行政能改的就立即整改，有些把它订到增产节约方案中，使群众立即看到自己意见的效果。

职代会的召开丰富了工会工作的内容，改进了工会工作的作风。职工代表大会一般均由工会委员会主持大会的筹备、召开和监督大会决议的执行以及闭幕后的其他工作。在整个会议过程中职工对工会工作也提出了不少的批评和改进工作的建议，因而工会工作的作风和工作方法也有了很大的改进。

二、“文化大革命”时期的金融工运

1966 年，“文化大革命”开始。社会秩序陷入混乱之后，经济秩序也开始陷入混乱①。

“文化大革命”期间，中国人民建设银行、中国银行等被并入中国人民银行，中国人民银行并入财政部。在这一时期，金融业从业人员减少到新中国成立以来的最低数量，金融业务基本停止办理。1976 年“文化大革命”结束，处于困境中的国民经济逐

① 王永魁：《略论“文化大革命”初期“反对经济主义”问题》，《北京党史》2014 年第 1 期。

渐恢复生机。1977 年 11 月，国务院发布《关于整顿和加强中央银行工作的几项规定》，对金融业进行初步整顿，金融业秩序开始逐渐恢复①。

（一）金融事业陷入瘫痪，中国金融工运遭受破坏

自 1958 年起，全国总工会机关实行大精简，产业工会实行大合并，当时的中国金融工会全国工作委员会，同商业、供销、合作、粮食工会合并为中国财贸工会。“文化大革命”1966 年开始，1979 年，根据全国总工会指示恢复成立了全国银行工会（中国金融工会前身），其间 13 年左右中国金融工会组织留下一段空白。

1967 年 1 月 11 日，中央政治局对全国总工会作出决定：全国总工会的金库封存，资金冻结，全国总工会党组没有权力再签署任何下达文件。从此，全国总工会到基层工会处于瘫痪状态②。

（二）金融职工坚持发展金融事业和参加工作整顿

“文化大革命”时期，北京造币厂工会进行整顿。工会工作受到影响，劳动竞赛、体育工作停顿。1973 年该厂工会进行整建，恢复正常③。

1978 年 8 月 1 日至 12 月 21 日，沈阳造币厂先后 4 次召开大会，为在“文化大革命”中的冤假错案平反昭雪。1979 年 4 月 29

---

① 刘振中、刘瑾：《中国金融 70 年：历史脉络、时代贡献与前景展望》，《当代财经》2019 年第 10 期。

② 中华全国总工会组织部编：《当代工运学习纲要》，中共中央党校出版社 1992 年版，第 78 页。

③ 《北京造币厂志》编辑委员会编：《北京造币厂志》，中国金融出版社 1993 年版，第 473 页。

日，该厂党委恢复工作①。

502厂工会于1973年7月开始组织筹建，同年9月召开第一次会员代表大会，选举产生首届厂工会，委员15人，王殿有任工会主任②。1979年4月召开首届职工代表大会。截至1990年，502厂共召开4次会员代表大会，选举产生4届厂工会；召开6届23次职工代表大会，厂工会为其工作机构，负责其日常工作，职代会下设生产经营、生活福利和监督评议干部3个工作委员会。厂工会隶属厂党委和东河印制公司工会组织的领导。厂工会成立后，根据党在各个时期的中心工作，配合企业生产等各项任务，结合其自身组织的特点，组织职工参加企业民主管理，围绕生产开展社会主义劳动竞赛和合理化建议活动，负责组织女工委员会和职工技术协作委员会的工作，协助行政组织开展班组建设，尤其是结合企业身处山区地理环境的特点，或因陋就简，或创造条件组织职工开展文化体育活动。20世纪80年代之后，厂工会进一步发展、完善集体福利设施，组织开展形式多样的职工业余文化生活，一定程度上缓解了山区艰苦条件与职工生活需要的矛盾，逐步发展、形成有自身特色、初具规模的企业文化。

（三）工会组织的逐步恢复和恢复后的主要活动

在工会组织与广大职工齐心协力的努力下，各地金融工会逐步恢复组织并开始开展活动。

1973年5月15日，沈阳印制局恢复工会工作。

1973年10月，上海工会组织选举产生第九届工会委员会，恢复工会组织活动。

---

① 《沈阳造币厂志》编辑委员会编：《沈阳造币厂志》，中国金融出版社1993年版，第28页。

② 《东河印制公司五〇二厂志》编辑委员会编：《东河印制公司五〇二厂志》，中国金融出版社1993年版，第262页。

1974 年 4 月 5 日，中国人民银行天津市分行工会第五次代表大会正式召开。大会通过充分酝酿协商，民主选举，产生了中国人民银行天津市分行工会第五届委员会；4 月 14 日发布 1974 年工作要点，随后开展了职工体育运动大会、学习讨论中央文件提出的抗震救灾先进集体和先进个人等重要活动。

第三编

改革开放和社会主义现代化建设新时期的金融工运（1978—2012）

第六章

金融体系取得历史性突破时期的金融工运

粉碎“四人帮”后，长达十年的“文化大革命”宣告结束，为中国工人运动重获生机提供了重要机遇。饱受磨难的中国工人运动同整个国家一样，迎来了重要转机。自1978年起，在党中央的领导和支持下，包括中国金融工会在内的各级工会组织开展了拨乱反正工作。经过思想解放、冤假错案平反等前期铺垫，工人运动开始迎来复兴。

改革开放前受计划经济体制的限制，银行一般被当作会计、出纳和金融管理机关。针对这一情况，邓小平明确指出“金融改革的步子要迈大一些”① “银行要成为发展经济、革新技术的杠杆，要把银行真正办成银行”②。在此思想指导下，我国开展了有计划、有步骤的金融体制改革。

中国金融工会的恢复建立以及工人运动重获生机，与整个金融领域改革发展同频共振、密不可分。1979年4月20日，中国人民银行、全国总工会联合发出《关于恢复和建立全国各级银行工会的通知》，明确建立全国银行工会领导小组，负责领导全国银行系统的工会工作。自此，伴随着改革开放的春风，顺应金融系

---

① 《邓小平文选》第三卷，人民出版社2001年版，第193页。

② 尚明、陈立、王成铭主编：《中华人民共和国金融大事记》，中国金融出版社1993年版，第311页。

统深化改革的大势，各级金融工会在上级组织的坚强领导下，积极发挥自身优势，通过组织开展以增产节约为目的的“双红”劳动竞赛，以学习先进为代表的“双先”争优，充分激发了广大金融系统职工投身金融改革热潮的积极性与主动性。在多措并举提高职工工作热情的同时，中国金融工会自身的组织建设工作也同步推进，通过开展以“建家”为抓手的基层工会建设活动，推动基层金融工会的面貌焕然一新，使得各级工会组织在保障广大金融系统职工权益方面的举措更具体，特别是满足职工不断增长的精神文明建设需求的举措更多元、更丰富。

一、社会主义建设伟大历史转折时期的金融工运

（一）建立和恢复中国金融工会组织

1. 工人运动重获生机与工会九大的胜利召开

工会九大的胜利召开，是工人运动重获生机的重要标志。1978 年 10 月 11 日至 21 日，中国工会第九次全国代表大会在北京召开。出席大会的有来自各地方和产业工会的代表共 1967 人，代表着全国 5000 多万名工会会员，这是中国工会历次代表大会中规模空前的一次盛会。中共中央主席华国锋，中共中央副主席叶剑英、邓小平、李先念等党和国家领导人出席了开幕式。中共中央副主席、国务院副总理邓小平作了题为《工人阶级要为实现四个现代化作出优异贡献》的致词。致词全面、深刻地阐明了工会的性质、地位、作用与任务，是指导新时期工人运动和工会工作的纲领性文献。中共中央政治局委员倪志福代表全国总工会八届执委会作了题为《中国工人阶级新的伟大历史使命》的工作报告，报告阐述了工人阶级新的历史使命和任务是要在 20 世纪内把我国建设成四个现代化的社会主义强国，使我国国民经济走在世界的

前列。要完成这一新的历史使命，工人阶级必须不断提高政治觉悟，努力掌握现代科学技术，迅速发展社会生产力。报告强调，我国工人阶级新时期的历史使命更是新时期工会工作的使命责任，工会要在这一过程中发挥应有的更大作用。10 月 22 日，全国总工会召开第九届执行委员会第一次全体会议，会议选举倪志福为中华全国总工会主席，朱学范、马纯古、康永和、黄民伟、陈宇、宋侃夫、王崇伦、韩荣华、刘玉娥、章瑞英为副主席。

工会九大以后，工会组织开始恢复长期坚持的“以生产为中心”的指导思想，实现了指导思想上的拨乱反正。在这一过程中，新一届全国总工会党组本着对工会历史和工会现实负责的态度，在工会内部开展了平反冤假错案的工作，摘掉了长期压在工会组织头上的“经济主义”“工团主义”两顶大帽子，极大地调动了各级工会干部与职工群众的工作热情，有力促进了工会工作的全面恢复。

工会九大既是工会拨乱反正的起点，更是我国工人运动和工会工作新的伟大开端。虽然囿于当时历史条件，这次大会中的文件中仍残留着部分“左”的错误痕迹，但它对工人运动和工会工作的历史评价以及新时期的工会工作方针是基本正确的。这次大会对于动员广大工会工作者按照新时期党对工会工作的要求，承担起工会应肩负的历史责任具有巨大的推动作用和深远的历史意义。①

2. 金融领域整顿改革和中国金融工会组织恢复建立

（1）金融领域的整顿改革。

1978 年 12 月，党的十一届三中全会胜利召开，全会决定将全党的工作重点从“以阶级斗争为纲”转移到经济建设上来。针

① 中国工运研究所编写组编：《中国工会简史》，中国工人出版社 2020 年版，第 155—158 页。

对金融工作的整顿，自粉碎“四人帮”后就已经着手开展。早在1977年11月28日，国务院就下发了《关于整顿和加强银行工作的几项规定》，明确提出要贯彻落实“发展经济、保障供给”的总方针和党的各项金融政策，充分发挥银行的职能作用，使银行工作更好地为社会主义建设服务；要坚持银行业务工作的集中统一，建立政策和制度能够贯彻到底的银行工作系统；人民银行的工作，要实行总行和省、自治区、直辖市革命委员会的双重领导，在业务上，以总行领导为主，做到统一政策、统一计划、统一制度、统一资金调度、统一货币发行。

党的十一届三中全会以后开启的金融改革，重点是围绕改革中国人民银行一家的“大一统”开展的。改革的首要任务就是恢复和建立多种金融机构，将中国人民银行的“大一统”功能定位拆分为中央银行、商业银行、非银行机构等多元金融组织体系。为更好支援农业建设、发展农村金融事业，1979年2月中国人民银行发出《关于贯彻执行〈国务院恢复中国农业银行的通知〉，加强农村金融工作的意见》，3月13日中国农业银行总行正式恢复建立，并于3月14日挂牌办公。为适应对外开放和国际金融业务发展的新形势，1979年3月国务院同意并批转《中国人民银行关于改革中国银行体制的请示报告》，同意将中国银行从中国人民银行分设出来，仍称中国银行。为更好地服务基本建设拨款并监督其使用，1979年8月中国人民建设银行正式从财政部分离出来。除了各专业银行的分设和独立外，其他金融机构也相继建立，1979年10月中国第一家信用投资公司——中国国际信托投资公司成立；同年河南省漯河县城市信用社成立，成为中国改革开放后建立的第一家城市信用合作社。① 与此同时，国内保险业务也

① 中国人民银行编著：《中国共产党领导下的金融发展简史》，中国金融出版社2012年版，第204—206页。

开始恢复，中国人民保险公司得以重新建立。各专业银行和相关金融机构的成立，标志着我国的金融市场逐渐从计划转向市场，金融市场主体逐渐从一元走向多元，金融市场的层次和产品更加丰富，具有现代意义的金融体系雏形初步显现。①

（2）中国金融工会的恢复建立。

中国金融工会的恢复建立与金融体制改革和金融工运密不可分。1979 年 4 月 20 日，中国人民银行与全国总工会联合下发《关于恢复和建立全国各级银行工会的通知》，明确建立全国银行工会领导小组，负责领导全国银行系统的工会工作。为明确隶属关系，通知中强调全国银行工会领导小组受中国人民银行党组和全国总工会双重领导，以银行党组领导为主。各省、自治区、直辖市银行工会及以下各级银行工会在同级银行党委领导下进行工作，同时接受所在地方总工会和上级银行工会领导。全国银行工会领导小组设在中国人民银行总行，首任领导小组组长由中国人民银行党组成员、副书记、副行长李飞担任，副组长为王连科，办公室主任为马梦怀。随着中国人民银行“大一统”格局的改变以及各专业银行的独立分设，1981 年 6 月 26 日全国银行工会领导小组在原有组织架构基础上，向全国总工会提交了《关于增补全国银行工会领导小组副组长、成员的报告》，7 月 23 日全国总工会正式批复。全国银行工会领导小组新增副组长包括全国银行工会领导小组办公室主任马梦怀、全国银行工会领导小组办公室副主任刘玉江、中国农业银行人事部副主任齐登五、中国银行人事经理部总经理张一；全国银行工会领导小组新增成员包括全国银行工会领导小组办公室副主任赵明、全国银行工会领导小组办公室副主任戚道震、全国银行工会领导小组办公室副主任宋月明、

① 刘振中、刘瑾：《中国金融 70 年：历史脉络、时代贡献与前景展望》，《当代财经》2019 年第 10 期。

中国银行总行机关工会主席田祖培、全国银行工会领导小组办公室、农业银行办公室专职干部朱英杰、中国人民银行印制总公司办公室副主任熊长富、中国人民保险总公司工会副主席周容扬、中国人民银行总行机关工会副主席王连胜。

在全国银行工会领导小组的指导下，各省、自治区、直辖市银行工会以及基层行处工会的恢复建设步伐不断加快。到1980年底，全国已有27个省、自治区、直辖市恢复建立了银行产业工会组织，基层行处的工会组织建立了将近90%，恢复和发展工会会员约占职工总数的90%，涌现出各类工会积极分子，约占会员总数的10%。在基层组织建设上，各银行对基层工会主席的配备和管理问题进一步明确。1982年3月，中国人民银行、中国农业银行、中国银行、全国银行工会联合下发《关于银行基层工会主席配备和管理问题的通知》，通知指出银行基层工会主席应选配年富力强、作风正派、能联系群众、能胜任工作、符合企业党政副职干部条件的同志，并经过民主选举产生。在特殊情况下，也可以由上级机关直接任命。此外，鉴于银行基层工会担负着密切联系群众、加强企业的民主管理和监督的繁重任务，一般不宜再由行政负责人兼任工会主席职务，而应进行专职配备。以中国人民银行青岛市分行工会筹备和整顿为例，该行首先对其基层工会组织的状况进行调查了解，从而发现基层工会领导班子绝大多数配备不齐，有的单位甚至连谁担任什么职务都不清，工会工作处于有名无实的状态。1980年，经过以点带面的推广后，该行7个基层单位中有6个相继整顿改选了工会委员会，重建了工会小组。整顿后的基层工会，工会主席都由同级党组织的领导成员担任，并配有一名专职工会干部。整顿后的各级工会组织受到职工群众的拥护，一年内发展新会员106人，会员人数占全行职工总数的78%。

1982年6月，全国银行工会领导小组向全国总工会提交了

《关于恢复中国金融工会名称及有关问题的请示报告》，提出要建立中国金融工会工作委员会。同时，为便于各专业银行在各自党组领导下开展工会工作，各专业银行可在中国金融工会工作委员会领导下分别建立中国农业银行办公室、中国银行办公室。1982年9月，全国总工会对报告进行了批复，同意将全国银行工会领导小组改为全国银行工会工作委员会，受中国人民银行党组和全国总工会的双重领导。该委员会成员由人行、农行、中行和建行等单位工会的有关同志组成。全国银行工会工作委员会的建立，标志着我国金融工会领导和组织体系建设又迈出了实质性的一步。

（二）部署全国金融工会工作，把工作重点转移到经济建设上来

1. 全国银行工会工作的全面部署

随着各级、各专业工会体系的不断建立健全，中国金融工会各项工作的推进步伐不断加快。1980年4月，全国银行系统工会工作会议召开，中国人民银行副行长、全国银行工会领导小组组长李飞参会并作了重要讲话。他指出，此阶段工会的主要任务是要在党的领导下，动员全体职工全力以赴、聚精会神、专心致志地搞好生产、生活、教育、民主管理等群众工作。落实到具体部署上，各级银行工会应重点做好以下工作：一是在党组（委）领导下，广泛深入地发动和组织群众，搞好社会主义红旗劳动竞赛工作，并以此为中心，推动工会各项工作；二是在党委统一领导下，做好群众的政治思想工作和计划生育的宣传组织工作；三是在行政部门的支持和配合下，办好职工业余文化、技术学习，开展群众性的文娱体育活动，努力提高职工的科学文化技术水平；四是协助和配合行政部门，搞好集体福利事业，关心职工生活，组织好群众性的互助互济活动，办好互助储金会，积极创造条件逐步筹办一些银行职工疗养和医疗工作，重视女职工工作，关心

女职工的特殊问题；五是维护职工的民主权利，搞好银行企业的民主管理，有条件的可积极推行职工代表大会制度，并通过试点取得经验，逐步推广。1981 年 3 月，全国银行工会领导小组下发了《关于 1981 年全国银行工会工作的几点意见》，明确提出该年度银行工会的工作是积极开展工会各项活动，关心职工生活，加强对职工的思想政治教育；进一步完善各级工会组织建设；继续深入开展社会主义劳动竞赛；做好职工代表大会的试点工作。

此阶段银行工会充分维护国家集体的根本利益、维护广大职工的民主权利和切身利益。积极依托“双红”（金融红旗手、金融红旗单位）竞赛，充分调动广大银行职工的积极性、创造性，在贯彻党中央路线方针政策以及服务银行中心任务中作出了应有贡献。截至 1982 年底，全国已有 10 个省、自治区、直辖市分别建立了正式的工会委员会或工作委员会，恢复和重建了 6000 多个基层工会组织，并对应成立了女职工、生活福利、文体等工作委员会，银行系统发展工会会员近 90 万人。在推动“双红”竞赛深入发展方面，很多省、自治区、直辖市分行从上到下成立了竞赛委员会、领导小组等机构，不断加强对竞赛的组织领导。“双红”竞赛的广泛开展直接推动了广大银行职工业务技术水平的提升，东北三省以及山西、湖南、贵州、四川、浙江等省、自治区、直辖市，取得了出纳单指单张点钞时速 18000 张、机点时速 7 万张、硬币工具整点（三个币种三千枚）3 分 50 秒、翻打百张传票 3 分 40 秒、储蓄翻批凭条 1 分 40 秒、熟记行名行号 2700 个的优异成绩。

2. 动员职工开展以增产节约、技术比赛为内容的劳动竞赛

（1）以实现增产节约为目标的“双红”竞赛全面开展。

党的十一届三中全会以后，为了紧跟全党全国工作重心的战略转移，抓紧实现工人运动和工会工作的转变，全国总工会于 1979 年 2 月在北京召开了第九届第二次常委（扩大）会议。会议

着重研究了工会如何围绕四化建设这个中心做好工会工作问题，作出了《加强安定团结，广泛深入地开展增产节约运动的决议》。决议指出，实现增产节约，就要把社会主义劳动竞赛深入扎实地开展下去，取得显著的经济效果。决议还对不同部门、不同企业的劳动竞赛提出具体要求。为贯彻落实全国总工会的指示精神，中国金融工会在系统内部开展了以“双红”为抓手的劳动竞赛活动，充分发挥了以赛促学、以赛促进的作用功效。1980 年 1 月，中国人民银行行长李葆华在全国分行行长会议上强调，要大张旗鼓地开展红旗竞赛。通过竞赛，把广大干部、职工吸引到四化建设的伟大事业中，让他们在工作中发挥自己的聪明才智、增长才干。1980 年 4 月，全国总工会在九届常委四次（扩大）会议上，作出了《动员职工为四化立功，深入开展增产节约运动，迎接党的十二大召开决议》，要求各级工会组织坚决支持职工开展为四化立功活动，掀起人人为四化立功、争当先进的热潮。与此同时，全国银行系统劳动竞赛和工会工作会议召开，会议主题之一是集中讨论解决红旗劳动竞赛中评选金融红旗手和金融红旗单位（集体）的相关问题。同年 5 月，中国人民银行、中国农业银行、中国银行发布《银行系统开展大干四化，争创金融红旗手、创建金融红旗单位（集体）劳动竞赛的试行办法》，对全国金融红旗手、金融红旗单位的评选标准、评选流程、表彰奖励以及具体竞赛组织方式等进行明确规定。以中国人民银行西安市分行开展的“试行全行统一的指标考核计分算”为例，该活动紧密结合“双红”竞赛试行办法中“将各项经济核算考核指标和各项任务分解为小指标，落实到柜、组、所和个人，开展百分赛”“把竞赛、奖励、核算紧密结合起来，克服赛、奖脱节现象”相关精神，一方面，通过将计分算奖与各项经济指标相结合，促进了各项经济指标的完成，到第二季度末多数行处的资金运用率、利润、储蓄存款、存贷差额控制等项目考核结果均得了满分；另一方面，通过区别对待，分等提奖，克服了平均主义。如改变了以往按标准工资10%统一提奖惯例，在第二季度时按照11.4%、11%、10.8%、10.6%、10%的差异化比例提奖，人均奖金从最高6.6元到最低4.99元间设置了7个档次，充分体现了能者多得、多劳多得的评优争先精神。

为进一步做好“双红”竞赛的宣传推广工作，全面展现各地开展的争为四化立功、人人争当金融红旗手、创建金融红旗单位的活动情况，搭建交流“双红”竞赛中涌现出的先进事迹的平台，反映广大银行职工对搞好红旗竞赛以及工会工作方面的意见建议，1980年5月25日，《银行工会简报》正式出刊，原《红旗竞赛情况交流》与之进行合并，此后作为不定期刊物适时推出。

“双红”竞赛的广泛开展，有力提升了广大银行职工的业务技术水平、管理水平、服务水平（简称“三个水平”），特别是让广大青年职工的精神面貌焕然一新，工作热情有了显著提高。很多地方出现了以下可喜的景象：在临近下班前推业务的少了，主动接柜办理的多了；对新增科目、户头不愿接受的少了，主动协作、团结互助的多了；业余时间游逛玩耍的少了，学文化、学业务、钻技术、苦练基本功的多了；新增青年职工不懂业务、不能胜任工作的少了，能上岗顶班、基本胜任工作的多了。在这一过程中，还大量涌现了一批业务尖子，据湖南、湖北、广西三省（区）和四川省内四个省辖市的统计，在参加1980年业务技术测试的108570人（次）中，达到省、地市、县三级能手水平的就有5019人。

（2）全国业务技术比赛大会顺利召开。

为全面检验各地“双红”劳动竞赛的开展成效，进一步推动银行广大干部职工学业务、钻技术，不断提高业务技术水平，1981年9月，中国人民银行、全国银行工会领导小组下发《关于举行全国人民银行系统一九八二年业务技术比赛的通知》，参加比赛的专业定为会计、出纳、储蓄、统计4个专业，比赛项目定为11个，即：打百张传票、记账、珠算加减乘除法、单指单张点钞、多指多张点钞、机器装点、工具整点硬币、计算储蓄利息、翻打百张凭条、编制信贷和现金项目电报等（含补充通知内容）。1982年4月28日，中国人民银行全国业务技术比赛大会正式开幕，中国人民银行总行行长李葆华，副行长陈希愈、李飞、方皋、朱田顺、刘鸿儒、邱晴、尚明、陈立、韩雷和各司、局的负责同志，29个省、自治区、直辖市代表队的全体同志等出席了大会开幕仪式。经过激烈角逐，上海、湖北、湖南、北京、江苏等省和直辖市位列团体成绩前5名。

3. 大力开展金融“双先”表彰工作

改革开放初期，全国总工会号召各级工会组织广大职工群众开展向先进人物学习活动。1982年，全国总工会相继发出《通知》，号召全国职工向全国先进人物中的杰出代表赵春娥、罗健夫、蒋筑英等学习。全国各行各业迅速掀起了一个学习先进人物的热潮。广大职工学先进、见行动蔚然成风，使社会主义思想道德更加深入人心，有力地推动了职工队伍的“四有”建设。

1979年12月，4家银行系统全国先进单位、8位银行系统全国劳动模范（具体见下表）受邀参加国务院组织的全国先进单位和全国劳动模范表彰仪式。1980年1月，以本次获评全国先进单位和全国劳动模范为契机，全国银行工会领导小组下发《学习荣获国务院嘉奖的先进单位和劳动模范倡议书，大力宣传先进事迹的通知》，要求各级银行工会要大力宣传先进单位和劳模的事迹，在银行系统内掀起一个学先进、赶先进、超先进、大干四化的比学赶帮超的热潮。

1979年全国先进单位与全国劳动模范一览表

类型	单位名称/劳模姓名
全国先进单位	中国人民银行户县支行
	中国人民银行兰州市西固办事处
	中国人民银行临汾市红卫路储蓄所
	中国农业银行湖南岳阳县荆州信用社
全国劳动模范	山东沂源县土门信用社副主任陈维荣
	沈阳市太原街第一储蓄所主任张桂兰
	吉林延吉县勇新营业所副主任玄姬淑
	湖南衡山县岭坡信用社会计王冬云
	上海市卢湾区打浦桥分理处副主任何怡美
	黑龙江勃利县农业银行支行副行长姚永令
	四川若尔盖县红星信用社主任甲旺
	河南林县临淇信用社业务员牛金

在此倡议的感召下，银行各系统内涌现出了大量模范人物和先进事迹，他们以自己的实际行动，体现了爱岗敬业、忠于职守、无私奉献的优秀品格，成为银行系统广大干部职工积极投身四化建设的代表。1982年，河南省洛阳市武汉路储蓄所的王全希、杜惠芝以及张荣芝等人为保卫国家财产，不顾个人安危，同入行抢劫的歹徒进行英勇搏斗，王全希、杜惠芝二人以身殉职。1982年4月，中国人民银行下发《关于追认王全希、杜惠芝同志为全国级金融红旗手，批准张荣芝同志为全国级金融红旗手的通知》，对三人的英雄事迹进行表彰，号召广大银行系统职工学习他们忠于职守、一心为公，为维护国家财产奋不顾身的革命精神。

（三）中国金融工会各项工作的全面恢复和发展

1. 贯彻《国营工业企业职工代表大会暂行条例》，建立职工代表大会制度

新中国成立后，我国的企业民主制度和职工代表大会制度不断完善，取得了显著成就。但“文化大革命”以来，企业民主制度和职工代表大会制度遭受了重大破坏，几近陷于停顿。粉碎“四人帮”后，特别是党的十一届三中全会胜利召开以来，党和国家非常注重恢复这一优良传统，全国总工会也在其中发挥了重要作用。1980 年，全国人大五届三次会议再次重申了这一制度的重要性，强调职工代表大会或职工代表会议作为权力机构，有权讨论和决定自己职权范围内的重大问题，有权选举、罢免或建议任命、建议罢免本单位的行政领导人员。根据党中央和全国人大五届三次会议精神，各级工会组织都把维护职工当家做主的地位和权利作为自身应尽的职责和义务，大力予以推广。

1981 年 5 月至 6 月，全国总工会同中组部、国家经委在北京联合召开全国第一次企业民主管理座谈会。会议制定了《国营工业企业职工代表大会暂行条例（草案）》（简称《暂行条例》）。《暂行条例》规定，根据宪法的规定，所有企业必须建立和健全党委领导下的职工代表大会制度，发扬职工群众的主人翁责任感，保障职工群众当家做主管理企业的民主权利。7 月 13 日，党中央、国务院正式批准了《暂行条例》。中央强调，推行职工代表大会制度是党的一项重要政策，各地区、各部门的党委（党组）要统一部署，组织各方面的力量通力合作，采取切实可行的办法，指导和督促所属企业贯彻实施。《暂行条例》的颁布，使职工代表大会作为企业管理的一项根本制度，首次以具有法规性的文件加以确认，标志着我国以职工代表大会制为核心的企业民主管理开始纳入法制建设的轨道。

银行工会始终将建立健全职工代表大会制度作为完善企业民主管理的重要方式来抓。1980 年 4 月，全国银行工会领导小组组长李飞在全国银行系统工会工作会议上的讲话中就明确指出，职工代表大会是维护职工民主权利、搞好银行企业民主管理的重要形式。对于具备条件的银行企业，可积极推行职工代表大会制度，并通过试点取得经验，逐步推广。1981 年 3 月，全国银行工会领导小组下发《关于 1981 年全国银行工会工作的几点意见》，明确指出“为搞好银行基层企业的民主管理和群众监督，银行基层企业应创造条件逐步推行党委领导下的职工代表大会制或职工大会制”。在《暂行条例》和全国银行工会领导小组通知的精神指引下，多数省、自治区、直辖市分行（人民银行、农业银行）相继开展了职工代表大会试点工作。截至 1981 年 6 月，据 18 个省、自治区、直辖市分行的相关统计，已有 623 个基层行处召开了职工代表大会，其中 184 个单位对干部进行了评议，有 41 个行处还进行了民主选举股长级干部试点。

在前期各地分行卓有成效的试点工作基础上，1981 年 6 月《银行系统基层企业职工代表大会暂行规定》正式下发，该规定是在党中央、全国总工会相关精神指引下，立足银行实际，建立健全本系统内职工代表大会制度的纲领性文件。同年 8 月，中国人民银行、中国农业银行、中国银行、全国银行工会下发《关于在银行系统贯彻全国企业民主管理座谈会精神实行职工代表大会制度的通知》，明确要求各省、自治区、直辖市分行要抓紧部署试点工作，要求在 1981 年下半年在每个地、市行选择一个基层单位进行试点，为后续推广扩大职工代表大会制度创造良好条件、积累宝贵经验。

2. 全面加强金融职工思想教育和文体活动

（1）全面加强金融职工思想教育。

改革开放后，注重加强广大职工社会主义精神文明建设，始终是各级工会进行职工思想教育的重要内容。1981 年 2 月，全国总工会、全国妇联、共青团中央等单位联合发出《关于开展文明礼貌活动的倡议》，倡议全国人民开展以讲文明、讲礼貌、讲卫生、讲秩序、讲道德和心灵美、语言美、行为美、环境美为内容的“五讲四美”文明礼貌活动。倡议中要求各行各业都要把自己的业务活动和日常工作同“五讲四美”联系起来。特别是商业、服务和交通运输部门的职工，要把文明经商、礼貌待客、方便群众作为自己为人民服务的主要标志。

为全面贯彻落实中央大力开展“五讲四美”文明礼貌活动精神，1981 年 3 月 6 日，中国人民银行、全国银行工会同七部、社、局联合下发《关于在财贸部门开展文明礼貌活动的通知》指出，财贸工作与四化建设紧紧相连，与人民生活息息相关，在财贸系统广大干部和职工中开展文明礼貌活动，有着十分重要的意义。通知中要求，财贸部门要把文明经营、礼貌待客、优质服务、方便群众作为自己为人民服务、对人民负责的重要标志。干部群众要团结一致，同心协力，为树立社会主义的一代新风、建设高度的社会主义精神文明作出贡献。

“五讲四美”活动在银行系统内的广泛开展，使干部职工的政治素质、道德风貌，有了不同程度的改观，不仅热爱祖国、热爱社会主义、热爱党、热爱本职工作，而且自觉遵纪守法的观念有所增强，服务作风、行容行貌有了一定的好转。有的行处领导带头，自己动手，美化环境，改善工作条件，并结合各专业实际制定了各种形式的服务守则和公约，创造了一整套和气、文雅、谦逊的服务语言和服务规范。该活动加速了银行职工队伍建设。如武汉市分行青山区办事处，针对青年职工的特点，采取有效的形式，对青年职工进行热爱祖国的教育、红与专的教育、职业道德教育，使青年职工迅速成长。如武钢办事处共有 47 名职工，其中 1976 年以后入行的青年职工有 34 名，他们都能独立负责地担负起为武钢服务的任务。此外，不少行处被评为“五讲四美”先进单位，受到当地党委的表彰。如农行辽宁省沈阳市分行，被评为沈阳市的“五讲四美”先进单位。河南省鹿邑县委号召全县机关单位向县农行学习，号召全县干部向县农行行长王广明同志学习。

（2）全面加强金融职工文化体育活动。

1981 年，为建设好全国银行系统各级体育组织，使之发挥吸引广大职工参加体育活动、增强体质更好为四化建设做贡献的积极作用，中国银鹰体育协会全国理事会正式恢复。中国银鹰体育协会的性质是“党领导下的业余群众体育团体，是中华全国体育总会的业余产业体育组织”，主要任务是“积极宣传贯彻党和国家有关体育工作的方针政策，宣传体育与四化的关系以及有关的科学技术知识。广泛吸引和组织职工群众经常参加体育锻炼，提高健康水平和运动技术水平，活跃业余生活，培养共产主义道德品质和集体主义精神，为实现四个现代化服务”。中国银鹰体育协会的恢复，对全面提升全系统体育活动组织水平，丰富广大职工的业余生活水平，增强干部职工的身体素质具有重要意义。

针对银行广大职工的文化活动也别开生面地开展起来。1981 年 2 月 20 日，党中央、国务院发布《关于加强职工教育工作的决定》。《决定》强调新时期加强职工教育的重大意义，提出新时期职工教育的方针政策、任务目标及一系列重大举措。全国总工会随即于 2 月 27 日发出关于贯彻执行党中央、国务院《决定》的几点意见。全国银行工会领导小组在《关于 1981 年全国银行工会工作的几点意见》中明确提出，各级银行工会组织应积极主动协助和支持行政主管部门，搞好职工教育。在全国层面上，由中国金融学会、全国银行工会领导小组牵头组织的《金融知识广播讲座》活动，于 1982 年元旦至 1 月 21 日在中央人民广播电台播出，相关播音讲稿也由中国广播出版社汇集印刷成册，对于满足金融条线新职工学习业务知识的需求发挥了重要作用。在地方层面上，一些分行因地制宜地开展了各类培训学习活动。如中国人民银行天津市分行南开区办事处工会针对人员队伍中青黄不接等问题，组织举办了5个初高中文化学习班、3期短期培训班，签订了96份师徒培养合同。通过各种形式的学习培训活动，职工业务技术水平得到了迅速提升，在85名老职工退休、127名新员工入职的情况下，工作效率、工作质量出现了“不降反升”的良好局面。

3. 开展女职工工作，关心职工生活

1980年1月，全国总工会召开女职工工作会议，要求各级工会协助行政部门切实做好女职工的劳动保护工作。在银行系统中，女职工是一支十分重要的力量，关爱女职工生活工作情况，是银行工会工作的重要内容。在银行工作中，绝大多数女职工都担负着银行第一线的繁重工作，在“双红”竞赛中更是涌现出一大批先进人物和各类专业技术能手。如在中国人民银行黑龙江省分行1980年7月举行的全省业务技术比赛中，荣获业务技术能手称号的女职工达148人，占总数191人的77.1%。在1980年下发的《全国银行工会生活、女工工作座谈会纪要》中强调，针对当时存在的银行女职工政治权利和切身利益维护不到位、女职工“五期”（经期、孕期、产期、哺乳期、更年期）保护不到位等问题，要求各地务必加以重视和研究解决。

为职工说话，替职工办事，维护职工的民主权利和解决职工生活工作困难，是激发职工群众积极投入四化建设的重要保障。受制于当时物质条件的极端匮乏，很多地方存在着职工住房和办公用房太拥挤、银行职工的劳保福利待遇偏低等突出问题，一些职工集中反映了“八难”工作生活现状：一是理发难，二是洗澡难，三是吃饭难，四是上下班难，五是婴儿哺乳难，六是开展文体活动难（没有场地），七是上班停车难，八是业余时间学习难（没有地方办夜校和图书室）。在此背景下，全国总工会要求各地工会组织要加强调查研究，本着实事求是、逐步解决的方针，充分调动各方面积极性、主动性，切实把职工关心关注的问题一件件、一点点地加以解决。一些地方工会依靠群众，因陋就简地兴办了一些职工急需的集体福利事业。如有的成立了洗衣组、缝纫组，有的修建了简易淋浴池、存车棚、理发室，有的成立了定点服务小卖部、幼儿园、哺乳室、暑期儿童辅导班和医疗卫生服务站等。还有一些地方工会建立了职工自愿参加的互助储金会组织，这些互助储金会对解决职工的临时性困难起到了行政上很难起到的作用，如天津工会帮助职工改建低洼宿舍就是通过群众互助互济解决的。工会发动群众支援粮票125斤，利用假日和业余时间拉灰运土搬砖，不久就解决了问题。这些系列举措都得到了广大银行职工的普遍欢迎和认可。

4. 恢复和发展中国金融工会财务工作

1980年2月，针对各级银行工会经费留用、上交等问题，全国银行工会领导小组下发《关于各级银行工会经费留用、上交的暂行办法》，指出鉴于全国银行各级工会组织恢复建立和开展工作的需要，各级工会经费的留用、上交按照下列办法执行：基层工会留用60%，上交基层工会所在地总工会5%，其余35%上交；其中，上交省、自治区、直辖市银行工会的35%又可划分为上交省、自治区、直辖市银行工会（包括专区）自身留用的20%，上交省、自治区、直辖市总工会的10%（这其中包括上交全国总工会的5%），以及最后上交全国银行工会的5%。

随着职工业余教育活动的全面开展，各基层工会的教育经费开支逐渐增多，工会经费出现不足。针对此类问题，中国人民银行总行和全国银行工会共同下发《中国人民银行关于职工业余教育经费开支问题》，明确职工开展业务文化教育的经费来源途径，明确“职工业余文化教育，均系指文化学习范围，所需费用可由工会经费开支；凡因业务需要而举办的各种专业技术学习班，其经费应由行政方面开支”。此外，针对恢复中国银鹰体育协会全国理事会后的相关活动经费开支所列科目问题，全国银行工会领导小组于1982年2月又下发了《关于中国银鹰体育协会有关经费开支问题的补充通知》。

二、改革开放纵深推进时期的金融工运

（一）贯彻工会十大精神，强化全国银行工会组织建设，深化工会改革

1. 贯彻落实工会十大精神，强化全国银行工会组织建设

（1）召开中国工会第十次全国代表大会。

1983年10月18日至29日，中国工会第十次全国代表大会在北京召开。党和国家领导人胡耀邦、邓小平、李先念、陈云、彭真、邓颖超、乌兰夫等出席开幕式。本次会议的主题是：在社会主义物质文明和精神文明建设中发扬工人阶级的主人翁精神。中共中央政治局常委、国家主席李先念代表党中央、国务院向大会致辞。他深刻阐述了新时期中国工人运动的根本任务和工会的重要职责，指出党的十二大提出要把我国建设成为现代化的、高度文明、高度民主的社会主义国家，这不仅是全国人民共同的历史使命，也是新时期工人运动的根本任务。为适应这个根本任务要求，工会必须把提高广大职工的思想政治素质和科学文化素质、在两个文明建设中发扬工人阶级的主人翁精神当作自己的首要职责。倪志福代表九届执委会向大会作了题为《在社会主义物质文明和精神文明建设中发扬工人阶级的主人翁精神》的工作报告。报告分为三个部分，即胜利前进的五年、新时期的光荣任务和认真加强工会建设。报告提出新时期工会工作的总方针应当是：以四化建设为中心，为职工说话、办事，维护职工的合法权益，加

强对职工的思想政治教育和文化技术教育，建设一支有理想、有道德、有文化、守纪律的职工队伍，充分发挥工人阶级在社会主义物质文明和精神文明建设中的主力军作用。

工会十大是全国职工加强团结、建设社会主义现代化强国的动员大会，是开创中国工人运动和工会工作新局面的誓师大会。这次大会的胜利召开和它所确立的新时期工人运动和工会工作的方针、任务，是党的十二大精神在工运领域发挥积极作用的生动体现，标志着中国工人运动和工会工作进入了新发展阶段。

（2）强化全国银行工会组织建设。

工会十大的胜利召开，为中国金融工会的中心任务和重点工作提供了基本遵循。推动中国金融工会工作向前发展，以组织建设为先，以完善领导体制机制为要。自 1983 年 9 月中国人民银行专门行使中央银行职能起，中国工商银行、中国农业银行、中国银行、中国人民建设银行、中国人民保险公司已以独立经济实体身份单独运行。面对原有中国人民银行“大一统”格局的打破以及多家金融单位并存的局面，如何加强金融系统工会的统一性、协调性，成为中国金融工会的当务之急。1984 年 9 月，中国人民银行、全国银行工会向全国总工会提交了《关于恢复中国金融工会名称及有关问题的报告》，提出要将全国银行工会名称变更为“中国金融工会”，现存的全国银行工会工作委员会改为正式的“中国金融工会工作委员会”，委员会成员由工会代表大会选举产生。1985 年 2 月，全国总工会批复同意将全国银行工会工作委员会改名为中国金融工会工作委员会，作为中国人民银行、中国工商银行、中国农业银行、中国银行、中国人民建设银行、中国人民保险公司、国际信托投资公司等金融系统的产业工会。中国金融工会受全国总工会和中国人民银行党组双重领导。1985 年 5 月，中国金融工会下发《关于贯彻全国总工会将全国银行工会改为中国金融工会的决定的通知》，对调整后的中国金融工会工作委员会组成等问题作出明确规定，详见下表：

内容分类		姓名/名称	备注
中国金融工会工作委员会领导成员	主任	李飞（兼）	
	副主任	刘玉江、戚道震、赵松恒（兼）、齐登五（兼）	1985 年 7 月，中国金融工会下发中国人民银行党组关于雷更生等同志职务任免的通知，雷更生任中国金融工会工作委员会常务副主任，主持日常工作；免去刘玉江的中国金融工会工作委员会副主任职务，离职休养
	委员	沈华征、王道、刘子敬、韩瑞英（女）、雷更生、李德昌、朱筱春（女），国际信托投资公司一名待定	
中国金融工会工作委员会内部机构	综合性	设办公室、组织宣传部、生活女工部、银鹰体协办公室（代管）	
	专业性	按专业银行（公司）分设，即中国金融工会工商银行工作部、农业银行工作部、中国银行工作部、建设银行工作部、保险公司工作部	各专业工作部受中国金融工会和各该行（公司）党组双重领导。在中国金融工会的统一安排下，结合本行（司）的特点开展一些必要的活动。其人员配备、人事编制、各种行政费用仍分别由各专业行（公司）负责
省、自治区、直辖市金融工会设立		建议根据全国总工会有关文件精神，结合省地实际情况同当地人民银行党组和各专业行（公司）党组协商议定	

在全国总工会的指导下，在中国人民银行党组的积极推动下，中国金融工会工作委员会的领导和内设机构建设进展较为顺利。相较之下，各省、自治区、直辖市的金融工会建设进度参差不齐，部分地方受某些因素限制停滞不前。为解决这一问题、推动各省、自治区、直辖市金融工会的建设步伐，1985 年 12 月中国金融工会下发《关于请抓紧组建金融产业工会的建议》，明确提出各省、自治区、直辖市应根据工会法规定和全国总工会有关文件精神，抓紧在各地方总工会的指导下组建金融产业工会，以利于当地总工会对金融系统工会的统一领导，便于中国金融工会工作委员会在全国范围内统筹开展工作。为进一步加快组建省一级金融工会，补齐省级金融工会建设短板，1986 年国务委员兼中国人民银行行长陈慕华在全国金融系统先进集体、劳动模范表彰大会上指出："为了充分发挥金融工会的作用，其他没有设立金融工会的省、自治区、直辖市应根据全国总工会的要求，尽快把金融工会设立起来。"全国总工会书记处书记王申祥也强调："为了把金融系统广大职工团结起来，要不断加强金融工会的作用，凡是没有建立金融工会的地方，应尽快建立健全起来。"1986 年 10 月，中国人民银行党组、中国工商银行党组、中国农业银行党组、中国银行党组、中国人民建设银行党组、中国人民保险公司党组联合下发《关于加快组建省级金融工会的通知》，明确要求"在各省、自治区、直辖市总工会的领导下，各分行、分公司应当采取积极态度，密切协作，共同努力，争取今年（1986 年）年底以前，最迟明年（1987 年）第一季度，都要把金融工会建立起来"。通知还对各地金融工会名称、隶属关系以及组织机构设置等进行了说明。该通知对于加快省级金融工会建设步伐、构建上下一体的中国金融工会体系具有重要推动作用。

为保障整个金融体制机制改革的顺利进行，及时为中国人民银行总行（公司）党组、全国总工会的决策提供准确、可靠的信息，进一步增进各地方金融产业工会的联系，1986 年 3 月中国金融工会决定编印《情况反映》。《情况反映》以党的全国代表大会和全国总工会相关精神为指引，突出工会工作特点，刊登金融系统内具有鲜明特征的专题调查、思想动态、重大活动以及工作中存在的问题建议等，属于不定期编发的工会内部参阅文件。

除组织建设之外，各级工会干部队伍建设也是整个体系中的重要一环。在 1987 年中国人民银行开展的全国金融系统“三定”（定岗、定编、定职）工作中，各地银行（公司）未把工会干部列入“三定”范围，致使工会干部思想动荡，不能安心继续从事工会工作。在一项针对福建、浙江、贵州、云南、西安等省、市金融系统 871 名工会干部的调查显示，332 名由业务部门调入的工会骨干因不能定职，要求调回原部门；从其他行业调入的 307 名工会干部也要求改行；其余的工会专职成员也不同程度地存在一些想法。“三定”工作直接影响了工会干部的切身利益，如不能妥善解决，势必影响工会干部队伍的稳定，影响工会工作的开展，进而影响整个金融队伍的建设。为此，中国金融工会工作委员会专题向中国人民银行总行职称改革领导小组递交了《关于在金融系统各级工会组织中进行“三定”工作的请示报告》，明确阐释了金融系统工会的重要作用以及中国金融工会干部队伍的专职性、专业性。报告得到中国人民银行总行职称改革领导小组对金融系统工会干部队伍“三定”工作的重视，对调动广大工会干部的工作积极性，推动整个金融系统职工队伍的稳定起到了积极作用。

2. 深化中国金融工会改革

1983 年中央书记处召开第四十七次会议，集中讨论了进一步加强和改进工会工作的问题。中央书记处指示：“工会的性质和任务应当是在党的领导下，代表工人阶级利益，为工人阶级办事的群众性组织”“今后工会工作一定要从自己是党领导下的群众性组织这个特点出发，切切实实地为职工办事，办些具体的好事，把职工的积极性调动起来；一定要维护职工的根本利益，勇敢地扶植正气，压制邪气，在社会和国家生活中起积极作用；一定要面向工厂、面向工人，密切联系群众，反映职工的呼声和要求，真正成为‘职工之家’‘工人之友’”。在肯定工会九大以来取得的成绩的同时，中央书记处中肯而又尖锐地指出工会工作存在生气不够、冲劲不够的问题，其要害是脱离了工人群众。

全国银行工会认真学习贯彻中央书记处的指示精神，向中国人民银行党组汇报了下一步具体学习贯彻意见，并于 1983 年 7 月 28 日专题下发了《关于批转全国银行工会〈关于学习贯彻中央书记处对工会工作指示的几点意见〉的通知》，要求各级银行党组织认真学习、贯彻落实中央书记处指示，加强对工会工作的领导，明确工会组织是在各级党组织直接领导下的独立的群众新组织，支持工会维护职工群众的民主权利和物质利益，支持工会按照群众组织的特点，独立负责地开展工作。为将中央书记处的指示精神落到实处，全国银行工会要求各级工会组织要着力做好下列工作：一是认真学习贯彻中央书记处的指示；二是全面落实职工代表大会制度，组织职工群众行使当家做主的权利；三是大力开展学赶先进活动；四是搞好职工生活福利，切切实实地为职工群众办些好事；五是大力开展文体活动；六是要加强工会的自身建设。

从以上工作要点中可以看出，学习贯彻中央书记处的指示精神，核心是工会要密切联系职工群众，处处做到想职工之所想、急职工之所急、忧职工之所忧。中国金融工会改革的核心，就是要回到全心全意为职工服务这一初心之上。1983 年 12 月，全国银行工会工作委员会主任李飞在全国银行工会工作会议上的讲话中指出，工会是党领导下的群众组织，要代表职工群众的利益，为广大职工说话办事，使工会真正成为“职工之家”。只有做到了这一点，才能真正得到职工群众的拥护和爱戴，才能真正成为党联系群众的强大桥梁和纽带。他进一步要求，各级金融工会应朝着以下两个方面努力：一是要切切实实地为群众办些力所能及的具体的好事，这就要调查研究，从实际出发，从职工群众最迫切的要求做起，争取一年能为群众多办些好事。在这个问题上，看谁为职工群众办好事办得多、办得切实有效，那么谁的工作成绩就越大，就应该受到表扬。二是要维护职工群众的合法权益，敢于向损害职工合法权益的各种不良倾向和违法行为作斗争，要敢于伸张正义，压制邪气。

（二）动员职工广泛深入开展劳动竞赛和优质服务活动

1. 开展劳动竞赛，树立表彰先进典型

中国金融工会竞赛工作以开展“双红”竞赛为起点。经过几年的努力，全国银行系统“双红”竞赛不断深入，有力地调动了全行职工的工作积极性和创造性，推动全行各项任务的完成，切实提高了整个干部队伍的“三个水平”。经过评比，全行共涌现出各级金融红旗手近 20 万人，金融红旗单位和集体 10 万多个，其中省级以上的红旗手 28000 多名，红旗单位和集体近 2 万个。一大批先进单位和先进人物的出现，标志着银行系统“双红”竞赛已发展到了一个新阶段，达到了新水平。

“双红”竞赛的深入开展，达到了“双赢”的效果，不仅改变了职工队伍的精神面貌和业务水平，更是助力银行各项业务的迅速发展，在这一过程中涌现出很多典型事例。1983 年 1 月，中国人民银行转发了中国人民银行湖南省分行提交的《关于开展“双红”竞赛，促进银行建设的情况报告》，该报告介绍了中国人民银行湖南省分行注重将“双红”竞赛与加强银行各项业务工作管理以及体制机制改革紧密结合起来，使“双红”竞赛成为推动各项业务发展的动力源泉的先进做法。中国人民银行湖南省分行不断摸索“双红”竞赛的组织模式，为更好地起到以赛促建的作

用效果，创新性地开展了按地域划分的分片赛、按城市和农村任务组织的行际赛以及以专业为基本形式的各类竞赛形式，充分调动发挥了各个专业条线、各分行的能动作用，取得了显著成效。截至 1982 年 11 月，该分行城镇储蓄存款完成了总行下达全年任务的 131. 2%，第一至第三季度，纯利润同期增长 69. 7%。

“双红”竞赛还在银行系统内掀起了学先进、当先进的热潮，涌现出一大批先进模范人物。1983 年 7 月 16 日，中国人民银行沈阳市辽河区办事处王会元、董学伟等人忠于职守、临危不乱，与持枪闯入营业所的歹徒进行英勇搏斗，夺回了被抢现金，并成功将歹徒捕获。在 1987 年 7 月的大兴安岭大火中，金融系统员工公而忘私、临危不惧，始终将保护国家财产和人民利益放在首位，积极勇敢地投入扑火抢险的斗争之中，谱写了一个个可歌可泣的英雄事迹。1987 年 7 月 9 日，中国工商银行下发《关于表彰大兴安岭扑火救灾模范集体和个人的决定》，对大兴安岭中心支行、漠河支行以及图强办事处的相关人员进行了表彰，1987 年 8 月 1 日中国人民建设银行下发表彰决定，对漠河支行、图强办事处和阿尔木办事处的相关单位和个人进行了嘉奖。这些英雄事迹和先进个人在全系统内引起了广泛而积极影响。

2. 改革劳动竞赛，由“双红”变为“双先”

劳动竞赛是发展社会主义生产力的有效手段之一，在中国革命和建设的各个历史时期都发挥过重要作用。然而，在改革开放的形势下，它也受到了商品经济的严峻挑战。面对这一新情况、新背景，各级银行工会勇于从改革需要出发，对劳动竞赛进行改革，不断充实新内容，推动竞赛从传统型向现代型转变，其主要特征有：一是劳动竞赛以提高经济效益为中心；二是劳动竞赛以促进企业技术进步、改进企业经营管理为重点；三是劳动竞赛与承包经营责任制相结合；四是劳动竞赛体现了物质文明和精神文明一起抓的理念，提出了“两个文明一起赛，两个成果一起拿”

的口号。

1984 年 10 月 26 日，中国人民银行、中国工商银行、中国农业银行、中国银行、中国人民保险公司、全国银行工会联合下发《关于改革银行（保险）系统劳动竞赛的决定》（以下简称《决定》），指出在对外开放和经济管理体制改革的新形势下，银行要由单一的管理型向经营型转变，为适应这一转变，要对既往的“双红”竞赛进行改革：一是在名称上，自 1984 年起，将银行（保险）系统开展的“双红”竞赛改为争当金融先进工作者，创建金融先进单位（集体）的社会主义劳动竞赛（简称“双先”竞赛）。二是在内容上，“双先”竞赛必须以促进改革、提高经济效益的时代特色和鼓励职工为四化建设多做贡献的时代风貌作为指导思想；以推进“两个文明”建设为目标，以提高银行（保险）内部和社会的两个经济效益及职工的“两个素质”为中心内容。要从单纯的赛工作任务指标转向以赛管理、赛全面经营成果为主的方向上来；要从着重赛一线工作，扩大到管理部门、服务部门的全面竞赛；要从着重赛任务、定额转向实干、巧干结合，学习应用先进技术的竞赛上来；要从着重本行处（保险）、本部门的竞赛，扩大到全国同类型、同专业或与企业联赛上来，使“双先”竞赛真正起到提高经济效益和职工素质的作用。三是在形式上，应组织与各种形式的经济责任制融为一体的竞赛活动。要把层层落实经济责任和项目的考核作为竞赛的内容和条件同步进行；组织开展对指标、增效益的行（保险）际赛；组织相同专业的对口赛和技术练功、技术表演赛；组织科、股、柜、组、所和行（保险）的文明竞赛，努力争创文明单位（集体）；还可以根据各个时期的中心工作和不同需要，开展各种形式的短途赛、流动红旗赛以及其他方面的各种单项赛。此外，《决定》还对竞赛的评比方法、竞赛奖励等进行相关规定，并对全国金融先进单位标准、全国金融先进工作者标准进行介绍说明。

“双先”竞赛推出后，得到了各级银行工会的积极响应。有的银行工会组织针对劳动竞赛活动中存在的“一线赛二线看、领导干部旱涝保收”的情况，对“双先”评比条件、竞赛内容和形式以及奖金分配办法进行了补充、完善和改革，取得较好效果。如中国工商银行黑龙江肇东支行和辽宁省营口市支行围绕经济责任制和岗位责任制，实行“五定双包”劳动竞赛，出现了“两个文明”一起抓，领导群众一起赛的新局面，干部的奖金也由“旱涝保收式”变成了“浮动式”，有效地调动了干部职工的工作积极性和创造性；中国人民保险公司湖南省分公司、中国农业银行广西壮族自治区那坡县支行根据本地的实际，也对劳动竞赛改革做了有益的尝试，取得了一定成果；中国银行深圳分行，根据新形势下特区银行工作的新特点，大胆改革，勇于创新，开拓前进，在吸引外资、使用外资上摸索出了新经验，受到国内外客户的好评。各地因地制宜、与时俱进开展的各类劳动竞赛，充分调动了干部和职工的两个积极性，使比学赶帮超的社会主义“双先”劳动竞赛不断向深入发展。

3. 1986 年召开的全国金融系统劳动模范和先进集体代表大会

1986 年 4 月 3 日，中国金融工会工作委员会主任李飞在全国金融系统工会工作会议上的总结讲话中指出，要在 1986 年召开全国金融系统“双先”表彰大会。对于为什么要召开这个表彰大会，他强调“这是形势发展的需要。近年来，在金融体制改革中涌现出一大批坚持改革开拓创新的先进单位和个人。同时在进行两个文明建设，加强思想政治工作，提高干部职工素质，端正党风当中，也涌现出一大批先进单位和个人。这些典型单位虽然表彰了，但他们的事迹还没有很好地在全国金融系统宣传、推广。对于金融系统大量的好人好事要宣传、要推广、要号召广大的职工向他们学习，提高政治觉悟，发扬正气压制邪气。在这种情况下，中国金融工会与各总行、司党组商量，经人民银行党组批准，同意召开全国金融系统表彰大会”。1986 年 4 月 15 日，中国人民银行、中国工商银行、中国农业银行、中国银行、中国人民建设银行、中国人民保险公司、中国金融工会共同下发《关于召开全国金融系统先进单位（集体）劳动模范表彰大会的通知》，通知明确此次表彰大会的名称为“全国金融系统先进单位（集体）、劳动模范表彰大会”，并且对代表条件、代表产生办法、材料上报时间以及表彰奖励等进行了说明。

1986 年 8 月 22 日至 29 日，全国金融系统先进单位（集体）、劳动模范表彰大会在北京召开。全国金融系统的 96 个先进集体和 254 名劳动模范出席会议。中国人民银行副行长刘鸿儒主持表彰大会开幕式，中国金融工会工作委员会主任李飞致开幕词，国务委员兼中国人民银行行长陈慕华作了题为《为建设一支适应新形势要求的金融队伍而努力奋斗》的重要讲话。大会期间，各专业银行、保险公司也分别召开了专题会议，研究部署本系统内职工队伍建设和思想政治工作。大会闭幕前党和国家领导人习仲勋、胡启立、田纪云、姚依林、陈慕华、薄一波、王鹤寿、张劲夫、王丙乾等接见了先进集体代表、劳动模范和参加会议的代表，并和大家合影留念。

这次表彰大会的胜利召开，对于加强金融队伍建设，推动金融体制改革和金融事业的发展，具有重要的现实意义和深远影响，有利于在全国金融系统内营造一个学习先进、争当先进的生动活泼局面。

4. 1987 年广泛开展文明优质服务活动

1986 年 5 月，根据全国总工会《在全国大规模开展做“四有”职工，当改革主力，为四化立功的社会主义劳动竞赛活动方案》的相关文件精神，中国金融工会决定在北京、广州、武汉、南京、哈尔滨、重庆、西安等 7 个城市的金融系统内部开展“文明优质服务窗口”竞赛的试点工作，积极探索劳动竞赛的新形式、新内容和新经验，把金融系统劳动竞赛提升到一个新水平。1987 年 4 月，中国金融工会在哈尔滨召开全国金融系统文明优质服务经验交流会，这次会议是在 1986 年全国 7 个城市开展的“文明优质服务窗口”竞赛试点基础上召开的。本次会议交流了经验、表彰了先进、树立了典型，讨论并修订了文明优质服务竞赛评比条件。会议的召开，对于调动广大金融职工社会主义劳动竞赛的积极性，推动金融体制改革步伐，促进文明优质服务活动更加深入广泛地开展，起到十分重要的作用。1987 年 4 月 10 日，中国金融工会下发了《关于在全国金融系统评选、表彰“文明优质服务标兵”和“文明优质服务先进单位”的通知》，明确指出这项活动要在 1986 年的 7 个试点基础上，扩大到各省、自治区省会（首府）所在地、直辖市以及计划单列城市，通过持续的评选、表彰，将这项活动深入、持久、健康地开展下去。

（三）整顿加强基层工会工作，建设“职工之家”，推动企业民主管理

1. 整顿加强基层工会建设，开展“建家”活动

加强基层工会建设，是整个工会体系建设中的关键一环。工会十大后，全国总工会始终将增强基层工会活力建设作为全盘工会工作的重中之重。1984 年 4 月，全国总工会召开全国工会组织工作会议，同年 5 月又下发《关于整顿工会基层组织，开展建设“职工之家”活动的决定》，要求自 1984 年下半年起，用 3 年左右时间，对全国工会基层组织普遍进行一次整顿。1986 年 4 月，全国总工会再次召开全国工会组织工作会议，在总结过去两年经验的基础上，进一步要求各级工会认真贯彻落实抓基层、打基础、促改革的方针，把整顿基层工会组织，建设“职工之家”（简称“建家”）活动提高到新水平。

为认真贯彻落实全国总工会提出的整顿工会基层组织、开展

“建家”的相关精神，全国银行工会于1984年9月先行下发《关于开展基层工会工作调查的通知》，指出只有通过调研把基层工会的状况搞清楚，才能开创银行工作的新局面，否则把工会建成职工之家，把工会建成改革的促进派就是一句空话。在大搞调查研究的同时，全国银行工会还将基层工会领导班子的调整优化作为重中之重来抓。9月19日，中国人民银行、中国农业银行、中国人民保险公司、中国工商银行、中国银行、全国银行工会联合下发《关于转发中组部、全国企业整顿领导小组、全国总工会〈关于在企业整顿中抓紧调整基层工会领导班子的通知〉的通知》，明确要坚决纠正某些行处把从领导岗位上退下来的年老体弱、文化水平低的干部安排担任基层工会领导的现象，强调各级基层工会一定要按照党中央文件精神，选调相当于基层银行企业党政副职、符合四化要求，能联系群众、能为职工说话办事、能开创工会工作新局面的干部担任工会主席。

经过一年多的整顿，金融系统“建家”活动取得显著成效。1985年4月，有1000多个基层工会被地方工会命名为“职工之家”，约占基层工会总数的15%。在1985年召开的中国金融工会基层工会工作经验交流会上，中国金融工会副主任戚道震强调，整顿“建家”本身就是工会整顿和改革的一项基础性工作，各级工会要把这项工作纳入重要议事日程，当作大事来抓。就全国范围来讲，1985年要有30%的基层工会进入“建家”行列，1986年再建成30%，到1987年上半年要全部达到“建家”标准。在本次经验交流会上，中国金融工会主任李飞针对基层工会的“建家”工作强调，“只有把基层工会工作、建设‘职工之家’的工作做好，把基础打牢，我们整个金融工会的作用，才能达到更好地发挥”。

2. 实行职工代表大会制度，推动企业民主管理

企业职工民主管理是工会参与公有制企业改革、增强企业活

力动力的重要切入点，也是工会十大召开以后各级工会特别是企业工会着力抓好的一项重点工作。经济体制改革特别是公有制企业改革的实施，为企业职工民主管理带来了新机遇。从全国总工会到各级工会都与时俱进、顺势而为，一方面做好舆论宣传工作，纠正那种把实施厂长负责制与坚持实行职工民主管理割裂开来、对立起来的错误认识；另一方面则坚决地、持续不断地指导和推动企业职工代表行使审议企业重大决策、监督行政领导和维护职工合法权益等三项权益。

金融系统的民主管理与职工代表大会制度持续稳定向前发展。1983 年 3 月 21 日，中国人民银行、中国农业银行、全国银行工会下发《关于选举基层行长可由分行审批的通知》，进一步放松了银行内民主管理的权限范畴，由原来的“个别分行条件成熟，准备选举基层行长的，需报总行同意后进行”改为“经研究今后基层行处民主选举县支行行长的试点，可由省分行审批”。

各地在相关文件精神的指导下，因地制宜发展企业民主管理制度，不断完善职工代表大会制度，积累形成了很多好经验、好举措。1983 年 3 月，中国人民银行和全国银行工会联合下发了《新疆人民银行系统推行职工代表大会制度的报告》。该报告对新疆人民银行系统职工代表大会的基本经验、取得的成效进行了介绍。新疆人民银行依托职工代表大会制度，在上一年度针对领导干部普遍开展了评议活动，参与民主评议的行处共计 39 个，占职工代表大会总数的 93%；参加评议的支行长（办事处主任）级干部 87 人，股级干部 338 人，占应参加评干人数的 99%。在民主选举基层干部方面，新疆人民银行的乌鲁木齐市支行和九个地、州中心支行，在辖属条件较好的 26 个县支行和城市办事处，全部开展了民主选举股级领导干部的试点。从数字上看，在 266 名原任股级领导干部中，选举后继续任职者 254 名，占 95.5%；在未当选的原股级干部中，有 9 名让位、3 名落选。新增选中青年干部

64名，占全部当选干部的20.9%。选举后，多数单位或部门的工作有了新的起色，没有一个行处因实行民主选举而搞乱了正常秩序。乌鲁木齐市沙办信贷股一位当选股长说："我原先有撂挑子思想，经过评议选举，群众很拥护我，现在我感到我不单是上级任命的，还是群众选举的，光荣得很，这是我的新起点。"

在参政议政方面，1985年7月全国总工会十届六次主席团（扩大）会议提出，全国总工会、各全国产业工会、各级地方工会和企业事业单位的工会应加强同各级政府和经济管理机关、企事业单位的行政方面联系，发挥参政议政的作用。1985年8月，全国总工会党组在报党中央、国务院的《关于工会参加党和政府的有关会议和工作机构的请示》中提出以下三项建议：党中央、国务院及有关部委在研究、制订有关国家的经济和社会发展计划及重大方针政策，凡涉及职工与其切身利益问题时，通知全国总工会参加必要的会议或工作；吸收工会参加涉及职工利益的各项重大改革的领导机构；各产业部和地方应参照上述原则，吸收产业工会和地方工会参与这方面的工作活动。1985年11月，党中央、国务院予以同意和确认，并联合转发了《关于工会参加党和政府的有关会议和工作机构的请示》，要求党中央和国家机关各部委、各省、自治区、直辖市党委和人民政府参照执行。这为工会参政议政创造了良好条件。

1986年8月26日，中国人民银行、中国工商银行、中国农业银行、中国银行、中国人民建设银行、中国人民保险公司、中国金融工会联合下发《关于金融系统各级工会组织参政议政的通知》，提出以下几点要求：一是各级银行、公司召开党组（委）会议和工作会议，研究、制定有关方针、政策、计划、制度、条例、办法等重要问题时，凡涉及职工切身利益的，应吸收同级工会负责人参加。二是凡涉及职工利益的重要问题，在制定有关方案时，应吸收工会参加，并认真听取工会的意见。三是在开展社会主义精神文明建设、劳动竞赛、业务技术比赛、表彰先进等群众性活动时，应由行政部门与同级工会联名举办，并积极支持工会独立负责地进行工作。各级金融部门印发的文件、简报等，凡是需要工会了解和配合的，应分送同级工会。四是基层职工代表大会（职工大会）是民主管理的基本形式，也是基层工会参政议政的重要渠道。基层行、公司在涉及职工切身利益的重大问题时，应通过职工代表大会讨论和审议；基层工会和职工代表大会应当支持行政领导的决策和集中统一管理，行政领导应主动接受职工代表大会的监督。此外，该通知还对充实和加强各级工会力量，选调好基层工会主席做了进一步明确。

（四）加强职工教育，建设"四有"职工队伍

1. 加强职工思想政治工作，反对资产阶级自由化

1983 年 7 月，党中央正式批转了《国营企业职工思想政治工作纲要（试行）》，并向各地发出通知，指出落实文件精神的重要性和普遍指导意义，同时要求协调各有关方面的力量，加强对企业职工思想政治工作的领导。全国总工会要求各级工会认真贯彻执行党中央通知的相关要求，努力做好新时期的思想政治工作。方针政策的明确、领导力量的加强，为工会职工思想政治工作的开展指明了方向。

为全面贯彻落实党中央和全国总工会相关精神，中国金融工会在 1985 年 10 月下发《关于学习党代表会议，在金融职工中认真进行理想、纪律教育的通知》，指出，在加强职工思想政治中，精神文明建设和物质文明建设同样重要，不可偏废。各级工会组织要特别针对中央纪委指出的金融系统存在的非法使用"外汇额度"和"以贷谋私"等违反国家金融政策以及化大公为小公、化公为私等不正之风，开展系统化的学习检查。在学习过程中，要发动职工充分揭露本单位存在的问题，全面彻底清查非法使用外

汇、以贷谋私、非法以权经商、参与或支持投机倒把、违犯财经纪律及其他方面的不正之风和玩忽职守等行为，认真吸取教训。通知强调，要结合清理检查出来的问题和情况对全体职工深入地进行共产主义理想教育，广泛地宣传坚持四项基本原则，牢固树立全心全意为人民服务的思想，消除一切向钱看、损害人民群众利益和国家利益的现象。进一步提高认真贯彻执行党的各项方针政策的自觉性，加强组织纪律观念，更有成效地完成各项金融工作任务。

1987 年 1 月，中国金融工会再次针对加强职工思想政治工作，反对资产阶级自由化问题，下发《关于加强职工思想政治工作、反对资产阶级自由化斗争的通知》。通知指出，反对资产阶级自由化的斗争，关系到我们党的命运，关系到社会主义的前途，关系到全面改革和对外开放的成败。各级工会一定要旗帜鲜明、立场坚定地站在斗争的前列。要认真组织职工特别是青年职工学好中央文件，深刻领会精神实质，充分认识反对资产阶级自由化的重大意义，把广大职工紧密地团结在党中央周围，带领广大职工同资产阶级自由化思潮做斗争。通知强调，各级工会要把四项基本原则教育作为职工思想教育的中心内容来抓。对职工中的资产阶级自由化表现主要采取正面教育和疏导的方法，启发觉悟，提高认识，自觉分清是非界限，使广大职工拥有正确的世界观和方法论。正确看待形势，正确对待社会生活中的各种问题，坚信党中央的正确领导，坚定不移地执行党的十一届三中全会以来党的路线、方针、政策，为巩固和发展大好形势而努力工作。

在中国金融工会的有力指导下，各级工会组织坚持耐心教育和疏导相结合的方针，运用表彰先进、参观展览、读书演讲、理论答辩、“四有”讲评、英模报告等多种形式，向职工进行形势教育、理想纪律教育和职业道德教育，引导广大职工树立共产主义人生观，树立全心全意为人民服务的职业道德，树立遵纪守法、公正廉洁的文明行风，有效增强了广大金融职工抵制资本主义、封建主义和其他腐朽思想侵蚀的能力。中国工商银行湖北潜江支行工会，在支行党组织的领导下，围绕金融改革，教育职工坚持四项基本原则，树立远大理想，提高了广大职工的主人翁觉悟，抵制了各种不正之风。经省、地两级三次信贷检查，没有发现“以贷谋私”和“以权谋私”的现象，并成功地进行了十四项重大业务改革，被群众誉为“金融改革的先锋队”。不少想钻银行空子的人无可奈何地说：“银行真是一堵挡风的墙啊。”中国人民银行广东省揭阳支行工会在不正之风的侵袭下，坚持进行理想纪律教育，从而使广大职工自觉做到“在工作上，不以权谋私；在业务上，不以钱谋私；在原则面前，不屈服于权势；在不正之风面前，不随波逐流”。群众说他们“心中有一道精神文明的长城”，受到了中央纪委的表扬。

2. 加强职工精神文明建设，开展“振兴中华”读书活动

1986 年 9 月 28 日，中国共产党第十二届中央委员会第六次全体会议通过了党中央《关于社会主义精神文明建设指导方针的决议》，决议中明确指出，我国社会主义精神文明建设的根本任务，是适应社会主义现代化建设的需要，培育有理想、有道德、有文化、有纪律的社会主义公民，提高整个中华民族的思想道德素质和科学文化素质。决议强调，工人阶级是我国的领导阶级。中国共产党作为工人阶级的先锋队，是领导我国社会主义现代化建设的核心力量。各级党组织和广大党员在精神文明建设中的责任，一是加强自身的精神文明建设，特别是搞好党风建设；二是以模范行动和艰苦工作，组织和推动全社会的精神文明建设。

1987 年 2 月，中国金融工会在下发的《中国金融工会 1986 年工作回顾和 1987 年工作要点》中提出，1987 年全银行工会系统的工作要点之一就是要认真贯彻落实党中央决议精神，狠抓职工队伍的精神文明建设。1987 年 4 月 1 日，中国人民银行党组、

中国工商银行党组、中国农业银行党组、中国银行党组、中国人民建设银行党组、中国人民保险公司党组联合印发《关于金融系统社会主义精神文明建设的实施规划》，强调加强金融系统社会主义精神文明建设的重要意义，明确指出随着社会主义商品经济的发展，金融部门的地位与作用日益重要。加强金融系统的精神文明建设，不仅关系到金融事业的发展，而且关系到社会经济发展的全局。规划还分别从八个方面对金融系统如何加强精神文明建设提出了实施规划：一是深入学习贯彻党中央决议，切实把精神文明建设摆到战略地位；二是用共同理想动员和团结干部职工，发展金融事业；三是适应改革、开放的要求，树立与社会主义商品经济发展相适应的新观念；四是大力加强职业道德建设，形成良好的行业风尚；五是加强社会主义民主、法制建设，实行民主管理、以法治行；六是积极发展金融教育事业，提高干部职工的文化、业务素质；七是发展文体事业，丰富职工精神生活；八是加强和改善党的领导，发挥党组织和党员在精神文明建设中的作用。

在加强银行职工队伍精神文明建设方面，各级银行工会组织已通过许多丰富多彩、喜闻乐见的途径方式，不断提高着广大职工的职业道德修养以及文化业务水平。此时期最为典型的是在银行系统内广泛掀起的“振兴中华”读书热潮。

1983 年 6 月，党中央批复了全国总工会党组《关于在职工中开展读书活动的报告》，号召在全国职工中广泛开展读书活动。为贯彻落实这一重要指示精神，1984 年 9 月 19 日，中国人民银行、中国农业银行、中国人民保险公司、中国工商银行、中国银行、全国银行工会联合下发《关于在全国金融系统职工中深入开展“振兴中华”读书活动的决定》，得到了广大金融职工的积极响应，由少到多，由点到面，迅速在全国金融系统内掀起了为“振兴中华”而发奋读书的热潮。在认真读书的基础上，全国银行工会还组成了巡回演讲团，分赴全国各地演讲，许多省、自治区、直辖市也组成了巡回演讲团，使半数以上的职工听了演讲，受到了教育，推动了读书活动的发展。在许多青年职工中，发奋读书、渴求知识，已成为一种不可阻挡的热潮。正像有些青年职工说的那样，“现在最珍贵的是时间，最喜爱的是读书，最渴望的是提高文化、理论、业务技术水平”。之前的一些“扑克迷”“麻将迷”，也已变为“读书迷”“研究理论迷”，他们和书交上了朋友，一刻也离不开书。他们说“书是我的良师益友”“读书可以使人明智，可以给人以力量，可以治疗愚昧和无知”。这充分证明读书活动适应了时代的需要，适应了广大金融职工特别是青年职工的迫切需要。

此外，在“振兴中华”读书活动的基础上，各级工会组织从本单位的实际出发，进一步开展立志读书、自学成才活动。通过帮助职工制定自学成才规划，大力开展学业务、练技术的群众活动，使读书自学与全面提高职工素质、建设“四有”职工队伍有机地结合起来，提高了广大职工读书先立志、自学促成才，刻苦学政治、学文化、学业务、学技术的自觉性，为金融事业的发展造就了一大批人才。中国工商银行河南省汤阴县支行、哈尔滨和兴路办事处和中国农业银行山西省壶关县支行、河北省永清县支行等基层工会通过开展多层次、多渠道、多形式的自学成才和业务技术比赛活动，使各类金融人才迅速增加，到 1985 年这一比例上升到 40.3%，比 5 年前增加了 2.88 倍。在这些成才人员中，坚持业余自学成才的就有 177 人，占各类专业人才总数的 72.7%。由于职工素质的提高，不仅促进了党风行风的根本好转，而且经济效益有了大幅度提高，各项工作都创造了历史最好水平。

3. 大力开展群众性文体活动

群众文化体育活动是丰富职工业余文化体育生活、提高职工队伍素质的有效措施。工会十大以来，各级工会在开辟场所、疏通渠道、招揽人才、增加经费等方面做了大量工作，并通过改革进一步加强了文化体育设施阵地建设与群众文化体育工作队伍建设，使工会群众文化体育工作出现了日趋活跃的好势头。

在金融系统开展职工文化体育活动具有必要性和紧迫性。1983年2月，全国银鹰体育协会召开了全国部分常务理事及部分省、市银行工会体育工作者在京汇报、座谈会，其间各地银行普遍反映银行职工的体质状况并不良好，银行职业病，如视力减退、颈椎增生、神经衰弱和关节炎等患病比例较大。中国人民银行西安市分行在2100名职工中进行身体普查，发现患视力减退和其他慢性病的约占职工总数的60%。丹东市元宝区办事处统计，患病职工占总数的70%。主要原因是银行职工长期在室内伏案工作，多数职工，尤其是第一线工作的人员，整天和笔杆子、算盘子、票子打交道，缺少必要的体力活动。一些职工反映说："整天坐在柜台边，手拨算盘一二三，缺乏锻炼身体弱，头昏眼花腰又酸。"特别是随着银行系统青年职工的数量逐年增多，35岁以下青年职工占总人数的60%~70%。他们活泼好动，迫切要求参加文化体育活动，对"文化大革命"造成的死气沉沉的局面很有意见，说进了银行是"一年青，二年中，三年变老翁"。还有少数青年职工因生活单调不安心工作，有的甚至染上不良习气，成为社会上不安定因素。积极把职工体育活动开展起来，不但是势在必行，而且是摆在各级银行领导和各级银行工会、体协组织面前的一项紧迫任务。

为全面推动金融系统职工群众体育活动的开展，1983年4月全国银行工会下发《关于参加全国总工会、体委等单位举行评选表彰职工业余优秀运动队、锻炼小组，职工体育科学理论文选及"模范体育家庭"活动的通知》，通过评选和表彰方式来激发广大职工积极参与体育活动的热情。同年7月12日至8月1日，全国银行系统"银鹰杯"职工篮球赛经过郑州、张家口、承德三个赛区两个阶段的249场比赛，于8月2日圆满结束。全国银行工会主任李飞到会并作了重要讲话，他希望各省、市分、支行都能以此篮球赛作为一个新的起点，把全行的体育活动进一步开展起来，以达到增强职工体质、搞好银行工作、开创银行工作新局面的目的，为四化建设、为振兴中华而努力奋斗。1985年10月31日，国务委员兼中国人民银行行长陈慕华在北京亲切接见了参加第二届全国工人运动会的中国银鹰体育代表团。陈慕华对开展体育活动的重要意义，金融系统此后如何搞好群众性体育活动作了重要讲话。她指出，“大力开展群众性体育活动，是社会主义精神文明建设的重要内容，也是我们金融系统职工队伍建设的重要方面。我们金融系统工作人员工作的特点是常年坐板凳，尤其需要广泛开展多种多样的体育活动，来丰富干部职工的业余生活，调节精神，增强身体素质，这也是提高工作效率的重要因素”。陈慕华始终十分重视广大金融职工开展体育活动的工作，在1986年4月18日，她又一次亲切接见载誉归来的银鹰体协乒乓球运动员。①

除体育类项目外，各级工会组织在丰富广大职工文化生活方面也开展了卓有成效的活动。1984年6月，全国总工会下发《关于在职工中建立和发展各种兴趣爱好小组的决定》，要求各级工会组织要从实际出发，走群众路线，尊重群众的意愿，实行自愿参加、自由结合、自办活动、自定章法、切忌生搬硬套外单位的做法，做到少花钱多办事、不花钱也办事。在此决定精神的指导下，中国金融工会于1985年10月下发《关于建立中国金融书画协会的通知》，并起草了《中国金融书画协会章程》。该协会的建立，对于陶冶银行系统广大职工群众的情操，活跃文化生活产生了十分积极的作用。

1985年5月13日，香港银行华员会观光团来内地访问，中

① 《银行工会简报》（体育专刊），1985年10月31日。

国人民银行副行长、中国金融工会主任李飞和中国银行代行长赵秉德，在北京月坛宾馆热烈欢迎由理事长谢怀志率领的香港银行23名华员组成的观光团，李飞在欢迎典礼上致欢迎词，他强调这次是香港银行华员会的同人第一次组团来内地观光，希望之后香港银行界的同人能有更多的人来内地参观访问，这对于加深对祖国内地情况的了解，促进香港和内地银行界相互了解十分有益。

（五）加强职工生活保障工作和女职工工作

1. 提供保障服务，关心职工生活

工会十大后，各级工会都把寻求兴办职工集体福利新路、改善职工生活条件作为一项重要任务。1984年4月，全国总工会在天津召开全国小企事业单位生活福利工作经验交流会，推广天津市各级工会在党政部门支持下积极解决小企业事业单位职工的生活福利问题，因陋就简办好“三小”（小食堂、小淋浴、小厕所），改善职工劳动和生活条件的相关经验。

大力提倡为职工说话办事，积极维护职工的权益，是中国金融工会基础性、长期性工作。工会十大后，各级工会组织和广大工会干部改变作风、深入基层，积极为群众排忧解难，做了大量工作。中国人民银行印刷总公司所属企业的工会组织，自1985年以来，一共为职工办了10件好事，得到了领导和群众的普遍赞扬。中国农业银行四川南充支行工会，针对群众反映的单身汉吃饭难、业余时间娱乐难、卫生条件差等问题，积极借鉴全国总工会提出的“三小”经验，很快建立了小食堂、小浴室、小图书馆、小厕所等，群众很满意，有效调动了职工群众的劳动积极性。此外，1987年4月8日的《情况反映》刊载了中国农业银行黑龙江省依兰县支行工会用心用情为职工服务的经验，号召各级工会组织发扬“依兰精神”。中国农业银行黑龙江省依兰县支行在1983年还是一个基础很差的支行，经过三年多的努力，有了营业

大厅和基层营业室，办公室窗明几净，柜台、窗台摆满了鲜花，配有沙发、茶具、电扇、衣架、报刊等。室外树绿花香，道路、庭院平坦清洁，环境优美，建立了集体福利设施，职工吃饭难、住宿难、孩子入托难、洗澡难、学习娱乐难的问题解决了。职工们说：“现在走进单位好比进了公园，环境优美，条件舒适，工作起来再忙再累也觉得愉快。”3 年之内切切实实办的 15 件实事，使广大职工的劳动积极性空前高涨。

2. 加强女职工工作，维护女职工合法权益

1986 年，全国总工会会同卫生部、劳动人事部、全国妇联等单位，制定和颁发了新中国成立以来第一次专为女职工“五期”保护服务的《女职工保健工作暂行规定（试行草案）》。该项规定要求，女职工保健工作必须贯彻预防为主的方针，针对女性生理特点和职业特点，认真执行国家有关劳动保护和卫生的各项法规和政策。

为了加强金融系统各级工会女职工工作，充分发挥女职工工作委员会和女职工干部的作用，提高女职工素质，维护女职工合法权益，更好地团结和发动广大女职工为繁荣社会主义金融事业建功立业，1987 年 5 月中国金融工会下发《关于在全国金融系统各级工会中开展争创先进女工工作委员会和争当优秀女工干部竞赛的试行办法》，对相关竞赛组织领导、竞赛评选办法以及先进女职工工作委员会、优秀女职工干部标准等进行了系统明确。为进一步促进各级工会女职工工作经验交流，1987 年 4 月举办全国金融系统部分省、市女职工工作经验交流会，会议指出，金融系统女职工占职工队伍总数的 40% 以上，是发展金融事业的一支重要力量，是推动精神文明建设的生力军。如何发挥女职工在“两个文明”建设中的重要作用，是关系到金融事业发展的大事。会议强调，各级工会下一步应在广泛深入开展女职工工作竞赛，继续组织好女职工参加文化业务技术学习，努力办好女职工小型福

利设施等方面发力用力，进一步保障好女职工的合法权益。

三、深化改革、扩大开放、加快社会主义现代化建设中的金融工运

（一）贯彻工会十一大精神，加快全国金融工会组织建设，推进工会改革

1. 贯彻落实工会十一大精神，加快全国金融工会组织建设

（1）中国工会第十一次全国代表大会召开。

1987 年 10 月召开的中国共产党第十三次全国代表大会，是党的历史上以改革为主题的又一次重要会议。这次会议在总结党的十一届三中全会、特别是党的十二大以来经济体制和政治体制改革经验的基础上，进一步确定了此后五年经济建设、经济体制改革和政治体制改革的基本方针，要求加快和深化改革。党的十三大高度重视在改革中发挥工会等群众组织的重要作用和职能，认为工会等群众团体历来是党和政府联系工人阶级和人民群众的桥梁纽带，在社会主义民主生活中具有重要作用。要理顺党和行政组织同群众团体的关系，使各种群众团体能够按照各自的特点独立自主地开展工作，能够在维护全国人民总体利益的同时，更好地表达和维护各自所代表的群众的具体利益。党的十三大阐明了工会工作的重点和工会自身的改革方向，强调群众团体也要改革组织制度，转变活动方式，积极参与社会协商、民主管理和民主监督，把工作重点放在基层，克服“官气”和行政化倾向，赢得群众特别是基层群众的信任。党的十三大对工人阶级寄予厚望，要求全党充分发挥广大工人、农民、知识分子的积极性和创造性，必须用极大的力量，通过各种途径，加强对劳动者的职业教育和

在职继续教育，努力建设起一支素质优良、纪律严明的劳动大军。①

1988 年 10 月 5 日至 9 日，全国总工会十届六次执委扩大会议在北京举行。会议主题是贯彻党的十三届三中全会精神，为开好工会十一大做准备。会议通过关于《工会改革的基本设想》的决议和《关于〈中国工会章程〉部分条文修正案（草案）的决议》，为召开中国工会第十一次全国代表大会做了充分准备。

党的十三大和党的十三届三中全会相继召开后，党中央在治理经济环境、整顿经济秩序、全面深化改革的新形势下，赋予工会新的光荣而艰巨的任务，中国工会进入重要的历史性转变时期，即要从长期习惯于产品经济条件下的工会工作，转变为社会主义有计划商品经济条件下的工会工作；从长期在权力过分集中，党群不分甚至政群不分的旧体制下的工会工作，转变到党的领导下，分清各自的社会职能，依法独立自主地开展新体制下的工会工作；从过去思想观念、组织体制以至活动方式上存在行政化倾向的工会，转变为群众化、民主化的工会。在实现以上三个历史性转变中，现实的工会还有许多方面不能适应，这就需要工会工作者进一步解放思想，积极探索工会工作的路子，开创工会工作新局面。为解决上述问题，全国总工会召开了中国工会第十一次全国代表大会。

1988 年 10 月 22 日至 28 日，中国工会第十一次全国代表大会在北京人民大会堂召开。来自全国各地区、各部门、各民族的 1515 名代表欢聚一堂。在代表 9600 多万会员出席大会的代表中，有工会工作者 966 名，先进模范人物 165 名，科教文卫和体育工作者 148 名，一线工人 210 名。其中，中青年代表占 84.7%，女

---

① 李玉赋主编：《新编中国工人运动史（修订版）》，中国工人出版社 2020 年版，第 530—532 页。

代表占26.4%，少数民族代表占12.1%，还包括乡镇企业、“三资”企业的会员代表、归侨职工代表和台湾省籍代表，代表来自全国47个民族，表明代表具有广泛性和代表性，出席大会的还包括港澳劳动界、个体劳动者等方面的特邀代表282名。在10月22日的开幕式上，党中央、国务院向大会致祝词。祝词深刻指出中国工会十一大对于动员全国工人阶级投身全面深化改革和社会主义现代化建设伟大事业、对于推进中国工会改革的重要意义。祝词还指出，全面深化改革需要依靠和发挥工人阶级的积极性、主动性和创造精神，落实企业法关于职工参加民主管理的规定。祝词阐明了工会改革的原则和任务，指出在社会主义条件下，职工群众既有同其他社会成员共同的利益，即国家总体利益，也有自己的具体利益。之前忽视工会必须维护职工具体利益这一重要职责，给工会建设带来过不应有的消极影响。按照党的十三大精神，把以经济建设为中心，在维护全国人民总体利益的同时，更好地表达和维护职工群众的具体利益，作为我国工人运动和工会工作的一项基本指导原则，使工会更好地履行自己的社会职能。工会组织要实行群众化和民主化，克服和防止行政化倾向。

倪志福代表全国总工会十届执委会向大会作了题为《推进工会改革，团结亿万职工在全面深化改革中发挥主力军作用》的工作报告。报告分为三个部分，即工会十大以来各级工会所进行的开创性工作和所取得的成就、存在的问题及工会在全面深化改革中的方针和任务，确定了工会改革的目标、原则、方向和实施步骤。大会审议通过了倪志福的工作报告，通过了《中国工会章程》部分条文修正案、第十届执委会财务工作报告和第十届经费审查委员会工作报告，并作出相应的决议。大会选举产生全国总工会新一届执委会229人，同时选举产生新一届经费审查委员会35人。新的执委会比上届执委会少设12名正式委员，不设候补委员，体现了工会组织领导机构的改革。此届执委会中，几位正在中央和国家机关和地方担任重要领导职务的同志被选进执委会，这意味着全国总工会的领导力量得到进一步加强。

工会十一大期间还安排了16位来自基层的工会十一大代表与70多位中外记者进行了生动活泼的座谈对话。这16位代表中有工人、服务员、厂长、工程师、劳动模范，还有乡镇、中外合资企业的代表。他们就反腐败、党推荐工会的主要负责人等问题坦诚地回答了中外记者的提问。这种别开生面的活动，在新中国成立以来的全国工会代表大会上尚属首次。此外，采访这次大会的新闻单位和中外记者之多，也为历次代表大会所仅见，表明了各方面对大会的关注。

（2）加快全国金融工会组织建设。

全国总工会十届五次执委会以后，中国金融工会相继召开了各行、司工会工作部主任座谈会和8个省级金融工会主任座谈会，专题研究探讨了金融系统的工会改革问题。全国总工会十届六次执委会前，中国金融工会又在上海召开了各行、司工会工作部主任和省、自治区、直辖市金融工会主任座谈会，围绕金融系统工会改革、理顺内部关系等问题交流了情况，沟通了思想。工会十一大以后，中国金融工会本着立足现状，面对现实，坚持实事求是的原则，积极稳妥地调整了中国金融工会内部体制。将各行、司工会工作部改为工会工作委员会，为实现联合制、代表制迈出了第一步。各级人民银行、各专业行、保险公司工会工作委员会基本实现选举，成立工会委员会。各省、自治区、直辖市基本成立了金融工会，金融系统工会干部的选举制度逐步建立和完善，逐步改变了事实上存在的委派制。各基层工会委员会在换届时基本上实现了会员直接选举。

经过一段较长时间的准备酝酿工作之后，1991年5月31日，中国金融工会工作委员会向全国总工会呈报了《关于成立中国金融工会全国委员会的意见》，并于1992年3月29日成立了中国金融工会第一届全国委员会。自此，金融系统正式建立起了产业工会全国委员会，实行垂直领导体制，既体现了工会十一大提出的联合制、代表制精神，又体现了实行“以产业工会垂直领导为主，同时接受地方总工会领导”的组织原则，在金融产业工会内部发挥中国金融工会和专业行（司）工会的积极性。

1992 年 3 月 29 日，中国金融工会第一届全国委员会开幕，大会主席团由白文庆、雷更生、李月明、王占祥、陈凤元、屠建基、刘淑兰、戴凤举、王守和、林义根、吴树森等 11 人组成，大会资格审查小组由组长方国敏、成员赵景仁等 13 人组成。大会选举产生了中国金融工会第一届全国委员会委员（共计 79 名）及常委、主席、副主席。经中国金融工会第一届全国委员会第一次会议民主程序选举后，白文庆、雷更生等 11 名同志均获应到会委员选票的半数以上，当选为常委；白文庆同志当选为主席，雷更生、李月明当选为副主席。其后，根据《对〈关于建立中国金融工会全国委员会方案〉的批复》和全委会第一次会议精神，各省、自治区、直辖市、计划单列市金融工会，中国人民银行工会在已建立省级（单列市）金融工会的地方，都按照联合制、代表制的原则，在当地省级（单列市）人民银行党组和省级总工会的领导下，创造条件，将金融工会全委会建立起来；尚未建立金融工会的省（单列市），应按照中国人民银行总行党组有关文件和全委会第一次会议精神，在当地同级人民银行党组和省级总工会的领导下，尽快把金融工会建立起来，条件成熟的也可根据联合制、代表制原则建立金融工会全委会。全国总工会要求中国金融工会其他总部机关和各专业行、司继续建立和完善省、市、县基层工会组织。

2. 推进中国金融工会改革

1988 年，党的十三届三中全会确定将未来两年改革和建设的重点转移到治理经济环境和整顿经济秩序上。金融是国家经济发展建设中宏观调控的一个重要手段，在治理经济环境和整顿经济秩序的工作中，持续发挥着十分重要的作用。金融系统各级工会组织充分认识到，团结鼓励金融系统全体职工去努力完成金融战线的各项任务是一项重要职责。1989 年，党的十三届四中全会召开，对于进一步稳定全国局势，巩固党的领导，维护全党的团结和党与人民的团结有着十分重要的意义，也为全党、全军、全国各族人民继续沿着党的十一届三中全会制定的路线前进，更好地建设社会主义现代化强国指明了方向。这是党的历史发展上的一次具有深远影响的会议。7 月 4 日，中国金融工会组织学习党的十三届四中全会精神，在之后的两个月时间里，全国金融系统广大工会干部表现出了很高的政治觉悟，坚守工作岗位，认真履行职责，为稳定金融，稳定经济，恢复正常的生产和生活秩序，作出了应有的贡献。

金融系统工会以党的十三大为方针，认真贯彻执行全国总工会十届五次执委会精神，用改革总揽全局，以抓好基层建设为重点，紧密联系金融工作的实际，充分发挥各级工会组织的作用，调动广大金融系统职工社会主义劳动积极性，推动金融事业的发展。

工会改革是政治体制改革的重要组成部分。这一阶段，金融系统各级工会自身改革的重点是克服行政化的倾向，逐步实现群众化、民主化。各级工会组织在代表职工行使职权的同时，也自觉地接受群众的监督。建立定期向会员代表报告工作和听取批评建议制度。工会主要领导采取一定形式直接接受职工群众的质询，真正把工会组织的一切活动置于群众监督之下，使工会组织在代表群众方面起更大的作用，真正做到在维护全国人民总体利益的同时，更好地表达和维护金融职工的具体利益。

推进中国金融工会改革，中国金融工会切实按照全国总工会的要求，把工作重点转移到理论政策研究、参政议政、培训干部和宏观指导上来。在组织建设上，继续抓好省、市、县各级金融工会和基层工会组织的组建工作，实事求是地加强自身建设，合理设置机构，健全制度，使工会工作逐步走向规范化和制度化。在工作作风上，各级工会干部牢固树立为基层服务的思想，省分行、分公司以上的工会组织把工作的重点转向基层。针对改革中出现的新问题，有组织、有计划、有重点地对广大职工迫切需要解决的问题进行调查，积极配合有关部门努力使群众合理又能实现的要求得到逐步满足，充分调动职工群众建设社会主义的积极性。为增强基层工会活力，各级工会组织牢固树立上级为下级服务、领导为基层服务的思想，改变主要靠布置、检查、管理、指挥的运转机制，逐步转变为自下而上代表、协调、服务的新运转机制。

中国金融工会工作委员会自 1979 年恢复至 1992 年初建立全国委员会，在这 10 多年里，工会经费一直由全国总工会以拨款形式提供，每年约 8 万元，而工会大量活动受经费限制不能开展，同时由于经费紧张本应由全国委员会付款的各种会议费、表彰活动费，只好请下级行分担，或向中国人民银行总行申请补助。金融系统各行、司的金融工会还必须依靠各级行政机构按照相关规定给予必要的行政补助。各级工会组织也在政策、条件允许的范围内，积极组织职工技协，办经济实体，以增加经费来源。到 1992 年建立全国委员会后，工会组织领导体制发生了变化，成为“以产业工会领导为主”的垂直领导体制，经费管理状况已不适应新的组织管理体制，阻碍了工会活动的开展。中国金融工会全国委员会成立后，按照《中国工会章程》第十一条规定精神，省、市、县各级金融工会实行以中国金融工会领导为主，同时接受地方总工会领导的体制。为了与上述体制相适应，全国总工会同意中国金融工会全委会实行按系统管理经费，同时接受同级地方总工会检查、指导的财务体制。经费分成比例规定如下：

（1）中国金融工会系统留成80%。其中，基层工会留用比例应不少于60%，其余20%在系统如何分成，由中国金融工会全国委员会根据具体情况确定。

（2）由中国金融工会全国委员会上交全国总工会5%；由各省、自治区、直辖市金融工会上交所在的省、自治区、直辖市总工会5%；由基层工会上交所在地方总工会10%；具体手续由各省级金融工会与所在省级地方总工会商定。

（3）省金融工会原经省总工会批准在省内已实行按系统管理经费的，其经费分成比例如与上述规定不一致，原则上应改按上述规定执行。

中国金融工会全国委员会上交全国总工会的经费，全国总工会按照规定给予回拨补助。对省级金融工会的补助办法，由省级工会根据具体情况确定。中国金融工会全国委员会按照规定编制本级工会经费收支预算、决算，报送全国总工会审批，并按规定编制会计报表，按年编制本系统县级以上工会和基层工会的汇总决算，报送全国总工会。中国金融工会全国委员会按照全国总工会的有关规定，建立财务机构，配备相应的财会人员，并按照全国总工会制定的财会制度，结合实际制定具体办法，收好、管好、用好工会经费，做好工会财会工作。到1993年12月，中国金融工会及各专业行、司金融工会，根据党中央、国务院有关经济实体脱钩的规定精神，各级职工技协完成与经济实体脱钩的要求，自此，中国金融工会经费管理走向规范有序。

（二）广泛开展社会主义劳动竞赛，全面提高干部职工队伍素质

金融职工队伍发展很快，新增人员较多，业务技术素质普遍较低，不能适应金融事业发展的需要。各级金融工会组织通过组织各种政治、文化、业务技术学习，广泛开展社会主义劳动竞赛

等活动，全面提高职工队伍素质。在金融系统深入开展文明优质服务竞赛活动，是提高金融职工职业道德水平和业务技术素质的重要途径，是社会主义劳动竞赛的一项重要内容。

工会十一大号召，在社会主义现代化建设中，要大力树立和表彰先进，深入持久地开展劳动竞赛、双增双节和创建先进柜组活动。中国金融工会结合金融工作的中心任务，在全系统开展以文明优质服务为主要内容的社会主义劳动竞赛活动。这一阶段，全党都在贯彻党的十三届三中全会精神，治理经济环境、整顿经济秩序。金融部门需要做好控制货币、稳定金融的工作。金融系统劳动竞赛的指导思想服从于这个大局，围绕金融工作的中心任务开展竞赛活动，促进金融工作的发展。深入开展文明优质服务竞赛的关键是在改革内部经营管理上下功夫。中国金融工会每年年底召开金融系统文明优质服务先进单位、先进个人表彰会，总结推广经验、检验成果、树立典型。

同时，金融系统涌现出一大批自学活动先进集体和自学成才先进个人。他们在这一活动中积极工作、刻苦学习，取得了工作、学习的“双丰收”。为推广先进经验，鼓励广大金融职工“在职自学、岗位成才”，中国人民银行、中国工商银行、中国农业银行、中国银行、中国人民建设银行、中国人民保险公司以及中国金融工会联合发布《关于表彰全国金融系统职工自学成才先进集体和先进个人的通报》。1988 年 7 月 20 日，通报表彰中国人民银行广东新会支行等 57 个积极开展自学活动的先进集体和中国人民银行总行张恩华等 175 名自学成才先进个人。

1. 开展劳动竞赛，表彰先进典型

组织职工开展社会主义劳动竞赛，是工会建设职能的基本体现，中国金融工会根据全国总工会及国务院年度重点工作，每年开展不同主题的劳动竞赛。各总行、司也结合各自的工作特点，广泛开展各种形式的劳动竞赛，不仅在主要业务部门，二线和机关也开展起来了，还深入最基层。在竞赛中，各行、司都普遍把劳动竞赛同加强企业内部管理结合起来，将任务指标落在实处，项项有考核，检查有依据，衡量有标准，促进了企业管理制度化、科学化水平的提高。1991 年，国务院发出号召，要在全国各行各业开展“质量、品种、效益年”活动，按照要求，金融系统各级工会深入开展以“提高服务质量、广泛集聚资金、盘活贷款存量、挖掘资金潜力”为主要内容的劳动竞赛。同时，广泛发动群众针对金融任务的难点开展群众性合理化建议活动，特别是出现政策性亏损的单位，把发动职工提合理化建议活动抓紧抓实，努力把亏损限制在最低水平。1992 年，金融系统开展以“提供优质服务、挖掘资金潜力、提高资金效益”为主要内容的社会主义劳动竞赛，大力宣传先进人物的先进思想和经验，掀起了学赶先进活动的热潮，并在“五一”国际劳动节召开全国金融劳模代表座谈会。

表彰先进方面，1990 年 2 月 28 日，中国金融工会发出《在全国金融系统开展向潘星兰、杨大兰同志学习活动的通知》。1992 年 12 月 14 日，为了进一步宣传金融系统在学雷锋活动中的好典型、新风尚，推动全系统学雷锋活动深入、持久地发展，中国人民银行和中国金融工会联合下发报送“岗位学雷锋、行业树新风”先进事迹材料的通知。金融系统各部门、各单位在组织深入学习宣传“二兰”等英雄模范事迹的同时，大力学习和宣传杨朝泰的先进事迹，在金融系统掀起了学习英雄模范和先进典型的热潮，推动在金融系统开展的以教育、清理、整顿为主要内容的加强金融队伍建设的活动。

2. 围绕中心任务，开展社会主义劳动竞赛

为推动社会主义劳动竞赛的开展，1984 年中国金融工会对劳动竞赛办法进行改革，以“争当金融劳动模范、争创金融先进单位”的“双先”竞赛取代“双红”竞赛，同时对竞赛内容、组织方式、评比条件和方法进行修改和完善，得到各级党组、行政部门的重视和广大职工的欢迎，一大批具有改革精神的先进典型脱颖而出。之后的几年内，以文明优质服务为主要内容的社会主义劳动竞赛在金融系统已经形成了上下动员、全员参加的竞赛热潮。通过竞赛，金融行业在社会上的声誉和形象有了较大提升，职工队伍的业务技术素质有了很大提高，经济效益和社会效益“双效”取得了显著成效。在开展劳动竞赛中，中国人民银行、各专业银行、保险公司根据各自的行业特点普遍开展了业务技术比赛、达标上岗、争当技术能手等活动，极大地调动了广大职工的社会主义劳动积极性，促进了金融各项任务的完成。

3. 持续开展文明优质服务活动，大力促进金融事业发展

这一时期，以文明优质服务为主要内容的社会主义劳动竞赛不断发展壮大，表现出了强大的生命力。实践证明，文明优质服务竞赛是建设社会主义精神文明的有效方法，是提高金融职工素质的重要手段，也是提高企业经济效益和社会效益的重要措施。1988年是金融工作难忘的一年，是金融工作最难做的一年，也是经验教训最丰富、广大职工经受锻炼和考验最大的一年。面对严峻的金融形势，各级工会组织围绕金融工作的中心任务，在全系统更加广泛、深入地开展了以文明优质服务为内容的社会主义劳动竞赛，调动了职工群众的社会主义劳动积极性。在群众性社会主义劳动竞赛中，文明优质服务活动不仅由点到面，而且已由营业第一线向管理部门延伸，由重点强调服务态度转变为既强调服务态度，又强调多层次、全方位、高质量和高效率的服务，受到了各级行政领导的肯定。在开展劳动竞赛中，各级工会比较普遍地组织职工群众开展业务技术培训和比赛活动。通过这些活动的开展，金融系统已涌现出大批技术能手，有效地提高了职工的业务技术素质。

为了表彰在文明优质服务竞赛中作出贡献的先进单位和先进

个人，1988年和1991年，中国金融工会先后两次对全系统209个先进单位、1209名先进个人进行了通报表彰。1990年4月28日，中国金融工会下发关于“文明优质服务标兵”“优秀工会工作者”“优秀工会积极分子”评比条件的通知，指出为了推动金融系统以文明优质服务为主要内容的社会主义劳动竞赛的深入开展，充分调动广大工会干部和工会积极分子做好工会工作的积极性，中国金融工会将通报表彰千名“文明优质服务标兵”和千名“优秀工会工作者”“优秀工会积极分子”。1991年12月12日，中国金融工会在《关于表彰全国金融系统文明优质服务标兵的通报》中指出，1986年以来，全国金融系统广大职工在文明优质服务竞赛活动中，热情高涨，踊跃参赛，努力提高业务、技术水平，为金融事业的发展作出了新贡献，涌现出大批文明优质服务标兵。为表彰先进，树立榜样，激励广大职工为社会主义金融事业贡献力量，进一步推动文明优质服务竞赛活动的开展，中国金融工会决定对张静江等1000名同志授予“全国金融系统文明优质服务标兵”光荣称号。

4. 开展岗位培训试点工作，持续提升工会干部职工素质

根据国务院《批转〈国家教育委员会关于改革和发展成人教育的决定〉》精神，中国人民银行从1987年起开始岗位培训试点。在试点分行、院校的积极努力和各有关部门的密切配合下，试点工作取得初步成效。

根据全国总工会关于加强工会干部教育工作的有关文件精神，中国金融工会于1989年9月5日至20日，在山东泰安举办为期15天的“中国金融工会领导干部岗位培训班”，共培训省级以上金融产业工会干部42名。培训中，按照工会主席岗位规范所要求学习的课程安排了教学和必要的考核，收到了较好的效果。因金融产业各级工会干部队伍变化较大，新成分不断增加，大多来自人事、纪检、教育等部门及复转军人，他们之中大多数人未经工

会专业岗位培训，加之平时忙于日常事务工作，很难有时间坐下来较为完整、系统地学习工会理论和业务知识，此次培训让他们受益匪浅。学员们在座谈讨论中联系实际谈体会，深感对工会干部进行岗位培训的工作应尽快开展起来，以提高工会干部队伍素质，适应工会改革的要求。不少单位的工会领导边参加学习，边制订本单位的工会干部培训计划。培训达到了“办好一个班，带动一大片”的目的。

（三）整顿加强基层工会工作，建设“职工之家”，推动企业民主管理

1. 以增强基层工会活力为重点，推动“建家”活动的开展

1988 年 9 月，党的十三届三中全会确定，把未来两年的改革和建设的重点放到治理经济环境和整顿经济秩序上来。在此背景下，中国金融工会保持政治定力，积极配合党政领导，加快金融系统工会组织建设和整顿，特别是加快推进基层工会建设“职工之家”，以此开展卓有成效的职工群众工作，健康地发挥基层工会组织的“四项职能”。

当时，社会经济生活中矛盾很多，还存在着不安定的因素。金融系统各级工会根据工会十一大提出的“以经济建设为中心，在维护全国人民总体利益的同时，更好地表达和维护职工群众具体利益”原则，同有关部门配合，有计划地为群众办实事。通过“建家”活动，每年都扎扎实实地解决几个关系群众切身利益的问题。各级党组织支持和帮助工会建立健全信息渠道，使职工群众的要求和呼声能顺畅地反映上来，并督促有关部门给予合理答复，妥善解决。对工会干部因表达和维护职工合法权益，受到不公正对待，甚至遭到打击报复的，党组织及时进行干预，纠正错误做法；对工会干部工作成绩突出的予以表彰。为切实维护职工合法权益，继续贯彻五行一司 1986 年印发的《关于金融系统各级

工会组织参政议政的通知》，规定在研究制定有关重大问题时，“凡涉及职工切身利益的，应吸收工会负责人参加；凡涉及职工利益的重要问题，要制定有关方案时，应吸收工会参加，并认真听取工会的意见；基层行、公司涉及职工利益的重大问题，应通过职工代表大会讨论和审议”。

“职工之家”是职工群众身边最近的家，是为职工群众遮风挡雨、充电加油的港湾。到1990年，金融系统各级工会“建家”活动有了明显进展。据不完全统计，区县一级基层单位有75%已达到合格职工之家的标准，其中50%以上达到先进职工之家的标准、10%达到模范职工之家的标准。

在“建家”活动中，各级工会组织把工作重点放在搞好民主管理工作上，使民主管理工作取得了一定进展。金融系统基层行、社90%都建立了职工代表大会或职工大会制度，有的行地市一级的单位也已达到30%以上。中国人民银行印制总公司所辖各企业，民主管理工作已经走上制度化、科学化的轨道，各项民主管理制度完备，广大职工通过必要的民主程序，对企业的发展规划和有关切身利益的重大问题，能够充分地参与并提出意见，职工的主人翁地位得到保证。

在增强基层工会活力的工作中，各级工会组织把帮助职工群众解决具体困难作为工作重点。如中国农业银行工会狠抓“五小”设施建设，配合行政部门有计划、有步骤地逐步改变了基层行社的工作环境和生活环境。它们的实践说明，关心职工生活的工作虽然繁杂细小，但和思想政治工作相结合，就能创造团结和谐、奋发向上的工作环境，达到稳定职工队伍的目的。

女职工工作是工会工作的一个重要组成部分。经过几年的努力，女职工工作越来越受到重视。中国工商银行、中国农业银行在这方面起步较早，女职工的思想政治觉悟和业务技术素质得到显著提高。中国银行、中国人民保险公司虽然起步较晚，但发展很快，它们先后成立了全系统女职工委员会，制订了工作条例和实施细则，为女职工工作在全系统广泛开展奠定了坚实的基础。1990年，中国工商银行、中国农业银行、中国银行、中国人民保险公司都召开了女职工工作会议，进一步在本系统推动了女职工工作的开展。中国金融工会在“三八”节期间，表彰了238名优秀女职工工作者、144个先进女职工委员会，促进了女职工工作在金融系统全面开展。

工会经费的不足，在一定程度上限制了基层工会组织的活力。为了解决这一困难，各级工会组织在争得行政领导大力支持的同时，积极想办法，举办为职工服务的、不以营利为目的的工会企事业。中国工商银行、中国农业银行、中国人民保险公司、中国银行各级工会及上海市金融工会等在这方面做了大量工作，在一定程度上缓解了工会经费的困难。工会办实业问题，已逐步提到工会工作的重要日程中。

2. 实行职工代表大会制度，推动企业民主管理

民主生活的制度化，是保证工人阶级和人民群众当家做主的基础。各级工会组织根据《中共中央、国务院关于认真贯彻执行全民所有制工业企业三个条例的补充通知》和中国人民银行、中国工商银行、中国农业银行、中国银行、中国人民建设银行、中国人民保险公司党组联合印发的《关于金融系统各级工会组织参政议政的通知》精神，从实际出发，在不同层次上，推行企业民主管理条例，使民主管理逐步走向制度化。有些条件成熟的基层单位，推行会员代表大会和职工代表大会两会合一的做法，取得了非常好的效果。各基层工会采取有效措施，不断提高职工代表的素质，教育职工代表真正认识自己的地位和作用，增强当家做主的主人翁意识，了解掌握党的方针政策，熟悉本单位的经营管理情况，正确行使职权，认真履行义务。在民主管理中，各级工会组织抓住带倾向性、政策性的问题，进行调查研究，用实践经

验回答和解决民主管理中存在的问题，不断提高参政议政的能力，保证职工民主管理活动的健康发展。

1988 年 5 月 20 日，中国人民保险公司工会为加强民主管理、民主监督，保障职工的民主权利，充分发挥职工的积极性、智慧和创造力，加速保险事业的发展，根据《中华人民共和国全民所有制工业企业法》和《全民所有制工业企业职工代表大会条例》，从保险系统的实际出发，制定印发了《中国人民保险公司地（市）中心支公司职工代表大会若干规定》的通知。1989 年 8 月 18 日印发的《中共中国人民保险公司党组关于进一步加强对工会工作的领导积极推进工会改革的通知》中强调加强企业民主管理，促进企业民主政治建设的具体要求：在党组（委）的统一领导下，各级工会组织在共同利益一致的基础上，进一步密切同行政部门的协作关系。工会尊重和维护行政部门的管理、指挥权威，并带头完成各项工作任务和经济指标。行政部门也要积极支持工会参与企业的决策管理，尊重职代会的各项权益，自觉地接受群众的民主监督。各级公司召开的党组（委）会议、办公会议和工作会议，凡涉及讨论金融企业改革和发展的重大决策，都应当吸收同级工会负责人参加；凡研究制定关系职工利益的政策规定，起草和修改劳动、工资、住房、奖励基金和福利基金分配方案，都应当吸收工会代表参加；凡此后组织的全系统的业务技术比赛、“双先”评比、表彰，都应当归口到各级劳动竞赛委员会（或领导小组）统一部署。劳动竞赛的日常组织工作由劳动竞赛办公室负责。劳动竞赛办公室设在工会。

1992 年，中国金融工会在总结研究中国人民保险公司工会等各行、司试行的职代会试行办法的基础上，编制了《全国金融系统基层单位职工代表大会（职工大会）实施细则》，并经中国金融工会全国委员会讨论通过。

（四）加强职工思想教育，提高职工队伍素质

1. 加强职工思想政治工作，反对资产阶级自由化

1988 年 10 月 16 日，中国金融工会印发《关于在职工中认真学习贯彻党的十三届三中全会精神的通知》。1989 年 7 月 4 日，中国金融工会印发《关于认真学习贯彻党的十三届四中全会精神的通知》，要求各专业银行、保险公司工会工作部，各省、自治区、直辖市金融工会，计划单列市金融工会，印制公司工会组织各基层工会认真学习党的十三届三中全会、四中全会所确定的方针和政策；紧密结合职工群众对形势、物价和工资改革等问题的反映，运用形势报告会、算账对比、参观展览等各种自我教育的方法，教育职工顾全大局，正确对待改革中出现的问题。为了组织好学习、宣传工作，各级工会干部首先带头学好。各基层工会在年底前要开展一次广泛深入的形势教育，以进一步提高广大职工对形势的认识，坚定改革的信心，以实际行动为治理经济环境、整顿经济秩序作出自己的贡献。

中国金融工会扎实开展教育活动，使广大职工坚信党的领导，拥护社会主义制度，在建设社会主义事业中充分发挥工人阶级主力军作用。为发挥工会组织在职工教育中的特点和优势，中国金融工会先后召开了工会思想政治工作经验交流会和职工学习马列主义、毛泽东著作座谈会。在实践中，各级工会组织总结出不少好的经验，主要包括：围绕党的中心任务，保证金融任务的完成，是工会职工思想政治教育的基本原则；坚持解决思想问题与实际问题相结合是工会职工思想政治教育的主要方法，寓教于学，寓教于赛，寓教于乐，寓教于各种健康有益的活动中，是工会职工思想政治教育的有效形式和主要途径；培养建设一支以工会干部和积极分子为主体的骨干队伍，是工会职工思想政治教育的组织保证和必备条件。1990 年各级工会组织充分运用这些成功的经验

和方法，配合党政部门，在职工中进行了基本路线和基本国情教育，开展了学习马列主义、毛泽东思想和邓小平著作的活动，职工的理论水平和认识水平有了很大提高，职工读书自学活动也有了新的发展。“二兰”的事迹出现后，各级工会组织利用这个典范，普遍地掀起了学“二兰”，用“二兰”精神干好金融工作的热潮。中国工商银行、中国农业银行组织了英模报告团，深入基层和边远地区，为职工演讲汇报，所到之处，震动很大。职工们说，在“二兰”身上，在所有模范人物身上，无不体现出高度的职业责任心，高尚的道德品质，严格的职业纪律性和高超的职业技能水平，向他们学习，就是要不断提高自己的职业道德素质和政治觉悟，把工作做好。寓教于乐、寓教于各种健康有益的活动，是过去各级工会组织在职工思想教育工作中采取的有效形式。工行、农行和许多基层单位，组织了以宣传党的方针政策，宣传金融系统先进人物的模范事迹为主要内容的文艺会演，有的节目被中央电视台转播，农行的节目还被邀请去中南海演出。各行、司和各省（区、市）金融工会还下大力气抓本系统、本地区的体育活动，并派代表队参加了银鹰体协举办的全国金融系统篮球赛和乒乓球赛。像这种广泛发动群众参加、规模比较大的群众性文体活动是少有的，它使职工在多姿多彩的、有高度文化艺术修养的活动中陶冶了情操，增长了才干，提高了文化素质。

2. 大力开展群众性文体活动

为加强金融系统的精神文明建设，活跃和丰富广大干部、职工的文化生活，中国金融工会组织各行、司和省、地、市、县基层工会开展了形式多样的群众性文体活动。1987 年 10 月 19 日，中国金融工会工商银行工作部发布《关于中国工商银行首届美术、书法、篆刻、摄影评比情况及有关展出事宜的通知》；1988 年 1 月 19 日，由全国金融系统组成的“金融体育协会代表团”，本着向兄弟单位学习、锻炼队伍和为振兴中华服务的精神，通过层层选拔，从各金融系统选调精兵强将参加了13个项目的全国比赛。其中，足球、田径、举重、柔道四个项目38名运动员进入了决赛。尤其是男女柔道队在八个级别的比赛中获3块铜牌、4个第5名、2个第6名，一举夺得9块奖牌，为百万金融职工争得了荣誉。中国金融体育协会能参加全国高水平运动会，是国家体委支持和体育社会化的产物，也是金融系统各级领导重视和职工体育基础雄厚的结果。1989年4月18日，为反映保险战线广大干部职工投身改革、奋发向上的精神风貌，体现他们为发展保险事业不辞劳苦、积极开拓的创业精神，讴歌他们为保户笃守信誉、忠诚服务、无私奉献的良好形象，中国人民保险集团总公司工会工作部在全系统广大职工中举办了征集保险“司歌”的活动。

1989年10月4日，由中国人民保险公司系统工会承办的庆祝中华人民共和国成立40周年，庆祝中国人民保险公司成立40周年暨全国保险系统首届职工书法、绘画作品展览活动，经过紧张的筹备和认真评选，于1989年10月17日至25日在北京中国人民革命军事博物馆展出。这次共展出作品344幅，其中：领导同志题词17幅，书画名家作品106幅，保险职工作品221幅。保险职工的作品，经过名家评选，评出一等奖5名，二等奖10名，三等奖20名，优秀奖50名。这次展览，得到了部分省、自治区、直辖市、计划单列市党政领导同志和保险系统各级公司领导的大力支持，得到了保险系统各级工会和广大职工的积极响应，得到了中央文史研究馆和中国书法家协会的大力协助。

参加全国运动会，把体育作为一个窗口，以扩大影响，提高知名度，振奋职工精神，促进业务的发展和加强“两个文明”建设，是一条行之有效的途径。1992年3月4日，中国人民银行、中国工商银行、中国农业银行、中国银行、中国人民建设银行、中国人民保险公司、交通银行、中国金融工会、中国金融体育协会联合下发通知：经国务院批准，国家体委决定于1993年9月举行第七届全国运动会。中国金融体育协会常务理事会通过了成立中国金融体育协会代表团参加第七届全国运动会的决议。

(五) 加强职工生活保障工作和女职工工作

1. 提供保障服务，关心职工生活

关心职工生活，解决职工生活中的实际困难，是稳定职工队伍，充分调动职工积极性，促进金融事业发展，实现我国“八五”计划和第二步战略目标的重要方面。在新形势下，金融系统各级工会把做好职工生活工作作为新时期工会工作的重要内容，积极主动地争取党政领导的支持，协助行政部门，把职工生活福利的各项工作做细、做实、做好。

中国人民保险集团总公司的实践证明，职工生活工作已经成为保险系统各级工会工作的重要组成部分。各级工会干部认真学习中央文件，提高对做好职工生活工作的认识，把创建“五小”作为新时期工会工作的重要内容。各级工会本着稳步发展、量力而行、因地制宜、因陋就简、讲究效益、合法经营、遵纪守法的原则，积极兴办“五小”。中国金融工会规定评选全国金融系统先进单位要把职工生活工作作为重要评选条件之一，各地都认真制订搞好职工生活工作的措施，并抓紧抓好，定期检查，总结提高。借鉴全国金融系统职工生活工作现场经验交流会上肯定的经验，从“五小”抓起，突出一个“活”字，注意一个“省”字，力求一个“好”字。“活”就是不搞“一刀切”，从客观实际出发，能做什么就搞什么，条件好的可以搞“八小”“十小”，条件差的可以搞“四小”“三小”。“省”就是本着勤俭节约的精神，处处精打细算，少花钱、多办事，杜绝铺张浪费。“好”就是每建设一个“小”，都要保证质量，做到办一个成一个，切实为职工多办好事，多办实事；坚持为职工群众服务，为推进工运事业服务，为发展社会生产力服务的“三服务”宗旨，其中，为职工

群众服务是“三服务”的核心。为此，中国人民保险集团总公司工会提出了下列要求：有条件的要兴办直接服务于职工群众的设施和服务网点，要兴办为保险行业配套服务的企业，争取好的效益，实现创收，更好地为职工服务。各级工会要加强对兴办经济事业的领导，有条件的可成立“管理委员会”或“董事会”，定期检查指导。要建立和健全经济实体各项规章制度。上级工会要积极主动地，多层次、多渠道地与当地政府及有关部门沟通，解决本地区工会兴办经济事业的政策问题，保证合法经营，健康发展。经济活动政策性强，它要求从业人员素质较高，既要懂经营，又要会管理。各分公司工会要根据本地区的实际，组织基层工会，采取多种形式、多种渠道，加强对企事业从业人员的培训，特别是要加强对企业经理、财会人员和技术人员的培训，不断提高他们的管理经营水平，尽快培养一批工会兴办经济事业的专业人才。全国保险系统各级工会要认真学习和借鉴大连市分公司工会等9个单位创建“五小”和兴办经济事业的经验，结合本地实际，解放思想，振奋精神，开拓进取，努力为职工办实事、办好事，使工会真正成为职工之家，把广大职工更加紧密地团结在党的周围，为促进我国保险事业的更大发展作出新的更大的贡献。

2. 维护女职工合法权益

金融系统有一半是女职工，充分调动她们的积极性，是完成各项任务的保证。因此，各级工会都建立了女职工委员会，按规定配备同级工会副职的女工委主任，使维护女职工的合法权益和特殊利益工作落到实处。自1987年后，全国金融系统各级工会普遍开展了争创先进女职工委员会、争当优秀女职工工作干部的竞赛活动。在各级工会领导的重视与支持下，金融系统涌现出一批坚持四项基本原则、锐意改革、努力学习、勤奋工作的先进女职工委员会和优秀女职工工作干部。为了树立典型，总结和推广她们的先进事迹和经验，进一步推动争创先进女职工委员会和争当优秀女职工工作干部竞赛活动的开展，中国金融工会于1989年10月16日发出通知，通报表彰中国人民银行上海市分行等144个先进女职工委员会、陆楚玉等227名优秀女职工工作干部。

根据全国总工会关于加强工会干部岗位培训文件要求，中国金融工会于1990年8月3日至25日在长春举办了为期23天的“中国金融工会领导干部、女职工工作干部岗位培训班”，共培训地（市）级以上金融产业工会领导干部、女职工工作干部45名。学员中50岁以上8名，占学员总数的17%；40岁至50岁的24名，占学员总数的53%；40岁以下的13名，占学员总数的30%。

女职工工作在全系统不断发展，涌现出一批重视、支持女职工工作的党、政、工领导。他们认真贯彻党和国家有关方针、政策，以高度的政治责任心关心和支持女职工工作，在提高广大女职工的政治业务素质、维护女职工的合法权益、充分调动女职工的社会主义生产积极性等方面做了大量工作。1992年2月20日，中国金融工会决定通报表彰史成林等103名被评为“女职工之友”的党、政、工领导。

第七章

全面推进金融改革时期的金融工运

1992年10月12日至18日，中国共产党第十四次全国代表大会在北京召开。党的十四大明确提出的建立社会主义市场经济体制是建设中国特色社会主义理论的重要组成部分，对我国现代化建设事业具有重大而深远的意义。1993年11月，党的十四届三中全会通过《中共中央关于建立社会主义市场经济体制若干问题的决定》，明确了企业制度、市场体系、调控体系、经济体系等方面的一系列改革措施。同年12月25日，国务院发布《关于金融体制改革的决定》，提出了全面推进金融体制改革，充分发挥金融在调节国民经济和优化资源配置上的作用。1995年，多部金融法律颁布，被称为我国金融业立法元年，我国金融业法制建设取得全面进步。1998年10月19日至24日，中国工会第十三次全国代表大会在北京举行，确定了面向21世纪的工会自身建设和改革的目标、原则、要求和措施，为工会工作如何跨世纪指明了方向。

一、市场经济转型与中国金融工会面临的新形势和新任务

（一）市场经济体制转型下的金融行业

建立社会主义市场经济体制这一目标的确立，对我国经济和

金融发展产生了巨大影响。第一，市场化改革逐渐成为金融改革的大方向。邓小平提出“社会主义也可以有市场”，这为我国深化经济和金融改革奠定了思想基础，同时也为我国改革开放事业打开了新局面。专业银行商业化改革、利率市场化改革等尝试，为未来金融机构市场化水平进一步提高奠定了基础。第二，多层次的金融市场体系为实体经济发展提供了有力支撑，推动我国成为“世界工厂”。证券市场尤其是股票市场在这一时期获得很大发展，拓宽了直接融资渠道，有利于推动实体经济的发展。金融对制造业的支持力度加大，政府为制造业企业制定了贷款等融资方面的优惠政策，制造业获得极大发展。第三，金融业质量的提高为我国发展高水平经济创造了条件。我国政府采取的诸多改革措施不仅提高了金融市场的发展质量，也为未来我国银行业的健康发展奠定了基础。第四，社会主义市场经济法律体系的确立为金融业长期稳定发展打下了根基。

在市场经济转型期间，我国金融业发展具有以下特点：从金融业成长角度看，金融业增加值增速下降，低于工业，发展速度也在下降。20 世纪 90 年代初，我国投资增长过快，在总需求的拉动下，银行贷款规模持续扩大，金融市场乱贷款、乱投资等现象频繁出现。1993 年下半年，政府着手规范金融市场秩序，整顿金融市场，使得 1994 年的金融业增加值下降。到了 1997 年，亚洲金融危机爆发，我国金融市场也受到一定影响，导致 1998 年的实际贷款增速急剧下降，金融业增加值增速也下降近 4 个百分点。从货币发行角度看，经济货币化水平继续升高，1998 年更是突破 10 万亿元。从融资角度看，直接融资地位愈加重要。股票市场的发展对于促进直接融资市场的扩大起到了至关重要的作用。此外，间接融资额和直接融资额的比值也在不断减小，金融市场结构发生转变。从防范风险角度看，政府积极采取多种措施应对亚洲金融危机。亚洲金融危机使我国出口回落，外需收缩。为减少危机对我国经济的影响，促进经济发展，中国人民银行采取了以下措施：取消贷款限额管理，下调存款准备金率和存贷款利率；通过公开市场操作，投放超过 2600 亿元的基础货币等。这些措施使我国较为平稳地应对了危机，展现了我国金融业较强的风险应对能力。

20 世纪 90 年代是金融事业发展的一个非常重要的时期。根据党的十三届七中全会的要求，此后十年和“八五”计划期间，要正确发挥银行的作用，强化金融体制改革。为充分调动起广大金融职工的社会主义劳动积极性，发挥他们的主力军作用，推进我国的金融事业发展，把国民经济建设搞上去，金融系统各级工会肩负着历史的重任。在新的历史时期，新形势和新任务都要求工会更好地发挥作用，把工会工作提高到一个新水平。根据新形势、新任务，中国金融工会确定了未来五年的指导思想：坚定不移地贯彻执行党的基本路线，充分发挥各级工会组织的积极性，紧紧围绕金融工作的中心，全面履行工会四项社会职能，为繁荣和发展我国的金融事业建功立业。

（二）中国金融工会支持市场经济转型的措施

1992 年是改革分量加大、力度加大的一年，许多涉及职工利益的改革都陆续实施。各级工会通过加强有关改革的宣传教育，提高职工对改革的心理承受能力，使职工理解和支持改革。同时，各级工会加强调查研究工作，积极反映职工的意见，研究提出在改革方案实施中出现的问题和解决的办法，保证改革方案既坚决又稳妥地推行。为维护金融系统广大职工的利益，各级工会组织切实加强民主管理，抓好职工代表大会的工作，保证职工群众当家做主的主人翁地位。各级领导落实重大问题时加强与群众沟通，使职代会在深化改革、发展金融业务、职工福利等重大决策上发挥了重要作用。同时，通过民主评议领导干部，进一步密切了干群关系。各级工会组织通过加强职工代表的培训，不断提高职工参与行政管理的水平，健全职代会的各项制度，推进职代会向秩序化、网络化、经常化方面发展。各级工会通过切实为职工群众办实事，积极办好工会福利事业，为职工群众排忧解难，把党的温暖送到职工的心坎上。

1992 年 3 月 29 日召开的中国金融工会第一届全国委员会第一次会议上讨论了“八五”期间中国金融工会工作设想，主要聚焦在四个方面：一是在围绕促进金融事业的发展，深化金融体制改革开展的社会主义劳动竞赛中作出新的贡献；二是认真履行维护职能，积极加强深化民主管理，使金融系统的民主政治建设进一步得到加强；三是加强职工思想政治工作，在建设“四有”职工队伍方面取得新成就；四是加强工会自身建设，积极稳健地进行工会改革，使新时期工会工作达到新水平。中国金融工会各级干部研读会议文章，正确认识市场经济转型期间中国金融工会面临的新形势、新困难；各级部门支持并推动市场经济转型期间的金融体制改革，调动金融职工的社会主义劳动积极性，发挥职工的主力军作用，推进我国的金融事业发展，为国民经济建设奉献金融力量。

（三）积极履行中国金融工会职能

1993 年 10 月 24 日至 30 日，中国工会第十二次全国代表大会在北京召开。这次大会的主要任务是全面贯彻党的十四大精神，系统全面地总结自党的十一届三中全会以来，工人运动和工会工作的伟大实践和基本经验，决定此后一个时期工会工作的方针和主要任务。中共中央政治局常委、中央书记处书记胡锦涛代表党中央、国务院发表了《我国工人阶级的伟大使命》的祝词，高度评价中国工人阶级的历史地位和作用，指出中国工人阶级在新时期的伟大使命，强调在社会主义市场经济条件下，工会的地位和作用更加重要，工会的任务和责任更加重大，并对工会的改革和建设提出了具体要求，对工人运动的新发展具有重要指导意义。

全国总工会副主席、书记处第一书记张丁华代表全国总工会十一届执委会作了题为《团结动员全国职工发挥主力军作用，为夺取有中国特色社会主义事业的更大胜利而奋斗》的工作报告。报告指出，中国工会15年来，在理论上有新的突破，在实践上有新的创造，工作领域有新的扩展，社会作用有新的增强。但工会工作中也存在差距和不足，在发展社会主义市场经济的形势下，思想观念不完全适应客观形势的要求，对经济关系、劳动关系研究不够，多层次、多渠道参与不够；工会组织的群众化、民主化建设还有差距，需要进一步改进工作作风，密切与职工群众的关系。报告把建设有中国特色社会主义工会工作的基本经验概括为九条：一是必须自觉地接受中国共产党的领导，并在党的领导下，独立自主地开展工作，两者统一于工会工作的全过程；二是必须坚定不移地贯彻党的基本路线，关键是以经济建设为中心不动摇；三是必须坚定不移地推动党的全心全意依靠工人阶级根本方针的贯彻落实；四是必须坚持解放思想、实事求是的思想路线，不断推动工会理论和实践的发展；五是必须坚持“维护国家集体的根本利益和维护广大职工的民主权利和切身利益”的统一，全面履行工会四项社会职能；六是必须坚持与政府的合作与支持，加强对政府工作的民主参与和社会监督，成为国家政权的重要社会支柱；七是必须密切联系群众，成为中国共产党联系职工的桥梁和纽带，成为职工群众利益的重要代表者和维护者；八是必须以增强基层工会活力为中心环节，加强工会自身的改革和建设，努力实现群众化、民主化，把工会建设成为职工群众信赖的职工之家；九是必须坚持“独立自主、广泛联系”的方针，高举“和平、发展和工人权益”的旗帜，发展同各国工会和国际工会组织的交往与合作关系，善于吸取和借鉴外国工会有益的经验，增强有实质内容的交流与合作。

工会十二大提出了需要努力实现的八项主要任务：一是动员职工发扬艰苦奋斗创业精神，为国民经济上新台阶建功立业；二是依靠职工深化改革，努力推进国有企业特别是国有大中型企业转换经营机制；三是进一步扩大工会工作领域，促进乡镇、外商投资企业和私营企业的健康发展；四是加强立法参与和决策参与，依法维护职工权益；五是加强职工队伍建设，全面提高职工素质；六是统筹规划，积极稳妥地发展工会企事业；七是大力支援农业，进一步巩固新时期工农联盟；八是加强工会国际工作和对港澳台交流活动，并按照“和平统一、一国两制”的方针，进一步发展同港澳工人和工会的友好合作关系，开展同台湾劳工界和工会的合作与交流，争取和推动早日实现祖国统一。

工会十二大报告提出：“必须大大加强党在工会中的工作，使工会成为联结党和工人群众的强大纽带。必须认真实行职工代表大会制度，使它和工会都能在思想教育，企业管理和职工生活的改善中发挥重要作用。”它创造性地解决了维护全国人民的总体利益和维护职工群众的具体利益，履行工会维护职能与履行建设、参与、教育等社会职能的关系问题，是继工会十一大提出工会的四项职能后，对工会维护职能及与其他职能关系的新阐释，是工会职能理论的新发展。

对于新时期赋予工会的历史重任，中国金融工会努力开创工会工作新局面，积极研究金融政策和金融产业的劳动、休息、工资、奖励制度及劳动保护、安全生产措施等重大问题，搞好参政议政，通过与政府部门的联席会议反映职工的意见、愿望和要求，维护职工的合法权益，调动和保护广大职工建设社会主义的积极性；根据金融产业发展的需要，动员和组织职工开展具有本产业特点的劳动竞赛，表彰先进，搞好民主管理，努力完成和超额完成生产建设任务；及时掌握金融职工的思想动态，协同有关部门重点抓好职业责任、职业道德、职业纪律、职业技能教育，不断提高职工队伍素质；搞好调查研究工作，对所属地方产业工会和基层工会进行指导，做好干部培训工作；在全国总工会的统一安排下，开展中国金融工会的国际交流和友好活动。

1. 中国金融工会加强自身组织建设

中国金融工会通过不断加强工会自身建设，完善各级工会领导机关的运行机制，提高工会经费管理水平，强化中国金融工会组织建设，真正发挥产业工会的作用。

工会十二大对加强工会自身建设和改革提出明确要求。工会十二大报告指出，工会改革的中心环节是增强基层工会活力，关键是转变各级工会领导机关的运行机制和活动方式，加快工会组织群众化、民主化的进程。要求各级工会组织用建设有中国特色社会主义理论武装工会干部，加强工会领导班子建设；加强工会领导机关的改革和建设，切实为基层和职工群众服务；依靠会员群众办工会，努力增强基层工会活力；适应形势要求，进一步健全和完善工会体制；加强工运理论政策研究，不断提高工会工作水平；加强工会财务和经审工作等。中国金融工会贯彻落实工会十二大精神，要求工会干部加强学习，提高思想、政策、业务水平，以适应新时期工会工作的需要。工会干部要认真学习工会十二大文件，明确两个目标，坚定信心，联系工会工作的实际，制定开创工会工作新局面的计划。各级工会要采取多种形式，分期分批地对工会干部进行培训。要踊跃订阅《工人日报》，积极组织工会干部和广大会员阅读学习。在工作中，要深入实际，加强调查研究。工会干部，尤其是地、市以上的工会领导干部，一定要走出办公室，到群众中去了解情况。在帮助他们解决一些实际问题的同时，还要帮助解决在一个时期带有倾向性的思想认识问题。要注意发现、培养各方面的先进典型，做好后进单位和职工的转化工作。要克服靠会议、电话、文件和汇报指导工作的不良作风。各级工会组织要严格组织生活，建立健全工会工作的正常秩序和必要的制度。充分发挥工会委员会、工作委员会和工会小组以及广大工会积极分子的作用，抓好基层建设，把工会工作搞活，使工会真正成为职工之家。

金融产业工会领导体制的完善具体是指对以产业为主的垂直领导体制的完善。1992 年 3 月，经中国人民银行总行党组和全国总工会批准，中国金融工会召开第一届第一次全国委员会，确定了中国金融工会组织实行以产业工会领导为主的组织领导体制。到 1994 年底，各省、自治区、直辖市、计划单列市全部组建了金融工会，并开展了工作，地县一级金融工会的组建工作也有很大的进展，从而使中国金融工会对各银行总行（保险公司）工作委员会及各地金融产业工会的领导得到加强，形成了以常委会为核心、全委会实行集体领导决策的新格局。

各地工会组织积极响应中国人民银行总行《党组会议纪要》和中国金融工会一届二次全委会要求。以黑龙江省为例，三级金融产业工会已有 73%选举产生，按照中国金融工会《全国金融系统工会协管干部的暂行办法》和省六行二司党组《关于加强全省金融系统工会工作意见》的要求，充实和加强了工会干部队伍。到 1993 年底，全省金融系统专职工会干部 1083 人，较 1991 年增加 251 人；有 80%的工会配备同级副职工会主席；农行系统的党员工会主席绝大多数进入同级党组。同时，黑龙江省通过省、市、地金融工会和各行、司工会集中办班，以及参加上级工会和地方总工会组织的岗位培训等形式，对全省专职工会干部普遍进行了岗位培训，有 90%的工会干部持证上岗。

金融系统各级工会根据不同建会程度，采取各种方式加强工会组织建设。省市一级金融工会建立后，地（市）、县级大部分没有建立金融工会；有些行、司的工会组织没有按规定配备党政同级副职主要领导干部；有些工会组织内部机构不够健全；

有的工会组织的工作人员没有落实等。金融工会要求各级工会组织根据工作需要，建立必要的办事机构，选配干部；地（市）、县一级根据金融体制改革的发展变化和实际需要，有条件的可按规定建立金融工会组织。各级机关工会的隶属关系逐步向以产业工会领导为主、同时接受地方工会领导过渡。到1994年底，各省、自治区、直辖市、计划单列市全部组建了金融工会，并开展了工作。地县一级金融工会的组建工作也有很大的进展。1994年5月，中国人民银行党组批准中国金融工会机关新的“三定”方案，增加了机构和人员，保证了作为全国一级产业工会工作的需要。

1993年，为加强对金融系统各级工会组织及工会干部的工作指导，提高各级工会组织工会干部工作水平，给各级工会组织提供政策法律宣传、工会工作理论研究及经验交流平台，中国金融工会创办机关刊物《中国金融工运》杂志月刊，12月发创刊号，1994年1月正式发行至今。

在经费管理方面，中国金融工会不断加强管理。经全国总工会同意，中国金融工会从1993年10月1日起实行经费自行管理。各级党组织和行政积极协助工会收好经费，为工会配备懂财务、会管理的人员。各级行政在协助工会收好经费的同时，根据《工会法》规定，对各级工会经费继续给予补助。

为做好经费收缴工作，中国金融工会先后召开了财务工作会议经审工作会议以及部分省市座谈会，并采取派工作组下去督促检查、请人员进京帮助指导等方法，及时研究解决收缴经费工作中存在的问题。各总行保险总公司也多次发文，要求所属各级工会严格执行有关文件，对经费的收缴起到了积极的推动作用。中南、华东、西南、西北地区还交流了做好经费收缴工作的经验，对完成经费收缴任务起到了推动作用。为做好经费管理工作，1994年各省（区、市）都成立了经费审查委员会，配备了专门的财务工作人员，根据各省（区、市）的实际制定出具体可行的实施办法。

2. 中国金融工会四项职能发挥情况

中国金融工会的维护、建设、参与和教育四项职能的发挥是调动金融职工的积极性，维护职工合法权益的重要方式。

（1）中国金融工会切实强化维护职能，助推职工利益维护。

工会十二大重申了工会十一大关于要“更好地表达和维护职工群众的具体利益”的提法，并确定工作方针为：“适应社会主义市场经济要求，建立稳定协调的劳动关系，保障职工的主人翁地位，有利于增强企业的凝聚力和提高经济效益，是经济发展和社会稳定的重要条件。工会要代表职工加大调节劳动关系的力度，在维护职工民主权利的同时，有效地维护职工的劳动权利和物质文化利益。必须高度重视对国家和地方的立法参与和决策参与，搞好制定法律法规和重大改革方案等宏观层次上的参与和维护，使基层工会在维护职工具体利益时，有法可依，有章可循。”

针对深化国有企业改革以来出现的大量职工下岗，相当一部分职工群众生活发生困难的情况，从1992年元旦、春节开始，全国总工会组织各级工会与党政一道，开展了“进万家门、知万家情、解万家难、暖万家心”的送温暖活动，要求各级工会深入基层、困难地区、灾区和困难职工家庭进行走访慰问。1994年4月，根据形势发展和职工群众的意愿，中国金融工会又将这项开始仅在元旦、春节期间开展的活动拓展为送温暖工程，把送温暖工程与再就业工程紧密结合，协助政府和企业做好国有企业下岗职工基本生活保障和再就业工作。各级工会从过去送钱、送物拓展到“送岗位、送技能、送培训、送服务、送政策”等更加丰富的内容，普遍建立特困职工档案，建立送温暖工程基金，推广领导干部联系生活困难户制度，开展群众性互助互济活动、职业培训和职业介绍工作，帮助困难企业扭亏增盈，推动这项工作向经常化、制度化、社会化的方向发展，并努力推动其与完善社会保障制度相结合。

为增强工会经济实力、解决职工的生活困难、稳定职工队伍，根据工会十二大的方针和具体要求，1994 年，中国金融工会各级工会组织创办了一些经济实体，根据工会十二大的精神和《工会法》《中国工会章程》的有关规定，工会办的经济实体要继续办好；工会办实体必须按照党中央和全国总工会、中国人民银行总行有关规定执行；工会领导不得在经济实体中担任企业法人和兼职；不能用信贷资金兴办实体，已经注入的信贷资金应限期清理收回；必须严格按照国家的法令、政策办事，实行独立核算、自负盈亏、自主经营、照章纳税，自觉接受工商行政和税务部门的监督检查，使工会兴办的企事业得到健康的发展。

（2）中国金融工会积极履行建设职能，以竞赛提升职工素质。

中国金融工会开展各种形式的竞赛活动和“双先”评比工作，调动广大职工的积极性和创造性。各级工会在深入开创“双先”竞赛的基础上，针对金融工作中出现的难点问题，开展攻关竞赛。各家银行工会针对经济危困，企业存款不稳、储蓄存款增幅下降的问题，普遍开展了“揽存状元”“吸储标兵”等竞赛活动，在金融系统掀起了群众性的揽存吸储热潮，使银行的各项存款稳步上升，不仅顺利地渡过了“保付难关”，还增加了支持经济发展的资金投入。此外，各行、司工会还普遍开展了以“四职三优”为主要内容的“优质服务”竞赛，提高了全系统的文明优质服务水平。中国金融工会还全面推行目标管理责任制，严格考核，促进了各项金融工作任务的全面完成。

1994 年，各级金融系统工会组织围绕改革和金融工作开展各项业务竞赛活动的效果尤为显著：中国银行工会在总行党组直接领导和支持下，会同行政，由行长挂帅，抽调 27 名处以上干部，组织11个工作组对所属274个行、处文明优质服务进行检查，使该行坚持8年的活动向纵深发展；中国建设银行为配合全行筹资活动，发出倡议书，开展“比一比，看一看，我为建行增存吸储做贡献”活动；北京、河北等金融工会组织开展的业务技术比赛，得到各级党政的大力支持，有效地促进了劳动者素质的提高，保证各项工作任务的完成，同时也增强了各行、司之间的业务技术交流和同行业之间的友谊，扩大了社会影响。

（3）中国金融工会着力发挥参与职能，树立职工主人翁意识。

金融体制改革成功与否，取决于广大金融职工的积极性和参与程度。改革越深入，越要加强金融系统的民主与政治建设。职代会是职工参与的重要方式，职工生活重大问题的解决都要通过职代会作出相应的决定。中国金融工会要求金融系统各单位，特别是基层单位建立职代会制度，形成具有金融行业特点的民主管理格局，保证中央方针政策在金融系统的贯彻落实。如各级工会在职工生活方面着重抓好职工食堂、洗澡、哺乳、托幼等职工集体福利事业的建设和服务，以及民主分房；监督和使用好福利费；对个别生活确实有困难的职工，给予适当的补助；重视和开展好职工中的互助活动；切实做好女职工的“五期”保护工作。

各金融部门根据中国金融工会下发的《全国金融系统基层单位职工代表大会实施细则》，普遍建立了职代会制度，并在落实职代会各项职权、提高职代会质量上下功夫。以黑龙江省为例，根据对黑龙江省金融系统独立核算单位统计，到1993年底黑龙江省已有89%的基层单位建立了职代会制度，工行、农行等系统已达到94%以上。一些地市人民银行与专业行、司也建立了职代会制度，有些还把职代会的范围延伸到全系统。通过职代会，广大职工直接参政议政，参与管理，维护了职工的合法权益；通过对领导干部的评议和监督，既增强了广大职工的主人翁责任感，又提高了各行、司的经营管理水平。

（4）中国金融工会认真履行教育职能，加强职工思想政治教育。

在加强政治理论学习方面，各级工会组织结合形势认真组织广大会员传达学习工会十二大文件。结合干部职工的思想和金融工作的实际，重点学习《邓小平文选》第三卷和中央领导同志在工会十二大上的讲话和祝词、《中共中央关于建立社会主义市场经济体制若干问题的决定》，用建设有中国特色社会主义理论武装各级工会干部和广大职工，坚定信念，坚持党的基本路线不动摇，坚定不移地贯彻执行党的改革开放的路线、方针、政策。通过贯彻工会十二大精神，推动金融系统的工会工作，更好地完成各项金融工作任务。

在提高职工的政治素质方面，开展思想政治教育。一是开展社会主义市场经济系统教育。各级工会配合党政举办“适应市场经济转换脑筋”学习班和党的十四大精神专题讲座，使职工受教育面达80%以上；有些行还组织开展了市场经济知识问答、学习党的十四大精神知识竞赛、学《邓小平文选》心得交流会等活动。二是结合整顿金融秩序严肃金融纪律和反腐败斗争，在全系统开展法纪教育、理想和职业道德教育。黑龙江省金融工会组织职工观看《中国第一大案》《沉钟》等影视教育片，组织了以“讲理想、讲美德、讲奉献、守纪律”为内容的先进事迹报告会。三是重点落实金融文化建设，陶冶了金融职工的情操。各级金融部门的工会，普遍利用节假日组织广大职工开展各种有教育意义的活动：庆“五一”国际劳动节，交行举办了“交行在我心中”演讲活动；庆“六一”国际儿童节，建行举办了“独生子女教育研讨会”；庆“七一”建党节、庆“十一”国庆节和纪念毛泽东100周年诞辰，各行、司都组织广大职工大唱革命歌曲，举办毛泽东生平图片展，开展忆传统、展未来、歌颂党的研讨会、诗歌朗诵会、座谈会等各种纪念活动，激发了广大职工爱党、爱国的热情；元旦、春节前，利用茶话会、联欢会、座谈会等形式，对广大职工进行生动活泼的政治教育。通过开展自学成才活动，引导和鼓励职工不断提高科学文化素质，通过开展岗位培训、岗位练兵、达标升级和组织各层次业务技术比赛等形式，提高了广大职工的业务技术水平；通过培养选拔自学成才和业务技术拔尖人才，总结推广典型经验促进职工业务素质全面提高。到1993年底，通过上述工作，金融系统已有29.6%的职工获大专以上文凭，60%的职工达到省定的各级业务技术等级标准，4342名职工被评为省以上业务技术能手，23.6%的职工获中级以上业务技术职务。金融职工队伍的文化结构、业务技术结构得到了优化。

除了职工思想政治教育，中国金融工会还关心职工生活，组织开展丰富多彩的文体活动。1994年，中国金融工会在全系统组织了“金韵征歌大赛”活动。同年是中国建设银行建行40周年、中国人民保险公司成立45周年，中国建设银行、中国人民保险公司都结合庆祝新中国成立45周年在本系统开展了大规模的庆祝活动，鼓舞广大职工为改革做贡献。各行、司工会还在全系统组织了体育舞蹈、球类、棋类、桥牌、文艺调演和书法、绘画、摄影、有奖征文等项活动。

二、金融业法制建设取得重大进步时期的金融工运

1995年可谓是我国“金融立法年”。为保证国家货币政策的正确制定和执行，保持币值的基本稳定，加强金融监管，维护金融体系安全有效地运转，为国家经济协调、稳步、健康发展创造一个良好的金融环境，全国人大及其常务委员会先后颁布了“五法”“一决定”，即《中国人民银行法》《商业银行法》《保险法》《票据法》《担保法》和《全国人大常委会关于惩治破坏金融秩序

犯罪的决定》，1998 年全国人大常委会通过了《证券法》，对证券市场的基本原则、证券发行和交易、证券市场监管体制等基本问题作出了规定，奠定了我国证券市场发展的制度基础，在较短的时间内搭建起了我国金融法律规范的基本框架。这充分体现了我国社会主义立法体制集中高效的优越性，各级工会组织以贯彻《劳动法》为契机开展各项工作。

（一）以贯彻《劳动法》为契机维护金融职工合法权益

随着社会主义市场经济体制的建立，我国经济进入了高速发展的阶段。到 1995 年，我国经济已提前实现原定 2000 年比 1980 年翻两番的目标。与经济高速发展和经济体制深刻转变相伴生，社会利益格局和利益关系发生了深刻的变化。如何适应形势发展的需要、制定正确的工作方针和具体方略、科学调整复杂的劳动关系、切实维护职工群众的合法权益，是工会面临的突出任务。

为保护劳动者的合法权益、调整劳动关系、建立和维护适应社会主义市场经济的劳动制度，1994 年 7 月 5 日，第八届全国人民代表大会常务委员会第八次会议通过了《中华人民共和国劳动法》，并自 1995 年 1 月 1 日起施行。《劳动法》打破了所有制界限，建立了公平的市场竞争规则，保证了劳动力在市场中通畅、有效运行；同时也肯定了劳动体制改革的成果，强有力地促进了现代企业制度的建立。《劳动法》的颁布实施为在构建与发展社会主义市场经济的新形势下工会发挥维护职能提供了法律依据，确立了维护尺度，明晰了维护的程序和维护的手段，标志着工会的维护职能已由单纯依靠党的方针政策转变为在党的方针政策指引下主要以劳动法律为依据。

以《劳动法》颁布为契机，各级工会组织加强立法参与和源头参与，加大依法维权的力度。全国总工会积极参与了《劳动法》《公司法》等市场经济基本法律以及与《劳动法》配套的三十多项法律法规的起草和修改工作，提出了制定集体合同法等立法建议和众多法律法规的研究制定，与有关方面联合发布了三十多份维护职工权益方面的文件，促进了许多涉及职工切身利益的重要问题的解决。针对外商投资企业、私营企业、乡镇企业维护职工群众切身利益的力量相对薄弱的情况，工会顺应客观实际提出新要求，适时调整工作方向，开拓新的领域，在外商投资企业、私营企业和乡镇企业中着力组建工会组织，维护职工群众的切身利益。针对深化企业改革过程中下岗职工数量增加，就业矛盾十分突出的情况，全国总工会和各级工会加大工作力度，以多种形式、多种渠道协助政府做好下岗职工分流安置工作。

1994 年 12 月召开的全国总工会十二届二次执委会议审议通过了《全国总工会关于贯彻实施〈劳动法〉的决定》，提出“以贯彻实施《劳动法》为契机和突破口，带动工会各项工作，推动自身建设和改革，努力把工会工作提高到一个新水平，在改革、发展、稳定中更好地发挥作用”，这一要求后来被概括为“工会工作总体思路”。金融系统各级工会组织都把加强民主管理工作作为工会发挥维护职能、体现建设作用的根本途径。基层大部分单位都建立了职工代表大会制度，并坚持每年定期召开会议。工作中注重职代会的质量，认真落实职代会的各项权利，真正为职工说话办事，有效地维护了职工群众的各项合法权益。与此同时，工会积极为基层的经营运作献计献策，将职工群众的眼前利益和具体利益与单位发展的长远大计相结合。

（二）加强中国金融工会组织建设

1. 中国金融工会加强自身组织建设，完善体制改革

在社会主义市场经济发展的重要时期，中国金融工会在基层工会组织建设、各级工会组织机构健全、基层工会人员覆盖等方面不断加大力度，对工会组织结构建设给予充分重视。1995 年 2

月 10 日，中国金融工会一届四次全体委员会议召开，会议总结了 1994 年中国金融工会的工作，按照全国总工会十二届二次执委会议和全国金融工作会议的精神，提出了 1995 年的工作指导思想和工作任务，中国金融工会主席白文庆作工作报告，全国总工会副主席方嘉德到会讲话。同年 2 月，中国金融工会一届十二次常委会批准了中国农业发展银行成立工会组织，并吸收加入中国金融工会。为更好地指导基层组织建设工作，同年 3 月，中国金融工会派出工作组到湖南进行基层工会组织建设调查，为加强基层和地、市、县级金融工会的组织建设提供了借鉴。

从 1995 年下半年开始，随着金融体制改革的逐步深入，一些单位出现了撤并基层工会组织的苗头和倾向。为确保在金融体制改革中工会的组织基础不被动摇，工会的各项工作能够正常开展，中国金融工会加大了在宏观决策和“源头”上的参与力度。在广泛深入调查的基础上，起草《关于在深化金融体制改革中加强工会工作的意见》，强调在金融体制改革中要坚决保证各级工会组织机构健全，意见于 5 月下旬报送中国人民银行党组。党组于 7 月加“按语”向全国金融系统各单位批转。文件下发后，撤并工会组织的苗头和倾向得到有效遏制。

在金融体制改革日益深入，金融机构分设、变动较大的情况下，各级工会组织和工会干部通过努力，保证了各级工会组织的健全。1996 年我国经营性外（合）资银行、金融机构已达 153 家，其中上海、天津、深圳、广州、厦门、大连六城市均在 10 家以上。中国金融工会于 1996 年 11 月 15 日至 16 日在上海组织上述六城市的金融工会主席（主任）或主管领导，就外资银行、金融机构建立工会组织问题进行座谈。会上，上海市外资银行工会工作委员会的主管领导详细介绍了工作委员会成立 8 年来，依法进行外资银行工会组织的组建和开展工会工作的经验以及实地考察法国东方汇理银行上海分行的工会工作情况，为在全国金融系统中依法开展外资银行、金融机构的工会组建工作提供了经验和依据。1996 年 2 月 18 日至 20 日，中国金融工会在江苏太仓召开一届五次全委会议。会议根据全国总工会十二届三次执委会议和全国金融工作会议精神，结合金融系统工会工作的实际确定 1996 年的工作思路和工作重点，强调了在突出维护职能的同时，重点抓好职工思想教育、文明优质服务竞赛活动和在金融体制改革中保证各级工会组织健全等项工作。中国金融工会主席白文庆作工作报告，全国总工会副主席方嘉德到会并讲话。

1997 年，是中国金融业继续深化改革发展的一年。按照“控总量、调结构、防风险、抓队伍”的工作方针，我国金融业继续坚持实行适度从紧的货币政策，有效地保证了国民经济在高增长、低通胀的轨道上运行。中国金融工会坚持围绕金融工作中心，坚持贯彻新时期工会工作总体思路，按照全国金融工作会议和全国总工会十二届四次执委会确定的工作任务和要求，结合工会自身实际，狠抓各项工作的落实，在大局中充分发挥工会组织的作用。同年 5 月，中国金融工会召开了全国金融系统工会组织工作会议。会议总结了自 1992 年成立全委会以来的工会组织工作，研究探讨了下一阶段的工作重点。同时，会议还重点研究探讨了关于在金融体制改革中，如何保证各级工会组织建设不受削弱。会议形成了《在金融体制改革中坚决保证各级工会组织建设不受削弱》这一工作意见。

1998 年 2 月 23 日至 25 日，中国金融工会在云南昆明召开二届一次全委会议。会议回顾总结了一届全委会的工作，结合金融改革和新时期工会工作部署了新一届全委会的工作。会议选举了中国金融工会新一届常委、主席。中国人民银行行长助理唐运祥当选为主席。全国总工会副主席方嘉德到会并讲话。

2. 中国金融工会加大干部培训力度，提高工会干部工作水平

中国金融工会通过加强职工干部的教育和培训，有效地提高了职工队伍的整体素质。1995 年，中国金融工会重新核对了金融系统的职工人数和工资状况，举办了第二期工会财务干部培训班和工会财务工作经验交流会。通过努力，按计划顺利完成了各阶段工会经费的收缴和上解全国总工会的任务，中国金融工会财务部被全国总工会评为财务工作先进单位。1997 年，针对新形势，中国金融工会对工会干部的培训内容提高了劳动关系相关法律和市场经济的培训比重，努力提高工会干部适应市场经济的工作素质，提高工作水平。一年下来，省以上各级工会共举办培训班 52 期，培训工会干部 2200 人。

（三）中国金融工会四项社会职能发挥情况

1. 中国金融工会发挥维护职能，维护职工合法权益

建立社会主义市场经济体制对工会提出了许多新要求，其中维护职工合法利益是重要工作。比如，做好国有企业特别是国有大中型企业经营机制的转换，直接涉及职工群众的切身利益，工会必须做复杂艰巨的工作；深化改革和扩大开放，使劳动关系由国家与职工的关系逐步转变为企业与职工的关系，并向市场化、契约化的方向发展，国家、企业、职工三者利益关系日益清晰，工会作为职工利益代表者的身份更加明确，工会代表职工调节劳动关系、维护职工合法权益的任务空前突出；发展市场经济要依法规范政府、企业、职工等各方面的行为，强化监督和制约机制，要求工会加大参与立法、制定政策和执法监督的力度，等等。所有这些深刻变化，都要求工会组织必须顺应改革的历史趋势，转变既有的思维方式和工作方法，创新工作思路和方式，实现自身的转型乃至“蜕变”。1995 年 11 月 9 日，全国总工会下发《关于加强现代企业制度试点企业工会工作和职工民主管理的若干意见》，以适应建立社会主义市场经济体制和现代企业制度的需要。

开展平等协商、签订集体合同是工会贯彻实施劳动法、维护

职工合法权益的“牛鼻子”。按照要求，中国金融工会以贯彻实施劳动法为契机和突破口，运用劳动法赋予工会权利和手段，认真把握“六个环节”：一是签订集体合同必须依法经过平等协商（集体谈判）；二是集体合同的内容必须依法突出本企业劳动关系的主要问题，并力求量化；三是集体合同草案必须提交职工（代表）大会讨论通过；四是职工劳动合同必须用集体合同规范，其标准不得低于集体合同；五是集体合同的实施必须依法进行检查监督，发现问题及时协商解决；六是集体合同的续签，必须提交职工（代表）大会讨论通过。工会积极推动平等协商和集体合同制度的建立和拓展，开展劳动争议调解和参与劳动争议仲裁，努力促进改善职工劳动条件、生产环境，落实职工的知情权、协商权和监督权。

中国金融工会不断增强对女职工劳动权益的关注。1995 年 2 月，中国金融工会女职工委员会成立，并于 4 月 16 日在陕西西安召开了一届一次会议，提出了此后一个时期金融系统女职工工作任务，有助于进一步发挥出女职工在经济建设中的“半边天”作用。

中国金融工会贯彻执行全国总工会十二届三次执委会议和全国金融工作会议确定的各项工作目标和工作方针，紧密围绕金融工作中心，适应发展社会主义市场经济过程中劳动关系的深刻变化，切实履行自身维护职能。1995 年 8 月，中国金融工会组织了慰问团，由主席白文庆带队，赴甘肃、新疆慰问了基层贫困职工；同年 9 月 20 日，中国金融工会在山东青岛工商银行召开金融系统职工生活现场经验交流会，总结交流搞好基层职工生活的经验。1997 年 8 月，中国金融工会有关职能部门与部分商业银行的同志一道，就金融系统劳动关系的现状及变化发展趋势进行座谈调查。调查中，认真了解、分析我国银行、保险业及其他一些金融机构的商业化发展趋势，探讨由此带来的金融系统人事、劳动用工制度的变化情况，并作为下一步中国金融工会的一项工作重点，提交二届全委会讨论研究，借以提出金融系统新形势下履行维护职能的具体意见。

1995 年，为指导、服务基层经常化、制度化，各省级以上的工会主要领导和机关单位建立了定点联系单位，经常深入下去调查研究解决实际问题。截至年底，省以上各级工会领导和机关共完成调研课题 40 余个、调研报告 30 余篇。同时，中国金融工会还坚持每年元旦、春节前后的慰问基层、送温暖活动。1997 年 1 月和 1998 年 1 月，中国金融工会组织慰问团先后赴山西、陕西、河北、内蒙古等省（自治区）慰问困难职工，受到广大金融职工的欢迎。金融系统各级工会也按照中国金融工会全委会的部署，积极开展送温暖活动，想方设法为困难职工排忧解难，为维护改革开放稳定的大局作出了贡献。

2. 中国金融工会发挥建设职能，组织开展各类竞赛活动

1995 年，中国金融工会部署开展金融系统 1995 年度全国金融劳动模范、全国金融先进集体评选表彰工作（简称金融系统“双先”评比）。中国工商银行济南市分行是金融系统开展文明优质服务竞赛活动中涌现出的典型代表，因率先推行使用文明用语和不说服务忌语而在全国服务行业引起较大反响。1996 年，中国人民银行党组决定，在全国金融系统中开展“讲政治、讲改革、讲法纪、讲效益，提高服务水平”的“四讲一服务”活动。金融系统各级工会充分发挥自身的优势，与各级行政密切配合，积极组织动员广大职工投身“四讲一服务”活动之中。许多基层单位推出了服务承诺制、限时服务和各种适应实际工作需要的服务规范，为金融行业赢得了新的经济效益和良好的社会效益。

1995 年 2 月，中国金融工会一届四次全委会议讨论通过了《全国金融系统基层建设“职工之家”活动的暂行办法》。该办法具体规范了金融系统基层工会开展“建家”活动的方针、应遵循

的原则及实施步骤，并明确了考核验收的标准，使金融系统工会的基层建设走上了制度化、规范化的轨道。在基层开展“建家”活动中，各级工会以“建家”活动带动建设“职工小家”，关心基层职工的物质文化生活，使工会组织在服务一线业务工作、保障职工生活等方面发挥了显著作用。为进一步推动“建家”活动的开展，同年7月25日，中国金融工会在中国人民银行黑龙江省安达市分行召开了全国金融系统建设“职工之家”经验交流会，并实地考察了安达市分行开展“建家”活动的情况。

1996年是金融系统自行组织“建家”评比验收的第一年。各级工会着眼基层全面工作，制定了“建家”评比验收标准。1997年，中国金融工会首次在本系统评选模范职工之家。各基层工会组织注重全面落实“建家”标准，基层党政领导也将其视为一项检验基层全面建设的重要工作。通过自下而上的推荐和反复的抽查、复查，共表彰金融系统模范职工之家314个。1998年初，中国金融工会表彰了全国金融系统模范职工之家。同时，进一步加强对各基层单位“建家”工作的指导，带动基层全面工作的开展。全国金融系统有7个基层工会委员会、13个基层工会小组被全国总工会命名为全国模范职工之家和全国模范职工小家。中国金融工会还组织了“建家”理论征文活动，总结提高“建家”成果。

中国金融工会通过多种形式充分调动女职工的工作积极性，促进了中心工作的完成。1996年金融系统有女职工80万人，占职工总数的40%，其中80%的女职工工作在金融业务的第一线。中国金融工会女职工委员会组织全系统女职工开展了“学先进、比贡献、立足本职建新功”的竞赛活动，在全国金融系统中引起很大反响。中国金融工会女职工委员会于11月召开经验交流会，并部署1997年初开展的先进女职工、先进女职工工作者、先进女职工委员会（女职工小组）的评比表彰工作。

1997 年，各银行、保险公司和省以下各级金融工会共组织竞赛活动 3500 余次，提出合理化建议 1300 余项，命名表彰各类技术能手 18800 余人。1997 年 1 月，中国人民银行和中国金融工会命名表彰了 13 名全国金融系统优秀职工，组织优秀事迹报告会，联合发出了向 13 名优秀职工学习的决定。同年 10 月，中国人民银行、中国金融工会还会同劳动部、共青团中央等单位，在广西北海组织全国金融系统青年岗位能手技术大赛，共有 184 名选手参加，推动了金融系统的双文明建设。

3. 中国金融工会发挥参与职能，加强系统内民主管理工作

1995 年 11 月 22 日，中国金融工会在浙江宁波召开职工民主管理工作研讨会。会议就金融系统基层民主管理工作进行了总结、研讨，进一步明确了民主管理工作在金融体制改革中的重要地位和作用，并提出了此后一段时期金融系统民主管理工作总的设想和思路。

1997 年 6 月，中国金融工会派出了工作组赴湖北、江西深入基层，就金融系统加强民主管理工作，落实全心全意依靠工人阶级根本方针问题进行专题调查。重点就民主管理工作落实的难点问题进行座谈。通过调查，进一步摸清了基层民主管理工作的现状、存在的主要问题及应采取的对策。对调查发现的问题，相应修改和完善了有关民主管理制度，下发基层单位执行。同时，对执行情况进一步调查跟踪。基层工会民主管理水平也有显著提高。1998 年，中国建设银行所属基层工会，通过职代会对群众关心的热点问题，如用车、分房、提干、放贷等进行监督，增加了管理的透明度；同时，还通过职代会构筑全员防范金融风险网络，收到很好效果。

4. 中国金融工会履行教育职能，提升职工综合素质

中国金融工会各级组织开展了各种类型的文化体育活动。1995 年 1 月 23 日至 2 月 2 日，中国金融体育协会农行乒乓球队赴

伊朗参加“曙光旬”国际乒乓球比赛，在参赛的6个国家的9个队中，乒乓球队获团体、双打冠军和单打亚军及并列第三名。6月3日至9日，韩国韩一银行乒乓球队一行14人应邀来访，在北京、上海等地与中国金融体育协会乒乓球队进行了三场友谊比赛。6月19日至7月2日，中国金融体育协会组队赴澳大利亚访问。7月15日至23日，中国金融体育协会应邀对日本进行友好访问。同年，中国金融工会组织了全系统的桥牌、国际标准舞、交谊舞比赛，推荐作品参加了全国工人业余书法、摄影、绘画比赛并获奖。

1996年7月，中国人民银行和中国金融工会联合发文，表彰了全国金融系统404名劳动模范和310个先进单位。11月，中国金融工会在深圳召开部分受表彰劳模的座谈会。各级工会通过表彰活动，宣扬了一批有影响的先进典型。12月，为贯彻党的十四届六中全会精神，进一步搞好金融系统的精神文明建设，中国金融工会又组织了13位事迹突出的劳模在北京举行事迹报告会，并在全国金融系统中宣扬了他们的事迹。

1996年，中国金融工会通过狠抓职工教育，职工的思想业务技术素质得到全面提高，进一步增强了市场经济条件下的竞争意识和竞争能力；通过学习济南工行文明优质服务的经验，金融行业两个文明建设的窗口示范效应进一步显现。同年，金融系统派出了由88人组成的中国金融体育协会代表团参加第三届工运会，参与乒乓球、门球、大众体育、田径、游泳、桥牌、健美操和象棋共8个项目的比赛。经过共同努力，在有30个省、自治区、直辖市25个行业共7000多名运动员参加的各项比赛中，中国金融体育协会代表团共获金牌2枚，银牌6枚，铜牌4枚及其他奖牌39枚，获奖90人次，30人获“体育道德风尚奖”，与上两届工运会相比有了较大突破，获得了竞赛成绩与精神文明的双丰收。1997年10月，中国银行的庆祝党的十五大专题文艺演出、中国人民银行北京市分行与中央电视台联合举办的北京市金融系统文明优质服务专题文艺晚会等，都通过广播、电视媒体在较大范围内展现了金融职工队伍的良好风貌。

中国金融工会通过开展理论读书活动和采取理论知识竞赛等手段，组织职工进行政治理论学习，用科学的理论武装广大职工，教育引导职工树立高尚的追求，努力在金融业务中自觉抵制不良思想的侵蚀。同时，中国金融工会还注意用模范人物的高尚情操影响、带动职工队伍形成良好风气。为此，1997 年，中国金融工会拍摄了金融职工模范先进人物的录像资料，整理编印了他们的事迹汇编，下发基层进行学习。

中国金融工会对先进个人与集体进行总结表彰，肯定个人及各单位的劳动成果。1998 年 9 月 27 日至 28 日，为推动全心全意依靠工人阶级根本方针在金融系统的贯彻落实，中国金融工会总结表彰了中国人民银行山西省太谷县支行等 10 个全心全意依靠职工办金融的先进单位。表彰会上宣读了中央金融工委、中国人民银行、中国金融工会对 10 家先进单位的表彰决定，中国金融工会主席唐运祥、中央金融工委群工部部长王松鹤、全国总工会副主席方嘉德出席讲话并为先进单位颁奖。同年，中国金融工会总结宣传了饶才富的先进事迹。饶才富是福建省龙岩市新罗区红坊镇农行营业所主任，十几年来，他经手 3000 余笔贷款，涉及金额 2. 2 亿元，无一笔呆账、坏账。饶才富的先进事迹受到时任国务院副总理温家宝及中央金融工委的重视和肯定。

三、贯彻工会十三大精神，履行中国金融工会职责

1998 年 10 月 19 日至 24 日，中国工会第十三次全国代表大会在北京举行。出席大会的代表共 1859 人，其中特邀代表 207 人，代表全国各条战线的 8913 万名工会会员。列席大会人员 24 人，港澳来宾 25 人。这是 20 世纪全国总工会召开的最后一次全国代

表大会，是中国工运史上承前启后、继往开来的一次盛会，确定了面向21世纪的工会自身建设和改革的目标、原则、要求和措施，为工会工作如何跨世纪指明了方向。大会的主题是：高举邓小平理论伟大旗帜，团结动员各族职工为实现我国跨世纪宏伟目标而奋斗。江泽民、李鹏、朱镕基、李瑞环、胡锦涛、尉健行、李岚清等党和国家领导人出席大会并会见大会代表。大会由尉健行主持。

中共中央政治局常委、中央书记处书记、国家副主席胡锦涛代表党中央发表了题为《工人阶级要为实现我国跨世纪发展的宏伟目标不懈奋斗》的祝词。祝词充分肯定了工会组织为实现党在不同时期的历史任务，推动中国工人运动发展作出的重要贡献，要求各级工会把自觉接受党的领导与独立自主地开展工作统一起来，把维护全国人民总体利益与维护职工具体利益统一起来，把继承工会工作优良传统与在实践中勇于创新统一起来。强调工会必须全面履行维护、建设、参与、教育等各项社会职能，要针对社会主义市场经济条件下劳动关系出现的新变化，更好地代表和维护职工的具体利益，切实把维护职工合法权益放到突出位置，使工会真正成为“职工之家”。共青团中央第一书记周强代表中国共产主义青年团等8个群众团体，解放军总政治部副主任周子玉代表解放军和武警部队，分别向大会致了贺词。全国总工会副主席、书记处第一书记张丁华代表全国总工会十二届执委会作了题为《高举邓小平理论伟大旗帜，团结动员各族职工为实现我国跨世纪宏伟目标而奋斗》的工作报告。会议以书面报告的形式提出了《中国工会章程（修正案）》《全国总工会第十二届执委会财务工作报告》《全国总工会第十二届经费审查委员会工作报告》，提请代表们审议。

这一时期，法制建设也在不断深入。2001年通过《信托法》，促进了信托市场的健康规范发展。国务院陆续制定发布了《外汇管理暂行条例》（1996 年）、《期货交易管理暂行条例》（1999 年）、《人民币管理条例》（2000 年）、《外资保险公司管理条例》（2001 年），标志着我国金融法律制度框架进一步完善。

（一）工会十三大精神及其对工会工作的要求

全国总工会副主席、书记处第一书记张丁华代表全国总工会十二届执委会作了题为《高举邓小平理论伟大旗帜，团结动员各族职工为实现我国跨世纪宏伟目标而奋斗》的工作报告。报告提出，此后五年工会工作的主要任务是：团结和动员广大职工为深化改革、促进发展、维护稳定、实现“九五”计划建功立业；推动建立健全维护职工和工会权益的法律体系、劳动关系协调机制、职工民主参与和民主监督制度；关心职工生活，促进下岗职工再就业，在推动各级政府（行政）保障职工基本生活的基础上，逐步建立职工生活补充保障体系；加强职工队伍建设，努力提高职工的思想道德和科学文化技术素质；大力提高工会组建率和职工入会率，积极稳妥地发展工会企事业，不断推进工会自身改革和建设，积极探索和逐步形成有中国特色社会主义工会工作的新路子。

工会十二大以后提出的工会工作总体思路是突出工会的维护职能。工会十三大进一步强调要坚持和发展工会工作总体思路，并在总体思路的指导下，制定工会工作指导方针。在阐释这一指导方针时，十三大报告明确指出，贯彻这一方针，必须突出依法维权。明确维护职工合法权益是维护全国人民总体利益与维护职工具体利益的统一，既维护职工的经济利益，又维护职工的政治权利和精神文化利益，并把职工的积极性引导到改革开放上来。

（二）重视中国金融工会组织建设，提升工会工作水平

1999 年 11 月，中央金融工委、全国总工会联合发出通知，

就中国金融工会领导体制作出调整。为适应金融系统党的领导体制的变化，中国金融工会由原中国人民银行党组领导调整为划归中央金融工委领导。同时，省级以下不再设立金融工会组织。同年12月27日至28日，中国金融工会二届二次全委会议在北京召开，中国金融工会第二届委员会原主席唐运祥代表常委会作了中国金融工会二届一次会议以来的工作报告。会议通过了《关于调整充实中国金融工会第二届全国委员会委员的确定方案》。唐运祥、雷更生等29名同志由于工作变动等原因，不再担任中国金融工会第二届全国委员会委员及其相应的工会领导职务。会议替补、增补了中国金融工会第二届全国委员会委员，增（替）补了中国金融工会第二届全国委员会主席、副主席、常务委员会委员。经到会全体委员投票选举，何界生、王敬东等13名同志当选为中国金融工会第二届全国委员会常务委员会委员，何界生当选为中国金融工会第二届全国委员会主席，王敬东当选为中国金融工会第二届全国委员会副主席。金融工委副书记阎海旺、全国总工会副主席方嘉德到会发表了讲话。何界生作了题为《统一思想抓住机遇为金融改革和发展作出新贡献》的工作部署，明确了2000年和此后一个时期金融系统工会工作的指导思想、工作原则和重点工作。会议号召金融系统各级工会干部和广大职工在党的领导下，以邓小平理论和党的基本路线为指导，紧紧围绕党的中心工作，统一思想，抓住机遇，开拓进取，迎接和战胜各种挑战，为促进金融系统各项工作的胜利完成，把工会工作提高到一个新水平作出新的贡献。

中国金融工会二届三次全委会议于2000年12月26日至28日在广西南宁举行。何界生代表常委会作工作报告，经审会主任樊晡生作经费审查工作报告。会议还通过了替补、增补中国金融工会第二届全国委员会委员和经审委员的确认案，进行了替补、增补常务委员会委员的选举。广西壮族自治区和南宁市的有关党政领导人到会祝贺。

2001 年，中央金融工委下发了《中共中央金融工作委员会关于进一步加强对金融系统工会工作领导的意见》。该意见对于提高金融系统广大干部职工对工会工作重要性的认识，明确工会工作的指导思想和具体规范要求，开创金融系统工会工作的新局面起到了重要作用。为了贯彻落实文件精神，中国金融工会同中央金融工委有关部门于 2002 年 6 月至 8 月，组织了 4 个检查组，分赴江苏、浙江、福建、辽宁、四川、甘肃、青海、陕西、宁夏 9 省区检查中国人民银行、中国农业发展银行、中国工商银行、中国农业银行、中国银行、中国建设银行、中国人民保险公司、中国人寿保险公司 8 家金融机构的基层单位贯彻落实中央金融工委文件和全国金融系统工会工作会议精神的情况。

2001 年 4 月 18 日至 24 日，金融系统工会干部培训班在上海举办，各中央金融机构工会主要领导人和部分专职工会干部共 95 人参加学习研讨。为使工会干部适应新世纪金融系统工会工作的需要，全面提高工会干部队伍素质，培训班根据全国总工会十三届三次执委会议提出的年度工作任务，同时结合金融系统工会工作实际，以如何做好新形势下工会工作为重点，就当时金融系统工会工作中存在的一些难点、热点和重点问题进行了深入的学习研究。全国总工会组织部和中国金融工会的领导，就当时金融系统工会和全国工会面临的形势及主要任务作了报告；上海市工会管理干部学院的教授和上海市总工会组织部、保障部的负责人，就如何履行工会维护基本职责，发展和完善职代会制度，建立平等协商、集体合同制度进行了授课。培训取得了良好的效果，推动了各总行（会、司）工会的干部培训工作。培训班结束后，许多中央金融机构工会都结合本单位的情况，举办了本系统、本单位的工会干部培训班。中国银行工会与行政人事部门共同制定了中国银行协管工会干部的制度性文件，由党委下发执行。

2001年9月6日，中央金融工委在北京召开全国金融系统工会工作会议。各金融机构的党委主要负责人和党委组织部门及工会的主要领导人参加了会议。受中央金融工委常务副书记阎海旺的委托，副书记陈玉杰在会上发表了讲话，主席何界生在会议结束时做了总结。为了从制度和源头上解决金融系统工会工作中面临的一些突出问题，特别是工会组织建设中的问题，中国金融工会在会议召开前向金融工委提出了加强金融系统党对工会工作领导的意见建议。工会工作会议后，大多数中央金融机构党委先后认真听取了工会工作汇报，结合自己的实际情况和需要解决的问题，研究了贯彻会议精神的具体措施。中央金融工委下发的《中共中央金融工作委员会关于进一步加强对金融系统工会工作领导的意见》和召开的工会工作会议，对金融系统工会工作特别是加强工会的组织建设产生了巨大的推动作用。

（三）中国金融工会四项社会职能发挥情况

1. 针对劳动关系新形势，中国金融工会积极履行维护职能

《劳动法》颁布后，各级工会针对劳动法的贯彻实施开展了一系列举措。1998年，各单位普遍加大了协调劳动关系方面的调研和实际工作的参与力度。许多单位针对金融企业劳动关系的现状和发展趋势，举办了许多劳动关系相关法律的培训班和研讨班。在此基础上，许多工会组织还通过为职工提供法律援助、成立劳动争议调解委员会等形式直接介入劳动关系协调工作。同时，注意倾听并及时反映其他一些涉及职工切身利益问题的呼声，使工会组织作为职工利益代表者和维护者的身份和形象得以进一步体现。各级工会普遍开展了面向基层、面向困难职工的送温暖活动。

1999年5月，中国银行工会举办学习劳动法和相关法律法规的培训班，提高工会干部的法律意识和依法办事能力。在全行实施劳动合同制度中，中国银行工会及时提出工会参与全员劳动合

同制工作的意见，受到党政领导的重视和支持。1999 年 11 月 5 日，劳动和社会保障部、国家经贸委、公安部、全国总工会联合下发《关于认真贯彻劳动法切实维护劳动者合法权益的通知》，进一步加大劳动监察力度。针对金融企业劳动关系日益多元化、复杂化的趋势，各级工会组织积极参与劳动法配套行政规章制度的起草和修改工作，促成有利于维护职工权益文件的下发、执行；积极参与金融机构改革方案和人员分流、劳动保护等政策措施的研究制定，推进涉及职工切身利益问题的解决。

1999 年 1 月 19 日，中国金融工会送温暖慰问团在黑龙江各地看望受灾金融职工。由中国金融工会副主席王凤芝带队的送温暖慰问团看望了县支行发行股发行员工树成和、黑龙江通河县洪水受灾金融职工。2000 年春节前夕，中国金融工会派出慰问团，奔赴广西、黑龙江、河北、河南等地慰问金融系统广大干部、职工。同时，还拜访、看望了部分老干部、劳动模范和困难职工。2001 年初，中国金融工会分三组分别前往海南、甘肃和吉林慰问金融系统困难职工。按照党中央关于“对生活上有特殊困难的劳模，工会应给予热情帮助”的指示精神，在元旦期间给近百名生活上有特殊困难的金融系统省部级以上劳模发了慰问信和慰问金，此举不仅在特困劳模中，也在当地社会引起了很大的反响。2001 年 7 月，广西遭遇特大洪灾，为体现工会组织对灾区金融职工的关心，中国金融工会副主席王敬东前往贵港、百色、南宁等受灾严重地区，看望受灾的各金融机构网点和金融职工，了解灾情，并将慰问金送到受灾的金融机构和受灾严重的职工手中。

1999 年 10 月，全国总工会召开十三届三次主席团会议，明确提出要实现工会工作的“五突破一加强”，即积极协助党政做好国有企业减员增效、下岗职工基本生活保障和再就业工作，深入实施送温暖工程，对帮扶特困职工承担“第一责任人”职责的工作要有新的突破；坚决维护职工的经济利益，进一步理顺关系，推行平等协商和集体合同制度的工作要有新的突破；切实保障职工的民主权利，坚持和完善以职工代表大会为基本形式的企业民主管理制度，实行厂务公开和民主评议企业领导人的工作要有新的突破；推动国有独资和国有控股公司的董事会、监事会中都要有职工代表参加的工作要有新的突破；加快新经济组织和改制企业工会组建步伐，最大限度地把职工组织到工会中来的工作取得新的突破；以改革的精神加强工会自身建设。

为贯彻落实和推进“五突破一加强”，1999 年 12 月召开的全国总工会十三届二次执委会议，又进一步提出了“最大限度地把广大职工组织到工会中来，最大限度地维护广大职工的合法权益，最大限度地保护、调动和发挥广大职工的积极性、创造性”的“三个最大限度”的工作要求。

2000 年，金融系统各级工会一方面教育职工顾全大局，维护国家和企业的利益，另一方面注意保护职工的积极性，维护他们的合法权益。针对一些金融机构正在逐步推行全员合同制的情况，各级工会干部纷纷深入基层，调查研究平等协商制度在金融系统落实的途径和办法。各金融机构工会针对本单位的情况在维权方面做了许多具体工作。国家开发银行工会明确提出了夫妻双方不能同时下岗，女职工“三期”中不能下岗的要求；中国农业发展银行创办了《职工反映》，开辟职工与管理层的沟通渠道，反映改革中的职工心声；中国建设银行河南省分行召开了全省范围的职代会，突出了职工主人翁地位；中国民生银行选举了职工监事；交通银行建立了职工持股会。

2001 年 3 月 7 日，金融系统女职工庆“三八”座谈会在深圳召开，中国金融工会主席何界生和副主席、女职工委员会主任王凤芝以及来自全国基层的女行长、女经理、女劳模、专职女工干部和先进女职工群体代表共计 30 余人参加了座谈会。座谈会上，何界生首先代表中央金融工委和中国金融工会，向工作在金融战线的广大女职工表示节日的问候，向为工会女工工作的开展作出不懈努力的女职工干部表示亲切的慰问。中国金融工会女职工委员会在《女职工劳动保护规定》颁布十周年时，组织召开了全国金融系统女职工劳动保护工作理论研讨会，并对《金融系统女职工劳动保护规定实施细则》（草案）进行了讨论修改。

2001年11月14日，劳动和社会保障部、全国总工会、中国企业联合会联合下发《关于进一步推行平等协商、集体合同制度的通知》和有关加强劳动争议调处、劳动监察和劳动法律监督工作等一系列协调劳动关系的指导性文件，从整体上维护和代表职工的劳动权益，国家级协调劳动关系三方会议制度得到很好的执行。2001年12月31日，全国总工会颁发了有关劳动安全的《工会劳动保护监督检查员工作条例》《基层工会劳动保护监督检查委员会工作条例》和《工会小组劳动保护检查员工作条例》，努力促进改善职工劳动条件、生产环境，保护职工的生命健康安全，劳动法律监督和维护职工职业安全卫生得到重视。

此外，全国总工会十三届四次执委会议于2002年1月召开，强调一手抓调整劳动关系机制的建设，一手抓为职工群众办实事工作策略。根据国企改革显现出的新情况，工会将加强职工合法权益维护的重点放在职工下岗再就业、解决拖欠工资和安全生产等紧迫问题上。各级工会协助党委、政府积极做好下岗职工基本生活保障和再就业工作，推动并监督"两个确保"（确保企业下岗职工基本生活和退休人员基本养老金发放）、"三条保障线"（下岗职工基本生活保障、失业保险制度和城镇居民最低生活保障制度），特别是"低保"政策的落实，以养老、医疗、失业、工伤、生育保险为主要内容的社会保障体系逐步健全；督促企业解决拖欠职工工资问题，落实职工参与工资分配权利；积极倡导和大力开展职工互助合作保险，为职工构筑抵御风险的第二道防线。中国金融工会按照全国总工会的文件精神和有关要求，积极在金融系统贯彻落实。

2. 中国金融工会继续强化建设职能，推进金融系统向好发展

各级工会广泛动员职工，紧密围绕金融业务中心工作，继续大力开展多种形式的文明优质服务和劳动竞赛活动，有力地促进了金融中心工作的完成。中国工商银行组织了全行历史上人数最多的储蓄业务技术比武。北京市金融工会继1994年举办第二届业务技术比赛后，1998年又举办了全系统第三届业务技术比赛，有力地推动了北京市金融系统形成群众性技术练兵热潮。云南省金融工会就有关问题由工会主要领导带队，深入基层调研，为指导工作奠定了良好基础。同年，全国金融系统有6名个人获全国五一劳动奖章，10个集体获全国五一劳动奖状。

1999年，各级工会紧紧围绕金融工作中心，团结和动员广大职工积极投入文明优质服务劳动竞赛活动，为完成金融工作任务贡献才智和力量。国务院总理朱镕基在接见金融系统文明优质服务先进代表时说："在金融系统开展文明优质服务活动，这是抓到了点子上，很有意义，非常重要。"中国人民银行工会在全系统开展的双文明目标管理竞赛活动，促进了中央银行业务工作的开展和精神文明建设。中国银行工会聘请社会监督员监督服务质量，进一步完善了窗口单位的服务功能。中国农业发展银行工会组织评选优秀信贷员、十岗百佳等活动，收到了很好的效果。一些省行、司工会领导从竞赛活动的实际出发，深入基层，调查研究，及时解决竞赛活动中出现的问题。

2000年9月26日至28日，金融系统女职工"学、比、建"竞赛活动经验交流现场观摩会议在山东济南召开。这次会议是自1996年以来召开的第二次专门研究"学、比、建"竞赛活动的会议，主要任务是学习《中央金融工委关于加强对工会、共青团工作领导的几点意见》精神，总结交流中国工商银行山东省分行工会女职工委员会等17个单位组织女职工开展"学、比、建"竞赛活动以及中国工商银行山东省分行营业管理部党委重视支持女职工开展竞赛活动的经验，并研究如何进一步深入开展竞赛活动，使女职工在金融改革发展中发挥更加积极的作用。

2000 年 11 月 1 日至 2 日，全国金融系统业务技能比赛在北京举行。中央金融工委副书记谢旭人，中国人民银行、中国证监会、国有独资商业银行、政策性银行、股份制商业银行、保险公司和资产管理公司以及中央金融工委各部、中国金融工会和中央金融团工委共 20 多位有关单位的领导出席了开幕式。中国金融工会主席何界生在开幕式上发表讲话。比赛设单指单张点钞、多指多张点钞、外币兑换和识别假币、储蓄传票录入、汉字录入和纠错五个项目。来自 18 个金融机构的 129 名业务能手参加角逐。经过紧张激烈的比赛，12 个单位的 44 名选手分获五个项目的一、二、三等奖，另有 85 名选手获优秀奖。比赛结束后，各金融机构有关方面负责人、各参赛队教练以及获奖选手进行了座谈交流。

2001 年“五一”国际劳动节前夕，中国金融工会在金融系统首次开展了全国金融“五一劳动奖状”获得单位与全国金融“五一劳动奖章”获得者的评选、表彰活动。对评选条件、评选原则和评选程序等作了严格的规定。为保证评选质量，对上报的候选单位和候选人均在《金融时报》进行了公示，对群众有反映、有异议的单位和个人又进行了认真的调查复核。通过严格审查，共评选表彰了全国金融“五一劳动奖状”获得单位 49 个，全国金融“五一劳动奖章”获得者 197 名。在此基础上，向全国总工会推荐全国“五一劳动奖状”获得单位 5 个，全国“五一劳动奖章”获得者 20 名。2001 年 4 月 27 日，组织部分“五一劳动奖状”获得单位和“五一劳动奖章”获得者代表进京参加有关活动。4 月 28 日，进京代表受到中央金融工委领导的亲切接见，工委常务副书记阎海旺、副书记陈玉杰、谢旭人，工委委员、中国金融工会主席何界生与代表们进行座谈，副主席王敬东、王凤芝还专程赶到代表们下榻的京丰宾馆看望大家。“五一”国际劳动节前后，组织代表参加了在人民大会堂举行的庆祝“五一”国际劳动节大会，参观了天安门城楼、中华世纪坛和世界公园，瞻仰了毛泽东主席遗容。

3. 中国金融工会发挥参与职能，依法保障职工民主权利

金融系统各级工会特别注重推动和加强以职工代表大会制度为基本载体的维权工作制度和机制建设。在学习党的十六大精神的基础上，中国金融工会修订了金融系统职代会实施意见和细则。同时，根据中央金融工委指示，在吸取有关方面合理化建议的基础上，起草了《关于认真学习贯彻中共中央办公厅国务院办公厅通知精神在金融系统深入实行行（司）务公开制度的通知》，对金融系统行（司）务公开工作的有效开展起到了积极作用。各行（会、司）工会切实履行职责，积极规范和促进本单位、本系统的行（司）务公开制度的落实，取得了积极的效果。随着金融改革的推进，特别是劳动用工制度的改革，各金融企业努力加强劳动关系调解工作，进一步加强劳动争议调解委员会的建设。这一时期主要金融业的基层单位基本建立起了劳动争议调解委员会，并对有关人员进行了培训，建立了工作制度，劳动争议调解委员会在实际工作中发挥了越来越重要的作用。

1998 年，各级工会组织继续加强基层的民主管理和职代会建设，从政治上保证职工群众当家做主的权利。开展民主管理和加强职代会建设进一步焕发了职工群众民主参与和民主监督的积极性，对基层单位提高经营效益、防范化解金融风险，减少各种违规违纪行为和金融犯罪活动，起到了积极的促进作用。1999 年 7 月，中国金融工会在江西组织召开了金融系统民主管理座谈会，各总行（司）基层 11 个分支行（司）介绍了实行民主管理的经验和体会。1999 年 9 月在山西召开各总行（司）工委副主任或工会组织工作的负责人参加的座谈会，就职工代表大会（职工大

会）召开的层次范围、审议内容、程序等方面，提出修改意见，同时提出一些其他的民主管理形式，为修改金融系统民主管理实施细则，以及完善金融系统民主管理形式提供了丰富的内容。

2001 年 7 月 18 日至 19 日，职工民主管理工作经验交流会议在广西召开，各中央金融机构工会的主要领导人等 70 余人参加会议。会上共有 9 个单位介绍了经验。中国金融工会主席何界生到会讲话，副主席王敬东作会议总结。会议比较系统、全面地总结了一段时间以来金融系统职工民主管理工作的成绩：70% 以上的基层金融分支机构建立了职工代表大会制度，并逐步向二级、一级分支机构扩展；建立了有效规范的职工代表大会工作机制和有关制度；积极探索和拓展职工民主管理工作的新形式、新内容，如民主选举中层干部以及实行平等协商、签订集体合同制度等，并取得了初步经验。同时也实事求是地找出了存在的问题，主要是部分领导同志、工会干部和职工对职工民主管理工作认识不到位；有的金融机构在改革中撤并了工会组织，职工民主管理没有了组织者和代表者；职工民主管理制度不健全、程序不规范、组织不严密，流于形式；工会领导机关对新形势下的职工民主管理工作研究和指导不够。会议结合金融系统实际，要求各级工会要不断深化对加强职工民主管理工作的认识，特别要看到其对金融改革、发展、稳定所产生的重要影响，从而努力通过建立这一重要的制度和机制，切实履行好工会组织维护职工群众合法权益的基本职责。

4. 加强工会十三大精神引领，中国金融工会大力发挥教育职能

随着金融改革的不断深化，许多工会组织着重调查解决职工的现实思想问题，努力做好改革中的职工思想政治工作，保证各项金融改革的顺利进行。1998 年，中国金融工会女职工委员会在全国金融系统开展了女职工在金融体制改革中的思想状况调查，为有关领导和部门决策提供依据。各级工会组织还采取多种积极

有效的措施努力化解各种矛盾，有的基层工会组织对下岗分流人员进行岗位培训，提高他们重新上岗的竞争能力；还有的工会组织深入困难职工家中进行走访调查，为他们解决实际问题。这些工作的开展，为金融改革各项措施的出台创造了比较稳定宽松的环境。

各类文化体育活动的开展丰富了职工精神生活，展现了职工的精神面貌。中国金融体协五届二次全国理事会议于1999年8月9日至10日在北京召开。何界生替补为中国金融体协主席，王敬东增补为金融体协常务副主席。何界生在会上作了题为《开展全民健身活动，增强职工身体素质，为金融事业改革和发展服务》的讲话，提出此后体协工作的重点，要面向基层，面向广大职工，特别是中年职工，同时，还对落实全民健身计划，提出了具体要求。

1999年4月，根据中国金融体协关于职工体育达标先进单位和热心支持体育工作者评比表彰的有关规定及中国金融体育协会常务理事会会议精神，在各金融机构申报的基础上，经审核批准有20个单位和20名领导干部受到中国金融工会和中国金融体协的联合表彰，分别荣获全国金融系统职工体育达标先进单位和热心支持体育工作者称号。“五一”国际劳动节前夕，中央金融工委和中国金融工会共同组织了金融系统全国五一劳动奖章和全国五一劳动奖状获得者先进事迹报告会。中央金融工委副书记阎海旺到会讲话，要求广大职工进一步开展向饶才富和金融系统其他先进集体、先进个人学习的活动，在全系统形成学习的风气、坚持原则的风气、勤奋工作的风气和清正廉洁的风气，从严治理和管理金融队伍，为完成党和国家交给的各项任务作出新的贡献。

1999年国庆节前夕，为庆祝新中国成立50周年和迎接澳门回归祖国，同时推动金融业文化建设，举办了庆新中国成立50年、迎澳门回归“金色的旋律”演唱会。在各总行（司）认真、严格选拔基础上，24位来自金融业一线的职工，演唱了自己创作的歌曲。为激励广大金融职工为金融业社会主义精神文明建设作出更大贡献，表彰了60名全国金融优秀歌手。

2000年4月21日，金融系统京剧爱好者协会在京成立。成立大会前，召开了协会第一届理事会，通过了第一届理事会组成名单和章程。会后，金融职工京剧爱好者与著名京剧表演艺术家梅葆玖等同台演出。

2001年1月，以王敬东为团长的金融体育代表团参加全运会，虽然只有4名女子举重运动员进入第九届全运会的决赛，但她们不畏强手，发扬了顽强拼搏的精神，取得了较好成绩。其中中国农业银行辽宁省和平中心支行职工刁威威在63公斤级比赛中获得一枚铜牌，被国家体育总局授予“体育运动一级奖章”称号；佟岚在75公斤以上级的比赛中获第四名；金融体协同时获得中华人民共和国第九届运动会“体育道德风尚奖代表团”称号。高伟代表国家队参加11月4日至11日在土耳其举行的世界女子举重锦标赛，获48公斤级抓举、挺举和总成绩三项冠军。同年6月28日，中国金融工会与中央金融团工委共同承办了庆祝中国共产党成立80周年《灯塔颂》朗诵合唱音乐会。音乐会有来自全国金融系统的独唱、朗诵人才，在京金融机构职工组成的金融爱乐合唱团和21家金融机构职工组成的群众合唱方阵，与演艺界明星同台演出。音乐会取得了圆满成功，在中央电视台播出后，受到了领导同志和广大金融职工的一致好评。

为团结动员金融系统广大职工为金融改革发展作贡献，中国金融工会在金融系统职工中组织开展了“我为金融改革发展献良策”征文活动。共收到征文8000余篇。在层层评选的基础上，经评选委员会最后评定，共评出一等奖5个，二等奖10个，三等奖14个，优秀奖33个。同时，根据各金融机构活动开展情况及报送的征文质量，评出优秀组织奖11个。在这次征文活动中，广大金融职工在应对加入 WTO 后金融业面临的挑战等方面提出了许多很好的意见和建议，一、二、三等奖的征文被汇编成《我为金融改革发展献良策征文活动获奖文选》，推荐给金融系统的各级领导，为推动金融业务工作、促进金融改革和发展起到了积极的作用。

2001 年 11 月 19 日至 12 月 24 日，金融职工绘画、书法、摄影作品展览在北京举行。全国政协副主席李贵鲜为展览题词，全国政协副主席经叔平为展览题词并为开幕式剪彩。这次展览是中国金融工会首次举办的金融系统全国性大型绘画、书法、摄影作品展览。参展活动极大地调动了广大职工的艺术热情。展览共展出绘画、书法、摄影作品 300 件，其中特等奖 3 件，一、二、三等奖 100 件。这是一次全国金融职工跨入新世纪后绘画、书法、摄影创作的大荟萃、大检阅。展览期间共有驻京金融机构的 3000 多人参观了展览，达到了预期效果。

中国金融工会对外友好交流工作也取得了积极成果。1999 年 7 月 28 日至 8 月 4 日，中国金融工会代表团一行 5 人，应日本生命保险劳动者联合会的邀请，就日本生命保险业发展和生保劳联工会工作、劳动关系等问题赴日进行了访问考察。代表团还拜会了日本工会总联合会及国际部的有关人员，参观、考察了安田生命保险公司索菲亚营业部。通过学习和考察，进一步加深了对日本保险业及其工会工作特别是劳动关系及其调整机制的认识，为此后双方工会进一步合作打下了良好的基础。

围绕劳动模范开展的表彰、座谈等活动是中国金融工会教育职能的体现之一。2000 年 3 月 14 日至 16 日，金融企业文化建设座谈会在上海召开。各金融机构负责宣传工作、群众工作和工会工作的有关同志共 70 余人参加了会议。会议以中国建设银行上海市分行员工企业文化建设恳谈会的形式拉开帷幕。会议期间，与会人员参加了中国建设银行上海市分行企业文化建设系列活动，实地观摩交通银行上海市分行企业文化展示项目。会议邀请复旦大学和同济大学的有关专家、学者就企业文化建设做专题讲座。中央金融工委委员、中国金融工会主席何界生在会上作了题为《加强企业文化建设，培育社会主义企业精神》的专题讲话。中国金融工会副主席王敬东在会议结束时作了总结谈话。

2000 年 4 月 26 日，中央金融工委、中国人民银行、中国证监会、中国保监会在京隆重召开了全国金融劳动模范表彰大会，饶才富、李乃云等 267 名全国金融劳动模范受到表彰。会上，中央金融工委常务副书记阎海旺充分肯定了全国金融劳动模范在平凡的工作岗位上作出的不平凡的业绩，号召金融系统广大干部职工以先进模范人物为榜样，全面提高自身素质，不断提高金融工作的质量和效益，为我国改革开放和社会主义现代化建设作出更大的贡献。2000 年 6 月 22 日，全国金融系统劳动竞赛经验交流会议在江苏苏州召开，何界生代表中央金融工委和中国金融工会发表讲话。8 月 14 日至 23 日，中国金融工会组织部分全国金融劳动模范赴四川进行短期疗养和社会考察活动。劳动模范代表们在川期间，游览了峨眉山、九寨沟等风景名胜，并与当地金融机构的先进人物和员工代表进行了座谈。8 月 24 日，中央金融工委常务副书记阎海旺、副书记谢旭人接见了劳动模范疗养考察团部分代表，并与他们合影、座谈。为配合中央金融工委在全系统开展的职业道德教育活动，9 月 4 日至 14 日，中国金融工会组织劳动模范巡回演讲团赴金融系统基层进行巡回演讲。报告团北方组先后在天津、长春、呼和浩特、石家庄作了四场报告，听众达 5000 人；南方组先后在武汉、长沙、湘潭、南宁和贵阳作了五场报告，听众达 6000 人。中央金融工委对组织这次全国金融劳动模范先进事迹报告团活动非常重视，对劳动模范报告团的组成、活动安排等都提出了明确的要求。中央金融工委常务副书记阎海旺、副书记王成铭、工委委员何界生在报告团出发前，亲切接见了报告团全体成员，并和大家进行座谈。

为落实党中央关于西部大开发的战略部署、以实际行动促进西部地区的发展，中国金融工会在金融系统200多万名工会会员中倡导开展了“参与西部大开发，营造金融工会会员林”的绿色环保活动，倡议金融系统工会会员自愿捐款，在陕西延安和甘肃等自然条件恶劣地区植草种树，为改善生态环境做贡献。截至2000年12月底，共收到捐款1500多万元，并积极与有关部门和有关省市的当地政府联系协商，具体落实绿色环保活动计划。

第八章

加快金融改革和开放时期的金融工运

进入 21 世纪，以互联网为核心的信息技术革命赋予了经济许多新特征，世界经济形势也随之发生变化。从 2001 年开始，我国进入全面建设小康社会、加快推进现代化的新阶段。这一阶段需要解决的是在改革开放取得伟大成就的基础上，面对新阶段、新形势、新矛盾、新问题，党和国家谋求改革和发展突出的“完善体制机制”问题、“科学发展”问题、“和谐发展”问题。

2001 年，中国加入 WTO（世界贸易组织），标志着我国对外开放事业进入新阶段，新世纪中国金融工会工作面临着艰巨的任务；2002 年，党的十六大召开，标志着我国进入全面建设小康社会新的发展阶段，金融机构改革也为中国金融工会带来新的挑战；2008 年爆发的金融危机带来的负面影响更是对中国金融工会应对困难的严峻考验。

2001 年至 2012 年，在中央金融工委和全国总工会的领导下，金融系统各级工会组织和广大工会干部以邓小平理论和“三个代表”重要思想为指导，坚定不移地推动党的全心全意依靠工人阶级根本指导方针在金融系统的贯彻落实，紧紧围绕金融改革发展的大局，努力推动工会组织建设，为金融系统的稳定发展和全面建设小康社会贡献力量。

一、新世纪中国金融工会工作面临的形势任务

2000年2月，江泽民提出“三个代表”重要思想；2001年江泽民“七一”讲话，全面阐述“三个代表”重要思想的科学内涵和精神实质，标志着“三个代表”重要思想科学体系的形成。2002年11月8日至14日，中国共产党第十六次全国代表大会在北京召开。大会审议和通过了江泽民代表第十五届中央委员会所作的《全面建设小康社会，开创中国特色社会主义事业新局面》的报告。报告指出，全面建设小康社会的目标是中国特色社会主义经济、政治、文化全面发展的目标，是与加快推进现代化相统一的目标。

全面建设小康社会，最根本的是坚持以经济建设为中心，不断解放和发展社会生产力。金融是现代经济的核心，是先进生产力发展的第一和持续推动力，也是先进生产力的重要体现。认真学习贯彻党的十六大精神，努力实践“三个代表”重要思想，是工会当时和此后一个时期的首要任务。一方面，要深刻领会和把握党的十六大确定的方向、目标和任务。另一方面，要按照“三个代表”的要求，紧密结合工会工作实际，振奋精神，更新观念，大胆创新。

（一）强化思想引领，适应新形势、新任务

面对金融业新的形势和任务，中国金融工会基于全球经济化与金融行业工作方向，结合全国总工会提出的工会工作目标和要求，落实工作任务。金融系统各级工会以邓小平理论和“三个代表”重要思想为指导，深入学习贯彻党的十六大精神，积极参与和促进金融改革，紧紧围绕党的中心任务开展工会工作，坚定不移地贯彻落实党的全心全意依靠工人阶级根本指导方针，切实履

行维护职工合法权益的基本职责，注重抓好维护职工合法权益机制的建设，充分发挥工会联系党和群众的桥梁和纽带作用。

2001 年 11 月 10 日，在卡塔尔多哈举行的世界贸易组织第四届部长级会议通过了中国加入世界贸易组织法律文件。2001 年 12 月 11 日，中国正式成为世界贸易组织的成员。这一重要社会事件，是中国深度参与经济全球化的里程碑，标志着中国改革开放进入历史新阶段。金融行业积极作出变革，迎接新阶段。2002 年 2 月全国金融工作会议提出，要进一步加强金融监管，深化金融企业改革，改进金融服务，整顿金融秩序，防范和化解金融风险，维护国家金融安全，促进国民经济持续快速健康发展；2002 年 11 月召开的党的十六大，宣告我国“社会主义市场经济体制初步建立”，改革开放进入完善社会主义市场经济体制新阶段。这次会议把“三个代表”重要思想同毛泽东思想、邓小平理论一道定为党的指导思想，制定了紧紧抓住 21 世纪头 20 年这一重要战略机遇期，全面建设小康社会的战略任务。

党的十六大召开后，结合金融系统实际，中国金融工会及时向全系统发出学习贯彻党的十六大精神的通知。为把学习引向深入，聘请了参与党的十六大报告起草的同志为在京的各总行（会、司）工会干部作了学习十六大报告的辅导。金融系统各级工会组织和广大工会干部，紧密结合自己的工作实际，深入学习领会“三个代表”重要思想，自觉以“三个代表”重要思想武装头脑，努力把实践“三个代表”重要思想和贯彻党的全心全意依靠工人阶级根本指导方针结合起来，与履行工会组织的基本职责、维护职工合法权益结合起来，自觉在实践中全面体现“三个代表”重要思想的要求。

2003 年 7 月 29 日至 31 日，在大连召开的中国金融工会第三次全国代表会议，选举产生了金融系统出席中国工会十四大的 23 名正式代表。同年 9 月 21 日至 26 日，金融代表团出席中国工会十四大，何界生、李若谷、王敬东当选为中华全国总工会第十四届执行委员会委员，王凤芝当选为中华全国总工会第十四届经费审查委员会委员、常委。

中国工会第十四次全国代表大会于2003年9月22日至26日在北京举行。胡锦涛、吴邦国、温家宝、贾庆林、曾庆红、黄菊、吴官正、李长春、罗干等党和国家领导人到会祝贺。3300多人参加了开幕式。曾庆红代表党中央发表《我国工人阶级要在全面建设小康社会的伟大事业中发挥主力军作用》的祝词。王兆国代表中华全国总工会第十三届执行委员会向大会作了题为《以“三个代表”重要思想为指导，团结动员广大职工在全面建设小康社会中充分发挥工人阶级主力军作用》的报告。大会选举产生了由267名委员组成的新一届中华全国总工会执行委员会，由40名委员组成的经费审查委员会。选举王兆国为中华全国总工会主席，推选张俊九为全国总工会书记处第一书记。大会通过了关于中华全国总工会第十三届执行委员会报告的决议、关于《中国工会章程（修正案）》的决议、关于中华全国总工会第十三届执行委员会财务工作报告的决议和关于中华全国总工会第十三届经费审查委员会工作报告的决议。9月28日，胡锦涛同中华全国总工会新一届领导班子成员和工会十四大部分代表进行了座谈。

王兆国在大会报告中提到，根据新形势的发展要求，此后五年工会工作的目标任务是努力提高职工队伍整体素质，团结动员广大职工投身社会主义现代化建设的作用更加突出；切实为职工说话办事，维护职工合法权益的效果更加显著；积极参与协调劳动关系和社会利益关系，机制建设更加完善；加快工会组建步伐，基层工会工作更加活跃；推进自身改革和建设，工会组织吸引力、凝聚力更加增强；广泛开展对外交流与合作，中国工会国际影响更加扩大。实现这些目标任务是时代的要求，是党的重托，是广大职工的殷切期望。中国工会要主动承担起历史赋予的光荣任务，立足全局，围绕目标，锐意进取，真抓实干，努力开创新世纪新阶段工会工作新局面，在全面建设小康社会的历史征程中，充分展示中国工人阶级的时代风采。

（二）维护职工合法权益，落实职工权益保障

维护职工的合法权益是工会的基本职责。在全国总工会十三届三次执委会议上，按照“三个代表”要求，强调2001年要以“三个最大限度”为目标，即最大限度地把广大职工组织到工会中来，最大限度地维护广大职工的合法权益，最大限度地保护、调动和发挥工人阶级的主力军作用，狠抓“五突破一加强”工作的落实。

2002年中国金融工会分别就帮助特困职工和开展送温暖活动的情况、职工收入分配权益的保障及实现情况，以及一些金融企业实行平等协商和签订集体合同的情况进行了调研。中国金融工会女职工委员会对维护女职工合法权益和特殊利益进行了调研。这些调研活动得到了各总行（会、司）工会和行政的积极响应和大力支持，对于及时发现并解决问题，明确工作思路发挥了重要作用。据统计，各总行（会、司）工会确定的年度调研任务和课题中，事关维护职工利益的课题占80%以上。各级工会组织在调研的基础上，对一些倾向性问题，加大了源头参与和源头维护的工作力度，推动了职工反映的突出问题的解决。

2003年，非典型肺炎在我国部分地区蔓延期间，为了配合党政及有关方面做好防治工作，金融工会机关全体工作人员克服重重困难，坚守工作岗位，坚持正常工作。2003年4月29日下发了《关于动员组织广大职工做好防治非典有关工作的通知》，号召各级工会和广大金融职工，积极行动起来，一手抓工作，一手抗非典，确保金融工作的正常运行。同时，为了切实维护广大金融职工的合法权益，维护职工队伍和社会的稳定，根据全国总工会的

统一部署，5月26日下发关于严禁非法解除非典患病职工或疑似非典患病职工劳动关系的通知，督促各单位严格执行《劳动法》《传染病防治法》以及劳动和社会保障部《关于切实做好非典型肺炎防治工作的紧急通知》。各级工会积极协助本单位有关部门为职工预防非典提供必要的劳动保护条件和防护措施，广泛开展非典防治科普知识的宣传，走访慰问家属是医务工作者的金融职工，积极为医疗单位捐款，为职工特别是非典患病职工和疑似非典患病职工及其家属办实事、办好事，确保了非典期间金融系统各项工作的正常开展。

（三）加强工会建设职能，推动职工队伍建设

2002年，为促进工会基层组织的建设，增强基层组织的活力，中国金融工会重新修订和下发了《金融系统工会开展建设职工之家活动办法》，把职工之家建设活动作为加强工会全面建设的工作载体，并注重把职工之家建设与基层单位的全面建设结合起来，与促进中心工作任务完成结合起来，因此涌现出一批受到职工群众信赖的职工之家。

中国人民银行工会结合工作实际开展了以金融监管为主要内容的劳动竞赛，提升了工会工作的影响力和凝聚力。国家开发银行、中国农业发展银行、中国工商银行、中国农业银行、中国银行、中国建设银行、中国人民保险公司、中国人寿保险公司、中国再保险公司、交通银行、中国民生银行、招商银行，华融、长城、东方、信达资产管理公司等工会紧密围绕业务中心，创造性地开展了一系列劳动竞赛、合理化建议等活动。各单位在开展活动中，都注意突出时代特点，坚持与时俱进，努力革新活动方式和手段，最大限度地服务中心工作。

为了进一步调动金融系统广大干部职工的积极性，充分发挥先进典型在各项工作中的带头和示范作用，在金融系统树立学习

先进、崇尚先进、尊重先进的良好风尚，努力做好金融工作，以优异的成绩迎接中国工会十四大的召开，2003 年“五一”国际劳动节前夕，在全国金融系统开展了评选表彰全国金融五一劳动奖状、五一劳动奖章活动。共评选表彰全国金融五一劳动奖状获得单位 52 个，五一劳动奖章获得者 194 名。向全国总工会推荐的 6 个单位和 20 名个人分别获全国五一劳动奖状和全国五一劳动奖章称号。

按照全国总工会下发的《关于评选表彰第八届全国职工职业道德建设十佳单位和十佳标兵活动的通知》要求，针对职工队伍中存在的热点、难点问题，有的放矢地加强了职业道德教育，引导职工自觉增强大局意识和全局观念，做好释疑解惑、凝聚人心、疏导情绪、化解矛盾的工作。在评选工作中，中国金融工会坚持高标准，坚持走群众路线，在调查摸底的基础上，考核推荐了金融系统候选单位和个人。经过评选，中国农业银行湖北省麻城市支行宋埠分理处储蓄员金红英获“全国职工职业道德建设十佳标兵”称号。

（四）推动维权制度机制建设，发挥工会参与职能

2001 年 7 月 18 日至 19 日，中国金融工会在广西召开职工民主管理工作经验交流会议。各中央金融机构工会的主要领导人等 70 余人参加会议。会上共有 9 个单位介绍了经验。何界生到会讲话，王敬东作会议总结。会议比较系统、全面地总结了一段时间以来金融系统职工民主管理工作的成绩：70%以上的基层金融分支机构建立了职工代表大会制度，并逐步向二级、一级分支机构扩展；建立了有效规范的职工代表大会工作机制和有关制度；积极探索和拓展职工民主管理工作的新形式、新内容，如民主选举中层干部以及实行平等协商、签订集体合同制度等，并取得初步经验。

2002 年，金融系统各级工会特别注重推动和加强以职工代表大会制度为基本载体的维权工作制度和机制建设。在学习党的十六大精神的基础上，中国金融工会修订了金融系统职代会实施意见和细则。

（五）注重职工思想引领，发挥工会教育职能

中国金融工会积极组织动员金融职工学习党的十六大精神和工会十四大精神，并举办了一系列活动，开辟专栏、组织培训班等，以思想政治为引领，提高广大职工队伍素质，团结动员广大职工投身社会主义现代化建设。

宣传好劳模的先进事迹是发挥工会教育职能的重要组成部分。为做好金融系统先进模范人物的宣传工作、扩大影响，在金融系统营造尊重劳模、崇尚先进的良好氛围，中国金融工会充分利用《金融时报》《中国金融工运》等报刊，对劳模的先进事迹进行广泛、深入的宣传。“五一”前后，结合评比表彰活动，在《金融时报》开辟了“金融劳模专刊”，先后有一大批受表彰单位和个人的先进事迹在《金融时报》和《中国金融工运》刊登。通过不同的形式和侧面，把党和工会组织对劳模的关心和爱护，把劳模身上所体现出来的高尚品质进行全方位的宣传，努力在金融系统营造一种关心劳模、争当先进的良好风气。

中国金融工会女职工委员会开展了“WTO 与金融”女职工征文活动，共收到征文 2000 多份。中国金融工会还成立了中国金融书法家协会、金融京剧爱好者协会，各项活动备受社会关注和肯定。各级工会组织继续认真落实《全民健身计划纲要》，推动了金融系统职工全民健身活动的开展。

2001 年，新修订的《工会法》颁布后，中国金融工会发布通知，要求金融系统各级工会组织和工会干部认真学习宣传贯彻《工会法》，为推动学习宣传活动深入开展，结合贯彻落实《中共

中央金融工作委员会关于进一步加强对金融系统工会工作领导的意见》和中央金融工委召开的全国金融系统工会工作会议精神，举办两次《工会法》专题培训，邀请有关领导、专家和学者进行授课，并将培训内容制作成光盘下发，推动了整个金融系统工会干部的培训工作。各总行（会、司）工会结合自身的情况，也开展了不同层次的培训。3月24日至6月24日，中国金融工会举办全国金融系统《工会法》知识竞赛活动。竞赛组委会办公室共收到有效答题卡100多万份，其中正确的占52.33%。竞赛组委会从3080个参赛集体中评出34个优秀组织奖，从正确答题卡中抽出10个一等奖、20个二等奖、30个三等奖和300个纪念奖。这项活动有力地调动了金融系统广大干部职工学好、用好《工会法》的积极性、主动性和创造性，提高了广大工会干部依法办事的自觉性。

2003年，为学习宣传贯彻工会十四大精神，中国金融工会分别举办了三个培训班。11月15日在北京举办了工会十四大精神学习培训班，来自各金融机构一级分支机构工会处级以上干部共计200人参加了培训班。培训的主要内容是学习2003年胡锦涛在同中华全国总工会新一届领导班子成员和工会十四大部分代表座谈时的讲话，曾庆红代表党中央在工会十四大上的祝词，王兆国在工会十四大上所作的报告等。11月22日至26日，在云南昆明举办了“中国金融工会第二届经审会委员培训班”，来自14个金融机构总行（会、司）的14位经审委员参加了培训，培训的主要内容是《学习贯彻中国工会十四大精神辅导》《工会经审工作》《工会审计工作》《金融机构工会财务审计特点要求》。10月13日至16日，在上海举办了“金融系统工会女职工工作干部培训班”，来自各金融机构，总行（会、司）及其一级分支机构工会负责女职工工作的干部共计48人参加了培训，培训的主要内容是《学习江泽民同志“三个代表”重要思想辅导讲座》《学习中国工会十四大精神辅导讲座》《女职工工作理论与实践》《金融改革发展与工会女职工工作》《中国妇女运动关注的热点问题》。同时，《中国金融工运》杂志开辟《学习贯彻中国工会十四大精神》栏目，指导和促进基层单位的工会工作。

2003 年，在中国首届职工艺术节活动中，金融系统各参赛单位精心组织，取得了可喜的成绩：金融爱乐合唱团在职工艺术节开幕式上，获得了优秀组织奖。金融系统推荐报送的 51 个（件）作品，有 25 个（件）作品入选，并参加了音乐、舞蹈、曲艺展演、书法美术展览、京剧演唱比赛和职工模特选拔等 6 项活动，共获得 4 个金奖、6 个银奖、6 个铜奖、1 个优秀奖、7 个入选奖、1 个提名奖和 6 个单项奖的好成绩。6 个单项活动均获得了优秀组织奖，充分展示了金融系统职工的精神风貌和艺术风采。《工人日报》《中国艺术报》《中国文化报》均对此作了报道。

2003 年 6 月 19 日，中国金融工会转发了《中华全国总工会关于兴起学习贯彻“三个代表”重要思想新高潮的通知》，并要求金融系统各级工会按照党中央和全国总工会的统一部署，认真学习党的十六大精神和“三个代表”重要思想学习纲要。同时，组织各级工会及近百万名金融职工参加了全国总工会开展的全国职工学习党的十六大精神系列活动。在重庆举办的“全国职工学习党的十六大精神系列活动”决赛中，金融系统代表队获铜奖，中国金融工会组宣部获优秀组织奖。根据全国总工会的有关文件精神，中国金融工会结合各总行（会、司）工会组织参加活动的情况，评出获全国总工会“全国职工学习党的十六大精神系列活动”知识竞赛类个人一等奖 6 名，二等奖 10 名，三等奖 15 名；评出获全国总工会演讲比赛类个人一等奖 2 名，二等奖 5 名，三等奖 10 名，中国金融工会还设立了 10 个优秀组织奖，表彰参加这次活动的先进单位，由中国金融工会颁发证书、奖牌和奖金，《中国金融工运》杂志专门开辟了《学习十六大文件》和《“三个代表”重要思想与工会工作》栏目，通过发表以“三个代表”重要思想为指导，开创性地做好工会工作的理论文章和经验材料，指导工会工作。

二、金融机构改革迈出关键步伐时期的金融工运

2001 年 12 月，我国加入世界贸易组织，金融业必须按照《服务贸易总协定》和金融服务协议等相关要求逐步开放，中国金融业开放力度不断加大。2002 年党的十六大召开，标志着我国社会主义市场经济体制的初步建立，改革开放进入了完善社会主义市场经济体制的新阶段，金融业有了更加稳定和有序的发展环境。从 2001 年起，中国金融行业经历了金融改革、全面对外开放和国际竞争的重大变化。

2003 年成立了中国银行业监督管理委员会，将原来由中国人民银行行使的对银行机构的监管职能分离出来，确立了中国分业经营、分业监管的制度框架。同时，证券、保险、基金等行业也在这一时期得到快速发展。2004 年国有金融机构改革，更多的外资金融机构进入中国。随着国际经济形势的变化，中国的金融业也开始面临越来越多的竞争压力。中国政府不断加强对金融业的监管和规范，以维护金融稳定和安全。

根据党的十六大提出的以科学发展观为指导、全面建设小康社会的基本要求，2004 年 12 月，全国总工会十四届二次执委会议明确提出“组织起来、切实维权”是新世纪新阶段工会工作的基本任务、工作重点和主要途径。会议还指出要坚持走中国特色社会主义工会发展道路。在经济全球化、政治多极化的国际大背景下，中国工会面临着比以往更为复杂的国际和国内环境。

在经济全球化过程中，国际资本的强势地位，造成了劳动力价格向下竞争的局面，使劳动者的劳动条件呈现逐步恶化的趋势，

加剧了我国市场化进程中的劳动关系不平衡，影响了和谐社会的构建。2006 年 12 月，王兆国在全国总工会十四届十一次主席团会议上，首次鲜明地提出了“以职工为本，主动依法科学维权”的中国特色社会主义工会维权观。他指出，工会贯彻落实科学发展观、构建社会主义和谐社会的着力点，就是要牢固树立中国特色社会主义工会维权观，推动建立和谐稳定的劳动关系，切实维护职工合法权益，促进国家和企业发展。

总体而言，2003 年至 2007 年是中国金融行业发展迅速、国际化程度不断提高、新技术应用不断涌现、竞争激烈且充满挑战的时期。面对这些挑战，中国金融工会不断加强组织建设、制度建设、文化建设，以适应形势需要。

（一）促进金融行业健康发展，进一步加强工会组织建设

2003 年至 2007 年，中国金融工会采取了一系列措施加强金融系统工会组织建设，旨在增强工会的凝聚力和战斗力，为金融从业者提供更好的服务和保障，促进金融行业的健康发展，实现共同的利益和发展目标。通过加强组织建设，中国金融工会能够更好地代表和维护工会会员的权益，为他们提供更广泛的支持和帮助，进一步巩固和发展中国金融工会的地位和作用。

纠正在改革中随意将工会主席免职的错误做法。2004 年，针对一些金融机构在干部人事制度改革和股份制改革中，随意将工会主席、副主席免职，并将其职位纳入竞聘范围的不规范做法，中国金融工会依据《工会法》和《中国工会章程》的规定，发布《关于基层工会领导职位不能随意竞争有关问题的通知》，促使相关金融机构采取切实有效措施，纠正和避免工会主席随意免职或纳入竞聘岗位等错误做法。

开展保持共产党员先进性教育活动。从 2005 年 1 月开始，中国金融工会机关党支部认真开展了保持共产党员先进性教育活动。

机关全体党员紧密结合新时期工会工作的特点和金融系统工会工作的实际，坚持边学边改，注重实效。同时，广泛征求各金融机构工会对中国金融工会机关工作的意见和建议，制定了保持共产党员先进性的具体措施。

协助各金融机构党委选好配强工会领导班子。2005 年 2 月，中国金融工会下发《中国金融工会全国委员会协管工会干部的暂行规定》，详细规定了协管干部的原则、范围、职责和程序，使工会协管干部工作进一步制度化、规范化。同时，根据规定要求，中国金融工会积极协助中国人民银行、中国银行业监督管理委员会、中国工商银行、中国农业发展银行、中国建设银行、交通银行、中国光大（集团）公司、民生人寿保险股份有限公司、中国建银投资有限责任公司等 9 家金融机构进行工会领导班子的更换、调整和新建，加强工会组织工作。

搞好工会组织建设。为落实《工会法》和《中国工会章程》的规定，纠正工会组织及其办事机构被撤并的问题，中国金融工会下发《关于进一步加强金融系统工会组织建设，完善工会组织办事机构设置和工会专兼职干部配备的规定》。根据全国总工会的统一安排，2005 年 2 月 15 日至 3 月 15 日，派出两组人员对工商银行江苏省分行、中国银行浙江省分行、人寿湖南省分公司、中信银行广东省分公司、建设银行河南省分行、农业银行陕西省分行、交通银行河北省分行、人保股份甘肃省分公司等 8 家金融机构的工会工作情况进行调研，起草《关于对部分金融机构工会工作及工会组织状况的调研报告》上报全国总工会。

加强工会干部队伍建设。举办全国金融系统优秀工会干部、财务、女职工、经审等先进工作者培训班。2005 年 4 月 18 日至 28 日和 5 月 14 日至 24 日，王凤芝副主席等中国金融工会的领导带领全国金融系统优秀工会干部和工会财务、经审、女职工先进工作者赴中国香港、泰国、中国台湾进行培训考察。这些参加培训考察的成员都是从近5年来获得全国金融系统优秀工会干部和工会财务、经审、女职工先进工作者荣誉称号的工会干部中推选出来的。2005年7月7日至11日在昆明市举办全国金融系统工会组宣干部培训班，2005年11月18日至22日在河北香河举办全国金融系统工会领导干部培训班，对近3年新上任的工会领导干部进行培训。

加强金融系统工会组织建设。2005年8月27日下发《关于进一步加强金融系统工会组织建设，完善工会组织办事机构设置和工会专兼职干部配备的意见》的通知，要求各金融机构总行（会、司）工会配合党委组织部门认真对照该意见的要求，对本系统、本单位工会组织办事机构的设置和工会专兼职干部的配备等进行自查。2005年11月23日至30日，中国金融工会对中国工商银行、招商银行、中国人民保险集团公司、中国东方资产管理公司等4家金融机构的工会组织建设、工会组织办事机构设置和工会专兼职干部配备情况进行抽查。按照工会协管干部的原则，对中国人民保险集团公司等15家金融机构24位拟任主任（主席）、副主任（副主席）人选进行考察。在考察的基础上，对中国中信集团公司、中国民族证券有限责任公司工会委员会的换届改选工作进行了批复，并同意组建中国银河金融控股有限责任公司工会工作委员会。

（二）积极履行维护职能，深化职工权益保障

2003年至2007年，中国金融工会积极履行维护职能，为职工提供关怀和支持，推动职工权益保护机制的建设，加强法律法规的宣传，关注并慰问困难职工。一系列举措的有效落实充分体现了中国金融工会对职工的关心和支持，进一步推进了解决职工问题的工作，提升了中国金融工会的形象和影响力，促进了金融行业的稳定发展。

开展送温暖和关爱劳模活动。2004 年新年伊始，中国金融工会主席何界生和副主席王敬东、王凤芝等领导干部带领团队，开展了一系列关爱劳模的活动。他们先后前往浙江、广东、山西等地，为困难职工送去温暖和关爱，总计发放慰问金 50 余万元。同时，中国金融工会还在春节前夕向 248 名特困劳模发去慰问信，并寄去慰问金。对于去世的劳模家属或其他有特殊困难的劳模，也发放了慰问金，总计金额达 51 万元。中国金融工会先后组织了 48 位金融系统劳模进行疗休养，并安排了参观、考察和游览等活动，为他们进行身体检查。2005 年，中国金融工会继续推进关爱劳模的活动。王敬东和王凤芝分别率领慰问团队前往吉林和河南两省，慰问了金融系统各地分支机构的 213 名困难职工和特困劳模，并发放慰问金 32 万多元。春节前夕，又向 461 名特困劳模寄去慰问金，总额达 92. 2 万元。为了进一步拓宽金融系统劳模管理工作的思路，中国金融工会还组织了 40 名先进模范人物，包括全国劳动模范、全国金融劳动模范、全国五一劳动奖章和全国金融五一劳动奖章获得者等，前往欧洲进行学习、考察和疗养，开阔先进模范人物的视野。此外，中国金融工会及时转发《中华全国总工会办公厅建立困难职工档案制度暂行办法》，要求各级金融机构工会逐级建立困难职工档案，特别关注特困劳模，并实现对特困劳模的动态管理。

开展关爱困难职工工作。首先，关注解决单亲特困女职工的生活问题。2006 年，根据全国总工会女职工委员会的意见要求，将帮助单亲困难女职工子女就学和解决生活问题纳入工会工作日程。通过下发《关于在金融系统职工中开展帮扶单亲特困女职工活动的通知》和出台《关于切实解决单亲困难及特困女职工生活问题的实施意见》，中国金融工会鼓励广大职工积极参与帮扶活动，并自愿捐款 100 多万元。为了更加贴近职工群众，中国金融工会副主席兼女职工委员会主任带队实地走访了部分金融机构的单亲特困女职工，并将慰问金亲自送到她们的手中。其次，关注受灾困难职工的帮扶工作。在 2007 年的春节前夕和夏季汛期，中国金融工会副主席王敬东、王凤芝组织慰问小组前往广东、江西、四川、重庆等受灾较严重的地区，看望并慰问基层金融机构的受灾职工、困难职工和单亲特困女职工。根据职工的损失程度，通过向困难职工家庭发放慰问金和慰问信，为 686 名受灾职工提供了总计 189.25 万元的慰问资金。这些慰问活动无疑为困难职工带来了实际的帮助和温暖，彰显了中国金融工会对职工的关心和支持。

除了关爱劳模与特困职工，中国金融工会还致力推动和完善在工会组织领导下的维权机制建设。2005 年，积极推动在总行（会、司）建立和完善职工代表大会制度的工作，以配合股份制改造工作的进行。要求国有及国有控股金融企业的改制方案必须经过职代会讨论，并且职工安置方案必须经过职工代表大会的审议通过。与此同时，他们还认真调查研究，针对民主管理工作中遇到的新情况和新问题，主动向党委提出意见和建议，以推动维权机制的建设。

（三）建功立业促发展，积极履行建设职能

2003 年至 2007 年，中国工会在金融系统开展了一系列重要活动，以促进工会组织建设和工会事业发展，提升金融职工的素质和能力，为金融事业的发展作出了积极贡献。

深入扎实地开展大调研活动。2004 年，根据全国总工会“组织起来、切实维权”大调研的总体部署，结合金融系统实际，针对国有独资金融企业股份制改造过程中的工会组织建设、工会工作情况以及职工思想状况进行了有针对性的调研。这使得工会能够更好地了解职工的需求和问题，为他们提供更加精准的服务和维权支持。

推动学习型组织和知识型职工活动的开展。在响应全国总工会、中央文明办等九单位关于开展“创争”活动的决定时，中国金融工会于2004年在金融系统大力推动了这一活动。同年11月中旬于济南，通过制定金融系统创建学习型单位（班组）评价体系和举办“创争”活动现场推进会，中国金融工会推出“创争”活动的16个示范单位（班组），交流了典型经验。这不仅提升了金融职工的学习能力和创新能力，还促进了金融系统的发展和进步。

中国金融工会女职工委员会举办了金融系统女职工“学先进、比贡献、立足本职建新功”活动10周年成果展示会。为总结活动经验，展示金融女职工在物质文明、政治文明和精神文明建设中取得的突出业绩，2005年7月19日至20日，全国金融系统女职工“学、比、建”竞赛活动10周年成果展示会于江苏省常州市召开。会上，共有8个单位介绍交流了活动经验。自1995年起，中国金融工会女职工委员会先后在全系统开展了“学习成才”活动、“岗位立功”活动、“姐妹互助”活动、“创建文明家庭”活动等。这些活动不仅使有关方面进一步了解了工会女职工组织的作用，加强了各级工会女职工基层组织建设，还培养锻炼了一批女职工人才，为广大女职工在金融事业发展中发挥“半边天”作用提供了良好的平台。

做好评选表彰活动。为大力弘扬与时俱进、开拓创新的时代风貌，推动金融企业劳动关系的和谐稳定，中国金融工会于2007年先后开展评选表彰全国金融系统职工创新示范岗、全国金融系统职工创新能手和金融系统劳动关系和谐企业活动，授予中国银行业监督管理委员会北京监管局履职后评价处等20个单位（班组）全国金融系统职工创新示范岗称号，授予田宝等19名个人全国金融系统职工创新能手称号；表彰中国人民银行中国印钞造币总公司昆山钞票纸厂等22个劳动关系和谐企业单位，并授予全国金融系统劳动关系和谐企业称号。

（四）深入推动维权制度机制建设，发挥工会参与职能

2003 年至 2007 年，中国金融工会充分发挥职工代表大会的作用，不断充实和完善职工代表大会制度，把职工民主管理制度建设真正落到实处。

2005 年 11 月 22 日至 23 日，中国建设银行召开了第一届职工代表大会。会议通过了《工作报告》《中国建设银行企业年金试行办法》和《中国建设银行职工代表大会议事规则》。在此之前，中国建设银行还下发了《关于在股份制改革中加强党委对工会工作领导的意见》。这些举措使得建立健全党委领导下的职工代表大会制度真正发挥了重要作用，为金融企业建立现代企业制度和完善法人治理结构作出了贡献。

2006 年，中国金融工会继续推动职工代表大会制度建设，积极宣传和推广中国建设银行总行等单位召开职工代表大会的做法和经验；同时，按照有关法律规范，下发《关于认真贯彻〈中华全国总工会关于进一步推行职工董事、职工监事制度的意见〉的通知》，进一步推动在金融系统落实职工董事、职工监事制度。

经过不断努力，中国金融工会在充实和完善职工代表大会制度方面取得了显著成果。通过推动职工代表大会的召开和制度建设，中国金融工会为金融企业的现代化发展和法人治理结构的完善作出了重要贡献，同时也进一步增强了职工参与和监督权益。

（五）注重职工思想引领，发挥工会教育职能

2003 年至 2007 年，中国金融工会积极履行教育职能，通过一系列举措，包括普法、评选表彰、劳模精神弘扬、职业道德建设以及活跃基层文化生活等，为金融系统职工的发展和企业文化的建设作出了积极贡献。

学习宣传《劳动合同法》。中国金融工会成立了系统《劳动合同法》学习宣传工作领导小组，由何界生担任组长，王敬东、王凤芝担任副组长，加强对《劳动合同法》学习宣传工作的领导。2007 年 7 月 10 日，中国金融工会转发了全国总工会的通知，要求各金融机构工会积极学习宣传贯彻《劳动合同法》。为帮助金融系统职工更好地理解新法律，中国金融工会还邀请了全国人大常委会法工委行政法室主任进行辅导报告，共有 280 多名来自各金融机构总行（会、司）工会和在京分支机构工会专兼职干部及部分职工代表参加了报告会。

采取多种形式以确保《劳动合同法》学习宣传的深入开展。在机关内部，中国金融工会组织开展自学、集中学习和知识答题等活动。同时，充分利用宣传橱窗、中国金融工会机关刊物以及《金融时报》等渠道，大力普及《劳动合同法》的知识，交流学习的体会，并宣传劳动关系和谐企业的先进经验，使贯彻执行《劳动合同法》的工作得到了各金融机构领导的普遍重视。中国金融工会注重与金融系统的实际情况相结合，加强调查研究工作，针对劳动合同、集体合同制度建设方面的不足，提出了切实可行的措施，使学习宣传活动能够真正落到实处。中国金融工会及时回应地方工会和其他有关方面反映的金融企业违反劳动合同法律法规和规避《劳动合同法》的情况。12 月 24 日下发《关于认真贯彻执行〈劳动合同法〉制止金融企业违反和规避劳动法律法规行为的紧急通知》，要求各级工会组织配合行政部门，切实维护金融系统员工的合法权益。

在金融系统开展评选表彰职工创新示范岗、创新能手活动。为激发和调动广大金融职工学习创新业务技术、投身金融改革发展的积极性，中国金融工会决定从 2004 年开始，在金融系统开展评选表彰职工创新示范岗、创新能手活动，每 3 年进行一次评选。为确保评选工作的公正与透明，中国金融工会成立了评审委员会，要求被推荐的创新示范岗和创新能手在本单位进行公示，并由工会逐级审核申报。经过评审委员会的审核，符合条件的职工分别被授予全国金融系统职工创新示范岗和全国金融系统职工创新能手的荣誉称号。

弘扬劳模精神，表彰全国金融五一劳动奖状获得单位和全国金融五一劳动奖章获得者。2004年，中国金融工会在“五一”国际劳动节前夕，向在推进金融改革发展中作出突出贡献的先进单位和个人进行表彰。其中，中国人民银行灌阳县支行等51个先进集体被授予全国金融五一劳动奖状，季淳等206名先进个人被授予全国金融五一劳动奖章。这些先进单位和个人在实现国民经济宏观调控、改善金融资产质量、提高经营效益、防范和化解金融风险、确保金融安全高效稳健运行、促进国民经济的较快平稳发展等方面作出了突出贡献。中国金融工会号召广大金融系统职工以他们为榜样，学习他们的先进事迹和先进思想，弘扬他们的崇高精神，胸怀大局，求真务实，爱岗敬业，扎实工作，与时俱进，努力开创金融改革与发展的新局面。中国金融工会在新闻媒体上大力宣传和弘扬劳模精神，例如在《中国金融家》杂志上刊登了封面文章《奖章背后的故事——金融系统2005年全国“五一劳动奖章”获得者风采展现》。

开展职工职业道德建设。2006年，中国金融工会开展了职工职业道德建设的活动。组织评选表彰第二届全国金融系统职工道德建设十佳单位、十佳标兵、十佳班组以及先进单位、先进个人、先进班组。同时，对评选出的十佳单位、十佳班组授予全国金融五一劳动奖状，对“十佳标兵”授予全国金融五一劳动奖章。这些活动旨在树立和弘扬金融系统职工的职业道德，激励广大职工以先进事迹为榜样，不断提升自身的职业素养和道德水平。

活跃基层文化生活、构建和谐企业文化。2006年，中国金融工会采取一系列措施来活跃基层文化生活，构建和谐的企业文化。

2006年3月，开展职工体育先进评选表彰，根据有关规定，在征求各金融机构工会意见的基础上，经过审核批准，中国人民银行杭州中心支行机关等17个单位获得2005年度“全国金融系统职工体育达标先进单位”称号，中国人民银行杭州中心支行行长周业樑等17人获得2005年度“热心支持体育工作者”称号。表彰活动旨在鼓励金融系统职工积极参与体育活动，提高身体素质，养成健康生活方式。4月，举办历时5个月的第一届“金融工运杯”摄影比赛。共收到来自21家金融机构共572人的1232幅摄影作品。经过中国摄影家协会专家的评选，中国农业银行广西分行的韦延思获得金奖，3人获得银奖，8人获得铜奖，54人获得优秀奖。10月26日至30日，为纪念红军长征胜利70周年，举办了《翰墨丹青颂长征——金融系统70名书画家纪念红军长征胜利70周年作品展》，充分表达了金融系统广大职工对革命先烈、红军将士和老一辈无产阶级革命家的无限崇敬和深切怀念之情。11月12日至16日，中国金融工会委托中国民生银行组队代表金融系统参加了在江苏省淮安市由全国总工会举办的“知荣辱、树新风、促和谐”知识演讲大赛总决赛，金融系统代表团取得了优异成绩，其中1人夺得一等奖，3人获得二等奖。12月24日，中国金融摄影家协会在北京正式成立。该协会在中国金融工会的领导下开展工作，并接受中国摄影家协会的业务指导。这些举措共同助力于活跃基层文化生活，构建和谐的企业文化。

（六）开展国际交流和友好活动

2005年5月9日至16日，中国金融工会代表团应日本全国生命保险劳动组合联合会（生保劳联）的邀请，进行了为期8天的友好交流访问。代表团由中国金融工会副主席王敬东担任团长，共有5人。访问期间，中国金融工会与日本生保劳联就双方工会的工作开展情况进行了良好的沟通和交流。同时，在日本生保劳联的安排下，代表团还拜会了日本劳动组合总联合会和日本全国生命保险协会，并参观考察了朝日生命保险、第一生命保险、明治安田生命保险、住友生命保险、日本生命保险等多家金融保险企业。

2005 年 12 月 12 日至 26 日，中国金融工会主席何界生和副主席王敬东率团访问了巴西和墨西哥。访问期间，代表团与巴西、墨西哥的银行界和工会界同人进行了广泛的工作交流，并向巴西、墨西哥的工会负责人介绍了中国金融工会的情况。

三、妥善应对国际金融危机、深化改革和扩大对外开放时期的金融工运

2007 年开始的美国次贷危机，到 2008 年演化为一场全球性的金融危机。国际金融危机也给中国带来了前所未有的困难和挑战，从 2008 年第三季度以来，中国出口大幅下滑，经济增速放缓，就业压力加大。

随着国际金融危机对我国经济的影响不断加大，职工权益和劳动关系面临着一系列新情况，主要体现为：企业用工需求明显减少，就业形势空前严峻，职工权益受损，企业欠薪、欠保不断发生，因裁员、减薪和补偿等导致的劳动争议数量急剧上升。这些新情况使劳动关系的和谐稳定受到冲击，对工会依法维权、协调劳动关系提出了严峻挑战。

面对困难和挑战，工会工作立足于明确企业与劳动者发展的共同利益，强调劳动者对于企业发展的促进作用及其合法权益，并继续加强企业的工会组建，切实做好职工的权益保护工作。

（一）持续推进组织建设，提高工会履职水平

2007 年至 2012 年，中国金融工会在加强组织建设方面展开

了一系列积极的举措，旨在提升工会的组织能力和服务水平，更好地满足职工的需求和促进行业的健康发展。2007 年 3 月，全国总工会经请示党中央、国务院而印发的《关于明确中国金融工会组织领导关系的通知》明确，中国金融工会是实行垂直领导的全国性产业工会，是金融系统各级工会组织的领导机关，实行中国银监会党委和全国总工会双重领导，以中国银监会党委领导为主的体制。该文件为中国金融工会组织建设奠定了坚实的基础。

组织开展学习实践科学发展观活动，切实加强思想建设。2008 年，中国金融工会组织开展学习实践科学发展观活动，切实加强思想建设。按照统一部署，机关全体党员紧密联系工作实际，认真学习《科学发展观重要论述摘编》等相关书籍和上级文件。同时，广泛征求各会员单位和基层工会对中国金融工会机关工作的意见和建议。组织开展学习实践科学发展观、解放思想的大讨论，通过广泛征求意见和认真调研，形成了领导班子的分析检查报告。针对存在的问题，中国金融工会进行认真研究，制定相应的整改措施。通过这一系列的学习和实践活动，中国金融工会加强了对科学发展观的理解和应用，提高了干部和党员的思想觉悟和工作能力。同时，通过广泛征求意见和调研，中国金融工会更加深入地了解了会员单位和基层工会的需求和意见，为更好地开展工作提供有力的支持和指导。

规范和加强工会领导干部协管工作。2009 年，中国金融工会按照全国总工会的要求和《中国金融工会全国委员会协管工会干部的暂行规定》，加强对金融机构各总行（会、司）工会新任主席（主任）和副主席（副主任）的考察工作。特别是在中国金融工会换届选举前，结合常委、委员的推荐工作，及时对退休或调离工作岗位的工会领导干部进行替补。全年与各金融机构党委组织部门共同对 17 家金融机构的 7 名工会主席（主任）和 16 名工会副主席（副主任）进行了考察。在协管的过程中，积极与金融机构党委和组织部门沟通协调，大力推动工会专职干部的配备和办事机构的独立设置工作。

2012 年，中国金融工会进一步加强对工会领导干部的协管工作。根据《中国金融工会全国委员会协管工会干部的暂行规定》，进一步完善对总行（会、司）新任主席（主任）和副主席（副主任）的考察工作。对 13 家金融机构的工会主席（主任）、工会副主席（副主任）、经审会主任和女工委主任进行了考核，共计 34 人次。继续推进选举制工会委员会的建立工作，有 14 家总行（会、司）建立了选举制的工会委员会。

加大工会组织建设力度，推动工会规范化建设。2010 年，中国金融工会加大对工会组织建设的力度，推动工会规范化建设。首先，大力推进总行（会、司）建立选举制的工会委员会，新增了 4 家，总数达到 14 家。其次，组织开展对贯彻落实全国总工会和中国金融工会有关文件情况的检查。由刘承萱、王玉祥、宋萍带队的 3 个检查小组在 2010 年 5 月 15 日至 31 日，分别对中国农业发展银行、中国工商银行、中国农业银行、中国银行、中国建设银行、中国人民保险集团股份有限公司、中国人寿保险（集团）公司等 7 家金融机构的黑龙江、陕西、江苏、安徽、河南、湖北、广东省级分支机构以及其中一家市（地）级机构的工会组织办事机构设置和工会专职干部配备情况进行了专项检查。随后，在 6 月 21 日召开会议通报贯彻落实情况。中国金融工会还批复同意成立中国太平保险集团公司工会委员会，并作为会员单位加入中国金融工会。按照协管干部的相关规定，中国金融工会对 9 家金融机构的 5 名拟任工会主席（主任）、9 名工会副主席（副主任）、3 名经审会主任和 3 名女职工委员会主任进行考察和任免。

推进省级金融工会建设。2007 年，全国总工会发布的《关于明确中国金融工会组织领导关系的通知》明确，中国金融工会在各省、自治区、直辖市及市（地）恢复建立金融工会组织。2007

年5月，中国银监会党委印发的《关于明确中国金融工会组织领导关系恢复省市两级金融工会组织的通知》明确，恢复建立的省级金融工会组织，是中国金融工会的派出机构，其主任实行委任制，担任所在地银监会派出机构党委委员。2012年10月29日，中国金融工会省（区、市）工作委员会组建工作推进会在北京召开，中国银监会主席尚福林出席并讲话，郭利根主持会议并就做好中国金融工会省（区、市）工作委员会组建工作提出要求，中国金融工会领导和有关省（区、市）银监局工会负责同志参加会议。2012年2月起，中国金融工会陆续在31个省、自治区、直辖市和5个计划单列市开展恢复建立省级金融工会组织（工会工作委员会）工作。

创新工作思路，完善自身建设。中国金融工会在2011年创新工作思路，完善自身建设。先是对全年工作早计划、早安排，实现了会议、评先、培训和各项活动的整合。在2011年1月30日，下发《关于2011年中国金融工会评先创优项目评比标准及有关要求的通知》；2月12日，下发《关于中国金融工会2011年会议初步安排的通知》《关于中国金融工会2011年培训工作初步安排的通知》《关于中国金融工会2011年调研、文体、疗养等活动初步安排的通知》。通过整合，中国金融工会提升了工作的前瞻性、主动性、针对性和有效性。此外，为了提高培训工作的质量和效果，中国金融工会对工会干部教育培训工作进行归口管理。重点关注工会领导干部的上岗培训和工会干部的业务培训，统筹整合金融系统工会干部培训工作，将培训学习、经验介绍、研讨交流和工作会议相结合，实现了工会干部培训的整体效应。通过培训，中国金融工会提高了工会领导和工会干部的思想理论水平和业务工作素质，提升了工会组织的履职水平。

（二）积极履行维护职能，推动职工权益保护

中国金融工会在2007年至2012年间的抗震救灾中发挥了重要作用。面对雨雪冰冻灾害和汶川地震、玉树地震，中国金融工会及时行动，组织捐款、慰问灾区职工，并提供心理援助。中国金融工会号召全国金融系统积极参与重建工作。中国金融工会的支持和关怀，让灾区职工感受到了来自全国金融界的温暖和支持，体现了工会在维护职工权益、服务社会方面的重要职能。

2008年初，南方地区遭受严重雨雪冰冻灾害。中国金融工会及时下发紧急通知，要求灾区各级工会组织配合有关部门，为战斗在生产第一线的职工服务，帮助因灾情而生活困难的职工。同时，要求各金融机构工会关注本系统职工受灾情况。2008年4月，对上报受灾情况的14家金融机构拨付慰问金总计120余万元。

2008年5月12日，四川汶川特大地震发生后，中国金融工会迅速行动。5月13日，下发紧急通知，号召各金融机构工会全力参与抗震救灾工作。5月14日至15日中国金融工会副主席王敬东率慰问组前往四川灾区，携带130余万元慰问款，看望金融系统受灾职工并了解灾情。5月20日，下发了《关于积极响应全国总工会号召动员广大会员参加“重建家园、再献爱心”大行动的通知》。5月21日，下发了《关于动员金融系统“全国模范职工之家”“全国金融模范职工之家”单位为四川地震灾区捐款捐物的紧急通知》。截至5月底，中国金融工会机关向地震灾区捐款433.71万元。此外，金融系统全国模范职工之家和全国金融模范职工之家共向四川灾区捐款308.25万元。

2010年4月14日，青海玉树地震灾害发生后，中国金融工会第一时间向青海省总工会捐款30万元，并成立慰问组前往灾区。5月21日至25日，慰问组对遇难职工的家属和有亲人遇难

的职工进行了慰问，发放慰问金 16.7 万元。6 月 17 日，下发《关于进一步做好对玉树地震灾区金融职工关爱帮扶工作的通知》，要求各金融机构工会稳定灾区职工队伍，组织疗休养和心理援助活动，解决灾区职工面临的问题。8 月 31 日，划拨 80 万元支持灾区金融机构职工之家重建。同时，向南方洪水和甘肃舟曲泥石流灾区的金融职工发放慰问金 51 万元。此外，完成了四川地震灾区金融机构工会心理援助志愿者培训工作，共有 97 名学员取得了心理援助培训结业证书。

同一时期，中国金融工会在维护职工权益、帮扶困难职工方面也做了大量工作。

进一步加强工会女职工权益保护。为适应新形势下工会女职工工作的需要，2008 年 8 月 26 日至 29 日，中国金融工会举办金融系统工会女职工工作干部培训班，旨在提高工会女职工工作干部的维权能力。同时，为推动金融系统工会女职工权益保护专项集体合同工作，11 月 29 日至 30 日，召开了金融机构工会经验交流座谈会，11 个单位分享了女职工权益保护专项集体合同工作的经验和做法。这些举措进一步加强了工会对女职工的关注和保护，提升了工会女职工工作的水平和效果。

积极推动劳务派遣工及其他用工人员入会、组建工会工作。2009 年 3 月 8 日至 11 日，在广东召开了在金融系统劳务派遣工及其他用工人员中发展会员、组建工会工作研讨会。会议研究讨论了在银行业柜员合同工、代办员，保险业营销员、代办员，证券业代理经纪人与外部经纪人等人员中发展会员和组建工会的问题。会议还对《关于在金融系统劳务派遣工及其他用工人员中发展会员、组建工会的意见》进行修改，并于 4 月 17 日正式下发给各金融机构工会。为总结金融系统劳务派遣工入会工作的经验，2012 年 10 月 10 日至 12 日，在湖北省武汉市召开全国金融系统劳务派遣工入会工作推进会。交通银行等 8 家单位介绍了开展劳务派遣工入会工作的经验。会议邀请了中国工商银行江苏南通分行等单位的4名劳务派遣工代表发言。这些会议的召开和经验交流，进一步推动了劳务派遣工入会工作的开展，为保障劳务派遣工的权益发挥了积极作用。

推动建立平等协商、集体合同制度，努力构建和谐劳动关系的措施不断加强。首先，中国金融工会与中国银行业协会、中国保险行业协会合作，向国家协调劳动关系三方推荐了中国工商银行福建省泉州分行、中国银行河南省济源分行、中国人民财产保险浙江省义乌市分公司等3家劳动关系和谐企业。这一举措旨在倡导平等协商、和谐劳动关系的理念和做法。其次，中国金融工会组织召开了中国人民银行、中国工商银行、中国农业银行、中国银行、中国建设银行、中国中信集团公司、中国光大（集团）总公司、中国民生银行、中国人民保险集团股份有限公司、中国人寿保险（集团）公司等10家主要金融机构工会参加的集体合同、工资协商座谈会，研究建立平等协商、集体合同制度的方式和途径。通过座谈会，各金融机构工会互相交流经验，共同探讨如何建立平等协商、集体合同制度，进一步促进劳资关系的和谐发展。在此基础上，金融系统的集体合同签订率有了较大幅度的提高。例如，中国印钞造币总公司、中国农业银行、交通银行的女职工权益保护专项集体合同签约率达到了100%。这一成果的取得，得益于金融系统各方的共同努力和合作。通过推动集体合同的签订，金融系统进一步确保了女职工的权益保护，为构建和谐劳动关系打下了坚实基础。

为依法推动建立工资集体协商和集体合同制度，金融系统于2011年5月5日至6日召开部分金融机构工会女职工权益保护专项集体合同调研座谈会，了解工作的推进情况以及存在的难点问题和解决办法。截至2011年底，女职工权益保护专项集体合同的签订率达到了工作目标的60%。其中，中国工商银行的签订率从

2010 年的 7.2%提高到了 60%以上，光大银行下属 29 家分行的签订率从 3.7%提高到了 88%。此外，时任中国金融工会副主席翟晓华带队分别赴中国银行河南分行、中国工商银行福建省分行、中国农业银行福建省分行营业部和中国人保财险贵州分公司进行了集体合同、工资集体协商工作的调研，为金融系统下一步推动此项工作做好了准备。这些举措的实施进一步促进了平等协商和集体合同制度的建立，为构建和谐劳动关系作出了积极贡献。

帮扶困难职工工作。为了帮助困难职工，中国金融工会全面做好“两节”送温暖工作。2011 年 1 月 10 日至 24 日，领导班子成员张东风、杨树润、翟晓华、宋萍、王玉祥分别率领慰问组先后赴甘肃、河南、贵州、广西、青海等省（区），深入金融机构基层网点和困难职工家中，看望慰问当地金融系统基层一线职工和困难职工，共为 1077 名困难职工送去慰问金 244.5 万元。春节前，为 450 名金融系统特困劳模寄送慰问金 90 万元，使特困劳模特别是离退休特困劳模倍感组织的关怀和工会的温暖。2011 年 12 月 11 日至 23 日，张东风、翟晓华、杨树润、宋萍分别率慰问组赴山西、福建、山东、吉林慰问。2012 年 1 月 12 日至 15 日，张鸣起率慰问组赴黑龙江省慰问。慰问组深入金融机构基层网点和困难职工家中，共计入户慰问 40 余户。在“两节”期间，中国金融工会本级共慰问困难职工 1153 人，慰问金额近 400 万元。

为了探索困难职工帮扶工作实现制度化、规范化、动态化、常态化、精细化、长效化的有效途径，中国金融工会于 2011 年 10 月 24 日至 27 日组织召开工会职工保障工作座谈会。会上，中国人民银行、交通银行、中国工商银行、中国建设银行和中国人民保险集团股份有限公司等 5 家单位交流了困难职工救助帮扶工作的经验。会后，进一步明确了金融系统特困职工标准，并于 10 月 31 日下发《关于报送困难职工档案和特困职工情况的通知》，要求各金融机构上报困难职工档案和特困职工，初步建立起金融系统特困职工档案，为进一步做好困难职工帮扶工作奠定基础。

为进一步完善困难职工的帮扶工作，金融工会印发《关于加强金融系统职工保障工作的指导意见》，要求完善以困难职工、困难劳模、单亲困难女职工等为重点对象的关爱帮扶机制，确保职工患重病、大病能得到本单位至少两级工会组织的及时有效帮扶。强调通过建立健全困难职工档案、建立帮扶平台、多渠道筹集帮扶资金等手段，切实做好困难职工帮扶工作。金融工会还开展了困难女职工结对子帮扶活动。2012 年 4 月 17 日至 18 日和 8 月 23 日至 24 日，分别在四川省成都市和甘肃省兰州市举办了以“我与金融共成长”“手拉手、面对面、心连心”为主题的结对子帮扶活动。通过这些活动，为困难女职工解决实际困难提供了有效的帮助和支持。

关注职工队伍稳定，创建和谐劳动关系。针对《劳动合同法》颁布实施以来出现的群体性上访和信访问题，中国金融工会对金融系统的情况进行了梳理，形成情况摘要，为领导的决策提供了依据和参考。2008 年 5 月 4 日，中国金融工会及时向银监会党委报告了金融系统在职工队伍稳定方面存在的突出问题。7 月 14 日，配合全国总工会法律工作部对金融系统的劳动争议情况进行调研。7 月 18 日，召开金融系统劳动争议调解工作座谈会，中国金融工会副主席王敬东出席会议，全国总工会法律工作部、中国金融工会机关和有关金融机构工会的代表也参加了座谈会。

2008 年 11 月初至 12 月中旬，中国金融工会组成了建设和谐劳动关系、维护职工合法权益的专题调研组。在银监局及相关金融机构的大力支持和配合下，先后深入云南省昆明、丽江、大理，辽宁省沈阳、辽阳、鞍山、营口、大连，浙江省杭州、台州、温州、嘉兴等地进行了调研。共召开了 14 次银行机构基层员工和劳模座谈会，共计 260 余人参加座谈会，收回 1879 份银行一线员工的问卷调查表。基于调研结果，撰写的《银行业机构基层员工劳动关系调研报告》抄报抄送给了有关领导和单位，对于进一步协调银行业的劳动关系、做好职工队伍稳定工作起到了促进作用。

（三）积极履行建设职能，服务经济发展大局

2007 年至 2012 年，为充分调动金融系统广大职工立足本职岗位、服务经济发展大局的积极性和创造性，充分发挥金融在促进国民经济平稳运行较快发展中的重要作用，中国金融工会开展了一系列建功立业竞赛活动。

开展“创新金融服务，支持经济发展”建功立业竞赛活动。中国金融工会于 2009 年 8 月 31 日召开动员大会，宣布关于竞赛活动的决定和方案。9 月 3 日，下发《全国金融系统“创新金融服务，支持经济发展”建功立业竞赛活动方案的通知》，要求金融系统各级工会组织紧紧围绕“加强和改善金融服务，促进国民经济平稳较快发展”的主题，组织广大职工广泛参与建功立业竞赛活动。

在之后的一系列活动中，中国金融工会深入扎实推进了建功立业竞赛活动。一方面，致力于提高金融服务水平和履行职能，加强对“三农”、中小企业、节能减排、自主创新、灾区重建、民生工程建设等方面的支持。这些努力不仅为经济发展作出了积极贡献，也涌现出了许多先进单位和个人。另一方面，中国金融工会紧密围绕上海世博会的主题，广泛开展了宣传世博、服务世博的竞赛活动。2010 年 1 月 20 日，在上海召开世博会倒计时 100 天的全国金融职工宣传世博、服务世博活动动员大会。会上宣读了《金融职工宣传世博、服务世博活动倡议书》，上海各金融机构有关负责人和职工代表 220 余人参加会议。

中国金融工会下发《金融职工宣传世博服务世博活动倡议书》和《金融职工宣传世博服务世博活动方案》。为进一步加强竞赛活动，2010 年 6 月 6 日至 8 日在上海召开了全国金融系统

“创新金融服务，支持经济发展”建功立业竞赛活动经验交流会。会议向金融系统广大职工发出倡议，要求他们为上海世博会提供一流的金融服务，为支持经济发展作出积极贡献。此外，中国金融工会还在12月8日表彰了48个为宣传世博、服务世博作出积极贡献的工会组织，其中包括中国人民银行上海总部工会工作委员会。这些工会组织也被授予“全国金融系统宣传世博服务世博活动优秀工会”称号。

进一步扎实开展建功立业竞赛活动。2011年1月14日，中国金融工会召开全国金融系统“创新金融服务，支持经济发展”建功立业竞赛活动领导小组成员会议，就建功立业竞赛活动总结表彰工作进行研究和部署。3月29日，在沈阳召开部分基层金融机构建功立业竞赛活动座谈会，与会代表肯定了建功立业竞赛活动取得的成效，并提出拓宽竞赛活动思路的建议。4月13日，征求了有关金融机构对口工作部门对《金融系统深入开展群众性创先争优建功立业竞赛活动意见（征求意见稿）》的意见。7月18日，在北京召开全国金融系统建功立业竞赛活动交流会，向中国人民银行工会工作委员会等17个单位颁发了“优秀组织奖”。此外，对中国建设银行、交通银行等10余家金融机构推荐的先进典型进行了实地调研，并在《金融时报》“建功立业竞赛活动群英谱”专栏上刊登了23个竞赛活动先进典型事迹材料。7月至8月，印制《全国金融系统“创新金融服务，支持经济发展”建功立业竞赛活动先进单位、先进个人事迹选编》一书，并下发至31家金融机构的地市级分支机构职工。

2011年9月29日，中国金融工会下发《关于在金融系统广泛开展“建功‘十二五’奉献在金融”劳动竞赛活动的通知》，作为“十二五”时期金融系统劳动竞赛活动的指导意见。另外，为了组织开展“建功‘十二五’奉献在金融”劳动竞赛活动，首先，进行了劳动竞赛优秀团队和优秀个人的展示展演活动。该活动于 2011 年 5 月 24 日，在全国金融系统先进集体和先进个人表彰大会上举行，主题为“新业务、新知识、新技能”。其次，从 4 月 16 日至 11 月底，广泛开展了服务“三农”和中小微企业主题竞赛活动。在此期间，连续印发了 4 期《金融系统开展服务“三农”、服务中小微企业主题竞赛活动情况通报》。最后，在 11 月 30 日对在“服务‘三农’、服务中小及小微企业”主题竞赛中取得优异成绩的先进集体和先进个人进行了专项表彰，授予了 33 个集体全国金融五一劳动奖状和 59 名个人全国金融五一劳动奖章。

深入推进“职工之家”建设。中国金融工会将“职工之家”建设作为提升工会工作全面建设的平台和载体，拓宽了“建家”思路，丰富了“建家”内涵，积极推动“四个之家”的建设，即民主建设之家、学习提高之家、文化活动之家和心理疏导之家。通过建设，中国金融工会为职工提供了更多的服务和支持，满足了职工的多样化需求，进一步提升了中国金融工会的影响力和凝聚力。

2007 年至 2012 年，中国金融工会通过建功立业竞赛活动不断提升金融服务水平，支持经济发展。他们注重创新金融服务，加强对各经济建设领域的支持，并广泛宣传和服务上海世博会。建设职工之家，提升中国金融工会的影响力和凝聚力，这些努力为金融系统的发展提供了有力支持，推动了金融机构的发展并树立了良好形象。这些成功经验和先进典型为金融系统未来的发展提供了宝贵的借鉴和启示。

（四）积极发挥参与职能，推进职工代表大会制度建设

2007 年至 2012 年，中国金融工会积极推进金融系统职工代表大会制度建设，以及以职工代表大会制度为基本形式的民主管理工作，并致力推进金融系统行（司）务公开制度建设，促进了中国金融工会履行参与职能，推动了金融系统的发展和进步。

大力推进职工代表大会制度建设和职工民主管理工作。2009年4月16日，为加强金融系统职工民主政治建设，确保职工参与民主管理、决策和监督的权利，中国金融工会下发《全国金融系统职工代表大会条例》和《全国金融系统职工代表大会操作规程》。11月18日至20日，在江苏省南京市召开全国金融系统职工代表大会现场推进会，以总结职工代表大会制度建设的经验，并研究推动其进一步发展的方式和方法。为规范全国金融系统公司制企业的职工董事和职工监事制度，中国金融工会7月1日下发《全国金融系统公司制企业建立职工董事和职工监事制度实施办法》。按照文件要求，已有部分主要金融机构推选工会主要负责同志担任总行（司）的职工监事，以确保职工代表在公司决策和监督中发挥积极作用。

持续推动金融系统职工代表大会制度的建设。首先，在巩固金融机构一级分支机构建立职工代表大会制度的基础上，中国金融工会扎实推进总行（会、司）建立职工代表大会制度。2010年，国家开发银行、信达资产管理公司和民族证券有限责任公司等3家总行（会、司）成功建立了系统职代会制度。其次，中国金融工会于1月14日下发通知，要求认真组织学习和抓好落实党中央领导同志关于建行职代会的批示和全国总工会领导的要求。此外，于8月16日下发通知，评选表彰了98个单位为全国金融系统职工代表大会制度建设示范单位。12月22日至23日，在北京召开全国金融系统职工董事、职工监事制度建设座谈会，各总行（会、司）工会分管副主席（副主任）和职工监事代表进行经验介绍和交流。截至2010年底，全系统共有14家总行（会、司）建立了职工监事制度，占应建数的52%，有34名同志当选为职工监事，其中有9家是工会常务副主席（副主任）担任职工监事。

在推动以职工代表大会制度为基本形式的民主管理工作方面，金融系统取得了一系列成果。首先，在巩固金融机构一级分支机构职代会制度建设的基础上，进一步在总行（会、司）建立职代会制度。其中，中国人寿保险（集团）公司、中国中信集团有限公司等2家总行（会、司）建立了系统职代会制度。截至2011年底，共有8家总行（会、司）建立了职代会制度，占应建数的30%。全系统建立职代会的单位达到了18935家，占应建数的89%。其次，为提高金融系统工会干部对职代会民主管理工作的认识，相继向31家会员单位工会转发了相关文件和通知，包括《关于进一步做好职工代表大会民主评议国有企业领导人员工作的意见》《何勇同志在全国深化创新厂务公开民主管理工作会议上的讲话》《关于开展创建厂务公开民主管理示范单位活动的通知》和《中华全国总工会办公厅关于规范召开企业职工代表大会的意见》。此外，还在北京举办了全国金融系统公司制企业建立职工董事、职工监事制度专题讲座，来自各金融机构的职工董事、职工监事、总行（会、司）工会分管副主席（副主任）、处长、工会干部等90余人参加了讲座。2011年9月25日至28日，在湖南省长沙市召开全国金融系统职工代表大会制度建设经验交流会。会上，来自中国人民银行延安市中心支行等8家全国金融系统职工代表大会制度建设示范单位的代表进行了交流发言。这次交流会为金融系统职代会制度建设提供了宝贵的经验和借鉴。

积极推动建立总行（会、司）级的职代会制度建设。截至2012年底，已在国家开发银行、中国农业银行、中国建设银行、交通银行、中国中信集团有限公司、中国人寿保险（集团）公司、中国信达资产管理公司、中国民族证券有限责任公司、中国再保险（集团）股份有限公司、中国华融资产管理公司等10家总行（司）建立了全系统的职代会制度。

（五）注重职工思想引领，发挥工会教育职能

2007年至2012年，中国金融工会积极履行教育职能，开展

了一系列活动，为职工的成长和行业的发展作出了积极贡献。这些活动涵盖了多个方面，包括关注工会女职工、庆祝国家重大事件、推进职工职业道德建设、组织群众性文化活动等。通过这些举措，中国金融工会有效地提升了职工的素质和技能，增强了职工的凝聚力和归属感。同时，这些活动也促进了行业的文化繁荣和社会责任的履行。

进一步加强工会女职工工作，表彰在金融工作中作出突出贡献的集体和个人。为进一步加强工会女职工工作，中国金融工会在 2008 年 2 月 20 日授予中国人民银行包头市中心支行科技科等 15 个单位“全国金融系统女职工文明示范岗”称号。3 月 26 日至 28 日召开全国金融系统女职工文明示范岗活动经验交流暨现场推进会，总结交流了全国金融系统女职工文明示范岗活动的突出经验和创新做法，研究如何进一步推进活动的深入开展。为表彰在金融工作中作出突出贡献的集体和个人，在“三八”国际妇女节前夕，全国总工会在中国金融工会的推荐下，授予了金融系统 12 个“全国女职工建功立业标兵岗”和 12 名“全国女职工建功立业标兵”称号，颁发全国金融五一劳动奖状和全国金融五一劳动奖章。2008 年 3 月 12 日授予程迎华等 29 人“全国金融女职工建功立业标兵”荣誉称号。在“五一”国际劳动节前夕，中国金融工会授予中国人民银行蚌埠市中心支行等 54 个单位全国金融五一劳动奖状，授予王中佳等 204 人全国金融五一劳动奖章，并授予中国农业发展银行内蒙古自治区赤峰市松山区支行等 13 个集体全国金融系统“工人先锋号”称号。

2009 年，为庆祝中华人民共和国成立 60 周年，金融系统开展了一系列文化活动。首先，在北京炎黄艺术馆举办了庆祝新中国成立 60 周年全国金融系统书法美术展，并出版了相关作品集。同时，承办由中国文联、全国总工会、中央电视台主办的“庆祝新中国成立 60 周年全国产业（行业）系统戏曲演唱活动”。该活动于 9 月 6 日至 7 日在北京梅兰芳大剧院举行总决赛和颁奖晚会。金融系统组织了戏曲、舞蹈、歌咏和曲艺小品展演，并取得了不俗的成绩，共获得金奖 3 个、银奖 4 个、铜奖 9 个以及优秀组织奖 4 个。此外，金融系统还推荐了作品参加全国职工摄影展，共有 1 件作品获得了二等奖，3 件作品获得了三等奖。通过开展庆祝新中国成立 60 周年的文化活动，不仅丰富了金融职工的文化生活，也为金融系统职工提供了展示自己才华的平台，同时也向全国展示了金融系统的艺术实力和文化自信。

为贯彻落实党的十七大关于加强社会主义文化建设的精神，2010 年 10 月，印发《中国金融工会全国委员会关于进一步加强金融系统工会文化建设的指导意见》，提出了职工职业道德建设、职工业余文艺体育组织网络建设、职工文化活动机制建设等方面的措施要求，提出了每年 5 月为“职工文化月”，结合各自金融业务开展文化活动，各级职工文艺协会集中开展送文艺到基层活动，结合“两节”期间送温暖，文艺慰问劳模先进和一线职工活动等。

2010 年，深入开展了职工职业道德建设活动，提高金融职工队伍的职业素质。中国金融工会组织了第四届全国金融系统职工职业道德建设评选表彰活动，授予交通银行上海浦东分行等 10 个单位第四届全国金融系统职工职业道德建设“十佳单位”称号，授予中国人寿再保险股份有限公司李奇等 10 名同志第四届全国金融系统职工职业道德建设“十佳标兵”称号，授予中国农业银行扬州市新区支行等 10 个班组第四届全国金融系统职工职业道德建设“十佳班组”称号。同时，这些获奖单位和个人也被授予全国金融五一劳动奖状和全国金融五一劳动奖章。

此外，还表彰了 20 个全国金融系统职工职业道德建设先进单位，20 名全国金融系统职工职业道德建设先进个人，19 个全国金融系统职工职业道德建设先进班组。这些表彰活动旨在弘扬职工职业道德，树立行业榜样，进一步提高金融职工的职业道德水平。

为庆祝中国共产党成立90周年，中国金融工会广泛深入开展“唱响主旋律”群众性系列文化活动。2011年4月6日下发《关于在金融系统开展“唱响主旋律”群众性系列文化活动的通知》，要求金融系统职工广泛参与党史主题教育活动、读书活动、文学艺术创作、文艺演出和送文化下基层等系列活动。4月20日至21日，在浙江省杭州市召开全国金融系统2011年工会宣传教育文化工作会议，会议研究部署了金融系统工会宣教文化工作任务，着重突出核心内容，拉开了群众性文化活动的序幕。11月14日，下发《关于认真学习贯彻党的十七届六中全会精神的通知》，要求各金融机构工会认真贯彻落实党的十七届六中全会精神，切实加强金融文化和职工文化建设。这一系列文化活动旨在通过群众性参与，唱响时代主旋律，弘扬先进文化，促进金融系统职工的思想教育和文化建设。

宣教文化工作在不断取得新进展。首先，中国金融工会开展“金融职工文化月”活动，丰富了基层工会的“文化活动之家”的内容和形式。2012年5月12日，在浙江省宁波市举行全国“金融职工文化月”启动仪式暨金融文艺工作者深入职工创作实践活动。启动仪式后，金融文联的书法家、美术家、摄影家、戏剧家、作家以及金融体协的专家分赴宁波市的金融机构，开展了书法、美术、摄影、戏曲、写作等讲座，并进行现场示范。同时，金融体协组织了球类比赛，进行现场指导和评判。其次，于2012年10月24日至25日，在福州市召开了金融系统职工文化建设交流座谈会。会上，中国人民银行成都分行曲靖中心支行工会等14家单位进行了经验交流，分享各自的实践经验。

此外，中国金融工会还深入开展职工文化活动。2012年1月，金融系统书协、美协赴中国光大集团湖北襄阳分行、宁夏石嘴山开展“送文化到基层”“迎春书画笔会”等慰问活动；4月，摄影家协会举办摄影艺术讲座；8月16日至20日，美术家协会参加了第十五届北京国际艺术博览会；9月14日至16日，在江西省三清山召开纪念中国金融书法家协会成立十周年笔会暨三清山创作培训基地揭牌仪式；11月24日，举办纪念中国金融书法家协会成立十周年座谈会暨喜庆党的十八大笔会；12月1日，举办第二届金融戏剧比赛颁奖晚会，并邀请了杨春霞、康万生等艺术名家出席。这些活动的举办丰富了金融职工的文化生活，促进了职工艺术交流与创作，提高了金融系统职工的文化素养。

中国金融工会还加强对网站的管理，建立网络宣传员队伍。2012年2月6日，发布《中国金融工运网站管理暂行办法》；6月18日，发布《关于建立金融系统工会网络宣传员队伍的通知》，并以《中国金融工运》杂志记者站为基础，建立了一支近270人的网络宣传员队伍。这些举措的目的是加强对中国金融工会宣传工作的管理，提高网络宣传的质量和效果。

（六）加强对台对外交流

2007年至2012年，中国金融工会在加强与各国和地区工会间的友好交流工作方面取得了积极成果。2009年3月30日，中国金融工会常务副主席刘承萱会见并宴请了巴西工人总工会代表团，双方一致同意进一步加强交流与合作。随后，金融系统代表团于10月19日至30日访问了巴西、古巴和乌拉圭等国，并与巴西银行工会签订《友好谅解备忘录》，进一步促进双方的全面交流。

中国金融工会加大对台对外交流的力度。2010年4月，翟晓华参加了在我国台湾举行的“海峡两岸工会论坛”，与台湾的金融产业工会进行经验交流。2010年5月，杨树润率中国金融工会代表团访问了日本全国生命保险劳动组合联合会。7月，宋萍率金融体育代表队参加了在爱沙尼亚举行的国际职工运动会。11

月，刘承萱率中国金融工会职工交流团访问了我国台湾。此外，中国金融工会还接待了巴西银行信贷工会代表团的访问。

同时，中国金融工会派遣干部参加国际培训。先后选派中国金融工会机关和各金融机构工会干部参加了由全国总工会组织的国际劳工组织驻意大利都灵培训中心以及赴英国、美国和澳大利亚的学习培训。

通过这些交流活动，中国金融工会不仅加强了与各国和地区工会的友好关系，还提升了中国金融工会的国际影响力，为金融系统职工的发展和合作提供了更广阔的平台。

第四编

中国特色社会主义新时代的金融工运

（2012年至今）

第九章

贯彻党的十八大精神与金融工运发展

2012 年至 2016 年，中国金融工会面临着新的历史使命和发展机遇。2012 年 11 月，中国共产党第十八次全国代表大会在北京胜利召开，中国进入全面建成小康社会的决定性阶段，开启了中国特色社会主义新时代的篇章。与此同时，中国正处于第十二个五年规划期间，世情国情发生了深刻变化，国际环境复杂多变、改革发展任务艰巨繁重，党中央总揽全局，审时度势，紧紧围绕“四个全面”战略布局，主动适应引领经济发展新常态。在这一时期，中国金融业快速发展，金融机构数量及从业人员数量不断增加，中国金融工会面临着更为复杂多样的需求和挑战。为了适应这一新形势，金融系统各级工会组织和广大工会干部在中国银监会（后为中国银保监会、国家金融监督管理总局）党委和全国总工会的领导下，积极学习贯彻党的十八大精神，贯彻落实党的十八届三中全会、十八届五中全会对金融领域改革发展的重要部署，努力夯实工会工作基础，加强组织基础建设，建设职工权益维护体系，提高职工综合素质，为金融从业人员的发展和生活提供有力支持。这一时期的金融工会工作为中国金融行业的发展和职工权益的维护提供了坚实的基础和有力的支持。

一、贯彻新时代新思想，夯实工会工作基础

2012年至2016年，中国金融工会在夯实工会工作基础方面取得了重要进展。面对新时代的新要求，中国金融工会深入学习贯彻党的十八大精神，积极探索适应新形势的工作模式，努力夯实工会工作基础。在这一时期，中国金融工会不仅加强了对中央精神的培训和宣传，还积极推动金融系统工会组织的建设改革。通过不懈努力，中国金融工会在加强培训宣传，以及组织建设改革方面取得了积极成果，为中国金融工会的后续发展奠定了坚实基础。这一时期的工作成绩为中国金融工会在新时代下的持续发展提供了有力支撑，为金融从业人员的权益保障和发展提供了坚实保障。

（一）坚持正确政治方向，夯实工会工作基础

党的十八大提出，我国要坚持走中国特色社会主义道路，要加快形成党委领导、政府负责、社会协同、公众参与、法治保障的社会管理体制，同时还提出于2020年实现全面建成小康社会。为响应党中央的号召，中国金融工会多维度展开新时代工会工作的建设和落实。

1. 中国金融工会参加中国工会第十六次全国代表大会

2013年，中国工会第十六次全国代表大会于北京召开，金融代表团作为36个代表团之一参加会议。金融代表团的28名与会代表涵盖来自总行（会、司）的工会领导代表、基层工会干部代表、劳模代表、女职工代表、少数民族代表和无党派人士代表。中国银监会党委委员、副主席、工会主任，中国金融工会党组书记、兼职副主席郭利根和工商银行湖南株洲新华路支行行长、劳模代表肖义华被推荐为大会主席团成员。按照8%的差额比例，

大会选举产生了全国总工会第十六届执委会委员，中国人民银行党委委员、纪委书记、工会主任，中国金融工会兼职副主席王华庆；中国银行业监督管理委员会党委委员、副主席、工会主任，中国金融工会党组书记、兼职副主席郭利根；中国证券监督管理委员会党委委员、副主席、工会主席，中国金融工会兼职副主席刘新华；中国保险监督管理委员会党委委员、纪委书记、工会主任，中国金融工会兼职副主席陈新权；中国金融工会党组副书记、常务副主席张东风当选。同时，张东风当选为全国总工会第十六届执行委员会主席团委员。中国金融工会党组成员、经审会主任贾文礼当选为全国总工会第十六届经费审查委员会委员、常务委员。工会十六大的召开给予了中国金融工会更加明确的发展指南。刘云山代表党中央向大会致祝词，李克强作了经济形势报告，充分体现了党中央、国务院对工会工作的高度重视和亲切关怀。金融系统各级工会以此为契机，积极营造尊重劳动、重视劳模的氛围，解决职工后顾之忧，加强民主管理，保障职工权益，激活人才红利，认真落实习近平总书记“让职工群众真正感受到工会是‘职工之家’、工会干部是最可信赖的‘娘家人’”的要求。

2. 中国金融工会重要会议

2012 年 3 月 27 日至 28 日，中国金融工会召开第三届全国委员会第四次全体会议。会议审议了中国金融工会常务副主席张东风作的《中国金融工会第三届全国委员会第四次全体会议工作报告》，副主席杨树润作的《关于 2011 年中国金融工会经费审查工作情况和 2012 年工作安排的报告》，会议替补宋萍为中国金融工会第三届全国委员会副主席。中国金融工会第三届经费审查委员会第九次会议于 3 月 27 日下午在南宁召开，选举替补、增补了经审会委员、主任、副主任。会议替补贾文礼为中国金融工会第三届经费审查委员会主任，杨树润不再担任中国金融工会第三届经费审查委员会主任职务。

2013 年上半年，中国金融工会第三届全国委员会第五次全体会议在北京召开。会议审议了中国金融工会全国委员会工作报告，回顾了 2012 年的主要工作，听取并审议了中国金融工会第三届经费审查委员会工作报告；按照相关议程替补王华庆为中国金融工会兼职副主席，替补张卫东等 11 人为中国金融工会第三届全国委员会常委，增补、替补邓新权等 25 人为委员。同时，替补了中国金融工会第三届经费审查委员会委员，增选了副主任。

2013 年 7 月 29 日至 30 日，中国金融工会第四届全国委员会第一次全体会议召开，张东风作了题为《振奋精神，真抓实干》的工作报告，会议还审议通过了《中国金融工会第三届全国委员会财务工作报告》和《中国金融工会第三届经费审查委员会工作报告》的书面报告。全国总工会党组书记、副主席、书记处第一书记陈豪出席开幕式并讲话，对中国金融工会第三届全国委员会第一次全体会议召开以来的工作给予了充分肯定，对今后的工作提出了具体要求。会议选举产生了中国金融工会第四届全国委员会和经费审查委员会。全国总工会党组副书记、副主席、书记处书记张鸣起当选为中国金融工会主席，中国人民银行党委委员、纪委书记、工会主任王华庆，中国银监会党委委员、副主席、工会主任，中国金融工会党组书记郭利根，中国证监会党委委员、副主席、工会主席刘新华，中国保监会党委委员、纪委书记、工会主任陈新权当选为中国金融工会兼职副主席，中国金融工会党组副书记张东风当选为中国金融工会常务副主席，中国金融工会党组成员杨树润、宋萍、王玉祥当选为中国金融工会副主席。中国金融工会第四届经费审查委员会第一次全体会议产生了中国金融工会经审会常务委员会，选举中国金融工会党组成员贾文礼为中国金融工会经费审查委员会主任，为此后中国金融工会经审会更加扎实、规范地开展工作奠定了坚实的组织基础。中国金融工会全国代表会议同期召开，差额选举产生 28 名金融系统的代表出席工会十六大。

2014 年 4 月 9 日至 10 日，中国金融工会第四届全国委员会第二次全体会议召开。会议号召金融系统各级工会组织和工会干部坚定不移地走中国特色社会主义工会发展道路，不断提高新形势下工会组织服务中心、服务基层和服务职工的能力，把党联系职工群众的桥梁纽带作用、社会主义国家政权的重要社会支柱作用、职工利益的代表者和维护者作用在具体工作中落实和发展好。会议替补王海光为中国金融工会第四届全国委员会副主席，增补、替补了常委、委员等。

2015 年 4 月 2 日，中国金融工会召开第四届全国委员会第三次全体会议召开。会议审议并通过了张东风所作的工作报告，会议还听取了中国金融工会第四届经费审查委员会《关于 2014 年中国金融工会经费审查工作情况和 2015 年经费审查工作安排的报告》。按照会议议程，替补了中国人民银行党委委员、副行长郭庆平，中国保监会党委副书记、副主席、工会主任周延礼为中国金融工会第四届全国委员会兼职副主席，增补、替补了常委、委员等。会议期间同时召开了中国金融工会第四届经费审查委员会第六次全体会议和第四届女职工委员会第二次全体会议。中国金融工会第四届经费审查委员会第六次全体会议选举余洁为主任。

2016 年 3 月 30 日至 31 日，中国金融工会第四届全国委员会第四次全体会议召开。中国金融工会主席张鸣起主持会议并讲话，中国金融工会兼职副主席郭庆平、郭利根，常务副主席张东风，副主席宋萍、王海光，女工委主任陶跃进，经审会主任余洁等 130 余名常委、委员出席了会议。会议审议并通过了张东风所作的工作报告，听取了《关于 2015 年中国金融工会经费审查工作情况和 2016 年经审工作安排的报告》。中国金融工会第四届经费审查委员会委员、第四届女职工委员会委员列席了会议。其间，还召开了中国金融工会第四届经费审查委员会第八次全体会议和第四届女职工委员会第三次全体会议。

（二）贯彻落实中央精神，加强培训与宣传

中国金融工会紧密联系工会职责、重点工作及运转方式，进行相关文献和书籍的阅读与讲授，拓宽各级工会对于工会制度建设的理论理解，提高各级工会干部的思想高度和知识深度。2013年11月12日至15日，在湖北武汉举办学习贯彻中国工会十六大精神全国金融系统工会干部培训班，其主要内容是向金融系统各级工会传达中国金融工会学习贯彻落实工会十六大精神的部署和要求，讲授《基层民主法制建设与职工代表大会制度建设》和《集体合同制度案件与实务》。2014年7月2日至6日，举办全国金融系统工会干部学习贯彻工会十六大精神专题学习班，相关工会领导和专家分别讲授了《学习落实中国工会十六大精神的思考》《以法治思维、法治方式，依法构建和谐劳动关系》《建设“职工之家”，实践“两个信赖”》和《体面劳动与国际劳工标准》等课程。2015年7月1日至3日，中国金融工会举办全国金融系统工会领导干部、工会干部培训班。2015年7月3日，中国金融工会党支部与中国银监会系统工会党支部联合举办“三严三实”讲党课活动。2016年，中国共产党迎来了95周岁华诞。2016年2月，中共中央办公厅印发了《关于在全体党员中开展“学党章党规、学系列讲话，做合格党员”学习教育方案》，并发出通知，要求各地区各部门认真贯彻执行。2016年7月22日，中国金融工会机关在京开展“两学一做”学习教育专题党课，并组织学习《互联网时代的金融战与国家安全》。开展“两学一做”学习教育，是面向全体党员深化党内教育的重要实践，是推动党内教育从“关键少数”向广大党员拓展、从集中性教育向经常性教育延伸的重要举措。中国建设银行于2013年开设工会干部培训班，由中国金融工会党组副书记、常务副主席张东风授课，解读

了中国工会十六大精神并给予了贯彻会议精神，推动金融系统工会工作创新开展的具体指导。中国农业银行和招商银行工会都有针对性地开展了工会十六大精神专题学习，并结合实际开展了相关的实践工作。除了中国金融工会举办的干部培训班，各会员单位和省级金融工会也开展了针对中央精神和工会十六大精神的干部培训工作和思想宣传工作。2016年，国家开发银行开展“开行好声音颂歌献给党”活动，中国工商银行开展庆祝建党95周年文艺会演，中国农业发展银行开展“学党史、感党恩、跟党走”系列活动。中国金融工会在多年的贯彻落实党中央决策部署的工作中通过摸索拓宽了视野与思路，在宣传方式上把党中央决策部署以及全国总工会的有关要求贯彻落实到底，从单一的培训走向多样化的活动，从少量的干部群体逐渐过渡到全体职工的庞大群体上。

（三）增强“三性”，加强工会机制改革与建设

2015年7月，党中央在全国总工会开展中央群团机关改革试点，提出围绕保持和增强政治性、先进性和群众性这条主线，在组织体制、管理模式、运行机制、活动方式等方面进行改革。2015年7月22日、12月13日，中国金融工会先后两次组织召开贯彻落实中央党的群团工作会议精神现场经验交流会。2015年10月12日，中国金融工会四届四次主席会议在北京召开，会议就结合金融系统工会工作实际贯彻落实《中共中央关于加强和改进党的群团工作的意见》和习近平总书记系列重要讲话精神以及全国总工会相关要求，作了进一步研究部署。2015年10月23日，中国金融工会印发《中国金融工会关于贯彻落实〈中共中央关于加强和改进党的群团工作的意见〉的实施方案》，要求各金融机构总行（会、司）工会和各省（区、市）金融工会从巩固党执政的阶级基础和群众基础的高度，不断创新工作方法，着力扩大覆盖

面、增强代表性，着力强化服务意识、提高维权能力，着力加强队伍建设、提升保障水平，增强工会组织的凝聚力；通过切实举措，实际增强金融系统工会工作和工会组织的政治性、先进性和群众性。对于群团改革精神培训学习，会员单位于2015年以国家开发银行工会和中国太平保险集团工会为代表开展了贯彻落实中央党的群团工作会议精神研讨会。省（区、市）以北京金融工会为代表召开常委会议学习贯彻落实中央党的群团工作会议精神。通过培训并进行深入研讨，进一步完善群团工作机制，更好地发挥群团组织的作用等工作。

二、强化组织基础，推动“职工之家”建设

2012年至2016年，中国金融工会在建设组织基础方面取得了积极进展。中国金融工会持续推动“职工之家”建设，致力于为广大职工提供更好的服务和保障。同时，中国金融工会恢复了省级工作委员会，加强了组织层级管理。这些举措进一步夯实了中国金融工会的组织基础，为金融从业人员的团结和发展提供了更加有力的支持。

（一）推动职工之家建设

2012年至2016年，中国金融工会不断拓宽建家思路，丰富建家内涵，努力把“职工之家”建成让党政认可、职工满意的民主建设之家、学习提高之家、文体活动之家和人文关怀之家。中国金融工会不断推进金融系统各级工会的职工之家建设，予以资源支持和经验支持。中国金融工会不断增强职工之家的创新性与多元性，增设健身房等基础设施，并组织引导职工建立兴趣小组，参加体育比赛、文化交流等丰富多彩的活动。部分会员单位还开办了针对不同群体的兴趣课程，努力打造注重人文关怀的职工之

家。除此之外，中国金融工会大力开展偏远地区和二线城市的会员单位的职工之家建设，实地考察并给予各个单位指导意见。经过不懈努力，截至 2016 年底，中国金融工会赴云南和新疆等西部地区开展职工之家的揭牌仪式，此时已建职工之家 21440 个，职工活动场所 18414 个，职工书屋 20585 个。

针对金融系统职工之家建设，中国金融工会从两方面进一步深入推进。一方面实地考察各地的职工之家，切实了解职工的真实需求。2014 年，中国金融工会的代表到中国工商银行甘肃兰州东岗支行职工之家进行实地考察。另一方面定期开展关于职工之家建设的研讨会，聚焦现实问题，优化职工之家的基础设施建设，修改模范职工之家的申报流程和规则。2015 年 11 月 25 日至 27 日，中国金融工会在北京召开全国金融系统工会组织工作会议，会议结合中国金融工会组织工作实际，就依法完善基层工会组织建设、提升工会干部履职能力和做实职工之家等进行了研讨交流。

在资金支持方面，中国金融工会重点支持偏远地区的职工之家建设。2013 年划拨 100 万元专项经费重点支持 10 个边远贫困和少数民族地区“全国金融模范之家”的建家活动。中国金融工会本级拿出 250 万元用于与总行（会、司）工会联手推进职工之家建设，由此带动了系统配套 7 个多亿元资金用于基层职工之家建设，使得金融系统近 86%具备条件的基层网点解决了职工工间就餐、职业学习、文体活动等问题。同时，中国金融工会专门拿出 180 万元支持 32 个省（区、市）金融工会与辖区成员单位的工会共同“建家”。在中国金融工会的努力下，金融系统职工之家建设取得了一定成效，众多金融系统基层工会获得了全国总工会“会员评议职工之家示范单位”称号。

在评选机制和奖励机制方面，为了鼓励会员单位以及省级金融工会建设模范职工之家，为其增添创新性和灵活性，中国金融工会加大了评选表彰模范职工之家的力度，并择优向全国总工会推荐为“全国模范职工之家”。

(二) 恢复省级工作委员会，优化组织设置

在中国银监会党委和全国总工会的领导下，中国金融工会于2012年起逐步恢复建立了省级金融工会。2012年2月17日，中国金融工会召开三届八次主席会议，决定将“组织、研究好中国金融工会省级机构试点工作”写进2012年工作要点，并决定先行在黑龙江、河南、广东、陕西等四省进行试点。9月21日，在北京召开的中国金融工会三届九次主席会议上，正式成立中国金融工会黑龙江、河南、广东、陕西工作委员会，并提出本着“成熟一个、组建一个”的原则，逐步推进中国金融工会省（区、市）工作委员会的组建工作。

2013年继续推进省级工作委员会的工作，除指导四省试点的工作之外，新增设浙江、江西、湖南、四川、广西、安徽、山东、青岛、天津、辽宁、湖北、内蒙古、福建、山西14家省级金融工会，其他省（区、市）则成立了中国金融工会省级工作委员会筹备领导小组。2014年大力推动西部地区的金融工会省级工作委员会的组建工作。

全国总工会始终高度重视省级金融工会组织建设。2014年7月16日，全国总工会十六届四次主席团会议后，提出对完善中国金融工会地方组织体制的意见，明确在各省（区、市）建立一个金融产业工会；中国金融工会在与省（区、市）总工会沟通协商一致的基础上，由中国金融工会省级工作委员会领导本地所有金融机构工会，并逐步过渡为中国金融工会省级产业工会。全国总工会组织部等有关部门多次进行具体工作指导。

2015年8月，《中华全国总工会关于中国金融工会地方组织设置问题有关意见的函》提出：认真贯彻落实中央党的群团工作会议精神和习近平总书记重要讲话精神，加强和改进工会工作，

有序推进中国金融工会组织建设，要按照全国总工会“在各省（区、市）建立一个金融产业工会”的要求，坚持“成熟一个、组建一个”的原则，探索提出建立省级金融产业工会的具体办法。

截至 2015 年 4 月，完成了全部 36 家省（区、市）金融工会的恢复建立。在这四年的省级机构的建设推进中，中国金融工会始终做到省级机构的恢复建立、工作规范、活动开展同时抓，对省级机构的工作规范和活动开展提出了明确的要求，并且快速落实了建设工作。中国金融工会逐步探索指导各省级金融工会围绕当地发展战略、经济发展中心任务和金融职工需求，积极发挥桥梁纽带作用。

三、建设职工权益维护体系，提升服务职工效能

2012 年至 2016 年，中国金融工会在建设职工权益维护体系方面取得了重要进展。中国金融工会积极开展集体协商工作，落实全国总工会“两个普遍”要求，为职工争取利益，维护职工合法权益。同时，中国金融工会积极推动建立职工代表大会制度，为职工提供了表达诉求的平台，增强了职工工作的积极性和主动性。此外，中国金融工会还致力于完善女职工保护工作，关注女职工的特殊需求，推动建立健全女职工权益保护机制，为女职工合法权益提供更加有力的保障。这些举措进一步巩固了中国金融工会在职工权益维护方面的基础，为职工提供了更加全面的关爱和保障，为金融行业的稳步发展和职工权益的维护作出了积极贡献。

（一）开展集体协商工作，落实“两个普遍”要求

按照全国总工会“两个普遍”的要求，中国金融工会在集体

协商制度的建立中结合金融系统实际，明确指导思想和原则，强调“先建制、后规范、再深入”的工作思路，将集体协商工作与职代会制度建设紧密衔接；还注重用好工会的资源和手段来推动工作，坚持将建立集体合同及协商制度建设与五一劳动奖状、劳动关系和谐企业、职工法律援助维权示范单位等多项评比表彰相结合，作为必备条件之一加以约束，推动制度建立和完善，在金融系统范围内引导推进集体协商工作不断开展。

2012 年 3 月召开了全国金融系统集体合同、工资集体协商工作培训交流会议，并于 4 月 13 日印发《关于积极推进金融系统集体合同及工资协商制度建设的指导意见》。全国总工会《工运研究》第 10 期刊登了中国金融工会课题组撰写的《金融系统开展集体合同及工资集体协商情况调研报告》。2013 年 7 月，向全国总工会上报了《金融系统集体协商工作情况汇报》，对《意见》印发后，金融系统的主要做法、取得成效、存在困难以及下一步计划进行了阐述，得到全国总工会的肯定。在实际工作中，注重结合各金融机构的自身情况，分阶段、分类别地推动集体协商工作的开展。2013 年农业银行 14 个一级分行、108 个（每个一级分行不少于 3 个）二级分行建立了集体合同制度，中国银行有 20 余家一级分行建立了集体合同制度，建制率在 60%以上。2015 年，结合地域分布及省（区、市）金融工会自身情况，确定了开展集体协商工作和普惠为职工办实事的 9 个试点地区，下发《开展集体协商和为职工办实事试点工作方案》，稳步推进工作顺利开展。

2012 年至 2016 年，中国金融工会不断健全集体协商制度，定期开展交流会议，对于会员单位反映的问题予以解决，在这五年的建设中，集体合同和集体协商工作逐渐受到各级党政的重视与支持，各级党政领导和工会干部依法开展谈判协商、靠机制协调劳动关系、切实履职维权的意识和能力显著增强，合同内容、签订程序日益规范完善，基本实现了多数金融企业依法建立集体合同及集体协商制度（包括女职工专项集体合同）。与此同时，中国金融工会在重点关注省级金融工会工作委员会和会员单位的集体协商制度的培训和规范上，针对重点金融企业，落实了对于派遣用工以及集体协商的相关培训说明。对于省级金融工会，注重在保障和维护职工合法权益上，落实集体合同法制化、规范化的监督工作。2015 年，北京金融工会联合市银行业协会、市金融工会，以银行业工资集体协商机制建设为突破口，坚持“五个兼顾”，整体部署，统筹协调，务实有序推进协商工作。北京、黑龙江、广东、重庆等省（市）金融工会开展了三方集体协商试点工作，取得了良好成效。2016 年宁夏和重庆金融系统先后开展民主管理和集体协商工作培训班，讲授了企业民主管理、集体协商的策略与技巧，切实将为职工做好事、办实事、解难事作为履职的重要内容，将规范集体协商制度这一项工作进一步落实至基层。

（二）推进职工代表大会建设

在职工代表大会的建设工作中，中国金融工会积极推动建立总行（会、司）级的职工代表大会制度建设，巩固一级分支机构（含）以下的职工代表大会制度，旨在让全系统职工代表大会制度进一步得到落实，规范全国金融系统公司制企业建立职工董事、职工监事制度，保障广大金融职工参与企业民主决策、民主管理和民主监督的权利，促进金融企业和谐健康可持续发展。基层工会对维护职工权益越来越重视，呈现出越到基层职代会建制率越高，基层职代会建制率由 2013 年的 63.6%升至 2016 年的 87%。截至 2016 年底，全系统各级工会职代会建制单位达 3.04 万家。在此期间，中国金融工会还积极推动行（司）务公开、职工董事（监事）制度的建立和完善，引导职工积极参与，实现由不会参与到会参与、由一般参与到主动参与、由松散参与到制度参与的转变。

在这五年的实践中，中国金融工会指导各成员单位推进以职代会为基本形式的民主管理，探索符合自身实际的职代会模式，大力推进金融系统职工代表大会制度建设的普遍化和法制化，将保障职工合法权益落到实处。

（三）推动构建和谐劳动关系

中国金融工会始终坚持正确的宣传导向和政策导向，灵活运用各种渠道和手段，将涉及劳动关系的法律法规作为重点培训内容不断加强法治宣传，充分利用各种新闻媒体、法规培训、宣传资料等多种形式，在全行业大力营造浓厚的学法、守法、用法的氛围，增强各金融机构的法治观念，促进自觉依法用工、依法劳动，进一步强化法律意识，最终实现企业与职工双方共同自觉依法维护劳动关系和谐稳定。2012 年，推动创建劳动关系和谐企业创建活动深入开展。中国金融工会与中国银行业协会、保险行业协会共同考核表彰了 20 个金融系统劳动关系和谐企业。2012 年 9 月，举办金融系统工会干部法律工作培训班。2013 年 7 月 1 日，《中华人民共和国劳动合同法（修正案）》正式实施。中国金融工会向全系统下发《关于学习宣传贯彻〈中华人民共和国劳动合同法（修正案）〉的通知》，要求加强组织领导，推进贯彻实施，做好学习宣传。2014 年，中国金融工会积极推动国家法律、法规和全国总工会的有关要求的落实，特别是大力推动在金融系统深入贯彻《劳动合同法》《劳动合同法（修正案）》《劳动争议调解仲裁法》等法规，注重引导和掌握有关方面落实情况，并以此为契机推动工会组织建设和维权机制建设的创新发展，努力在全行业营造以人为本、和谐向上的企业文化氛围。为落实《关于做好金融系统劳务派遣工及其他用工人员发展会员、组建工会工作的意见》，2014 年 9 月 17 日，在北京召开有 10 家金融机构总行（会、司）工会组织处（部）长参加的座谈会议，听取各家关于劳务派遣工入会的情况汇报；10 月 9 日，张东风带队到中国农业银行湖北省分行进行专题调研。

（四）落实职工关爱帮扶

2012 年至 2016 年，中国金融工会按照《关于加强金融系统职工保障工作的指导意见》，不断扩大困难职工帮扶覆盖面，提高帮扶力度，打造困难职工帮扶工作品牌。中国金融工会把为职工做好事、办实事、解难事作为履职的重要内容，努力打造帮扶困难职工的“品牌”。通过建立完善动态的困难职工帮扶信息“台账”，推动帮扶工作的制度化、动态化和成效化。完善日常慰问帮扶与集中帮扶工作的“无缝衔接”和经费保障机制，保证慰问帮扶工作“不遗漏、全覆盖、有跟踪、重服务”。

中国金融工会逐年加大慰问力度，加深了慰问对象帮扶、群体广度范围和帮扶工作系统化的程度。

一是重点对象慰问数量和金额增加。2012 年在继续做好元旦春节送温暖工作和慰问特困劳模的基础上，增加了对所属会员单位职工本人或直系亲属因重大疾病，个人自负医疗费用 20 万元以上特困职工的关爱和帮扶，为 351 名特困职工发放慰问金 145.8 万元，做到了对各总行（会、司）因重大疾病致困的困难职工（家庭）的全覆盖。2012 年，中国金融工会本级共慰问困难职工 1153 人，慰问金额近 400 万元；而到 2016 年，仅中国金融工会本级就慰问困难职工 2000 余人，列支送温暖和帮扶慰问资金 880 余万元，采取银行转账方式对 451 名困难劳模进行了专项慰问，发放慰问金 135.3 万元。2013 年开始，实现帮扶慰问工作常态化、经常性、制度化，加强平时帮扶慰问困难职工和劳模的工作力度。每位领导去外地出差、去基层调研，都要深入当地困难职工家中，送上慰问金，送上工会组织的关怀。

二是慰问群体广度的增加。中国金融工会不仅关注到了困难职工，随着关爱工作的展开，还针对重大灾害地区的职工和因公殉职的职工家属给予了经济补贴。2014 年，中国金融工会对因公殉职的银监会原非银部主任李建华同志追授全国金融五一劳动奖章并探望了其亲属。同年，云南金融工会积极参加抗震救灾工作。2016 年中国南方多地“水灾”之后，中国金融工会及时为安徽、湖南等 5 省的受困金融机构和职工拨付了 40 万元慰问补助。另外，对于偏远地区的职工，中国金融工会始终将工作落到实处，组织慰问团赴各地困难职工家中送去温暖与关注。

三是关爱帮扶工作逐步形成了群策群力的系统化工作。随着工作开展，一些问题也反映到了不同的环节中，为此，全国金融系统工会多次开展专题研讨和工作调研。2013 年，中国金融工会开展了以金融系统职工医疗互助保障为课题的调研工作。2016 年，与会单位围绕金融系统职工大病医疗救助、金融系统“区域性”职工之家建设以及精准扶贫等主题，讨论交流了工作做法和经验。不断将职工关爱工作的整体脉络和方向清晰化，让工作精准展开。

除了中国金融工会本级，各会员单位也积极落实职工关爱，开展慰问、爱心捐助等活动关注和帮助困难职工群体，让广大职工更多地感受到上级党组织的关怀和工会组织的温暖。

（五）完善女职工保护工作

2012 年至 2016 年，以规章制度为根基，中国金融工会切实加强工会女职工工作，以强化维权机制建设为重点，依法推动《女职工劳动保护特别规定》在金融系统的落地。2012 年 5 月 22 日，印发《关于学习宣传贯彻〈女职工劳动保护特别规定〉的通知》。2013 年，进一步落实深入开展专项课题调研工作。2014 年，中国金融工会为了深入推进女职工权益维护工作，提升女职工素质，促进女职工发展，召开了中国金融工会第四届女职工委员会第一次全体会议。此次会议选举了新一届中国金融工会女职工委员会，选举陶跃进为第四届女职工委员会主任，李爱华、马明兰、王蔚、曾萍为副主任，并选举产生 17 名常务委员，中国金融工会女工委主任陶跃进代表第三届女职工委员会作工作报告。2015 年，召开中国金融工会第四届女职工委员会第二次全体会议。

以思想教育为核心，通过开展女职工干部培训以及举办各种活动，达到增强女职工干部的维权能力，加强女职工自我保护意识的目的。2013 年，中国金融工会积极组织参加全国总工会开展的《女职工劳动保护特别规定》知识竞赛活动。2014 年，中国金融工会女工委在北京组织开展全国金融系统女职工权益保护法律法规知识竞赛活动。中国金融工会在这五年期间，每年举办女职工干部教育特色培训班，对于如何贯彻落实好《女职工劳动保护特别规定》，切实做好女职工维权的工作进行指导和帮助。2015 年至 2016 年，中国金融工会将培训丰富化，除常规培训之外，还增设了对于学习成果的反馈活动，比如 2015 年举办全国金融系统女职工维权工作现场经验交流会，2016 年举办“培育好家风——女职工在行动”首场大讲堂活动，倡议号召女职工积极参加主题实践活动。各会员单位也积极按照中国金融工会的风向标，开展丰富多彩的主题活动，例如 2013 年中信集团工会召开女职工工作会议暨女职工干部培训、中国人民银行工会面向全系统开办女职工大讲堂。

以实践落实为行动，大力开展“女职工关爱行动”，通过多种形式弘扬女职工优良品格。2013 年，中国金融工会开展全国金融系统“女性魅力与发展”系列活动。2017 年前定期举办女职工先进模范代表系列主题疗休养活动、定期举办女职工代表结对子帮扶活动，并且在元旦和春节期间，特别开展慰问单亲困难女职工的工作，落实好即时慰问、关注关心关爱工作。各个会员单位在这五年期间积极贯彻落实女职工关爱工作要求，在行动上脚踏实地地做好慰问帮扶工作，组织女职工参加公益活动。2015 年，中国银监会女工委组织系统女职工为新疆小朋友编织毛衣，农发行女工委组织开展“奉献在岗位，幸福在家庭，满意在社会，做时代女性”活动。除了做好女职工的关爱工作，中国金融工会女工委还关注到了女性员工品格的彰显。以评奖评优为动力，深入开展“女职工文明示范岗”创建活动，2014 年评选出 15 家金融系统“女职工文明示范岗”。2016 年评选表彰五一巾帼标兵岗和五一巾帼标兵，激发女职工在本职岗位上建功立业。

四、提高职工综合素质，绽放职工风采

2012 年至 2016 年，中国金融工会致力于提高职工的综合素质，绽放职工风采。在中国梦的指引下，工会开展劳动技能竞赛，强化了中国梦的实践基础。同时，工会也积极弘扬劳模精神、劳动精神、工匠精神，对先进劳模进行表彰，以树立榜样。此外，工会开展了多元化的文体建设活动，使职工的光彩得以展现。工会还拓宽了对外交流，开拓了自身的视野。通过这些举措，中国金融工会在这一时期努力提升了职工的整体素质，为实现中国梦贡献了积极力量。

（一）激发劳动精神，持续突出劳动竞赛服务大局作用

中国金融工会坚持围绕中心，服务大局，紧跟国家总体战略，聚焦金融服务实体经济、深化供给侧结构性改革、增强金融防范化解风险能力，支持指导金融系统工会开展覆盖银行、证券、保险等多条线的劳动竞赛活动，注重盯住基层一线职工，不断创新金融人才培养和激励模式，助力职工自我价值实现和职业生涯发展，动员金融职工建功立业，体现了竞赛活动的群众性、普遍性要求，在金融系统工会推动形成“工会搭台、业务唱戏”的竞赛

格局。

2012 年，中国金融工会适时开展服务“三农”和中小微企业主题竞赛活动。起草《关于在金融系统开展“服务‘三农’，服务中小及小微企业”主题竞赛活动的通知》，提出了竞赛目的、内容、时间和要求。2012 年 4 月 18 日，《金融时报》头版刊登《中国金融工会部署开展服务“三农”及中小微企业主题竞赛活动》。各金融机构工会高度重视，积极上报本单位竞赛活动方案：中国银监会工会围绕“服务实体经济”“服务小微企业和‘三农’”等内容召开劳动竞赛活动现场交流会，中国保监会工会开展创先争优活动。国家开发银行、中国农业发展银行、交通银行、光大银行、中国农业银行、中国东方资产、中国太平保险公司等 7 个金融机构工会结合自身部门属性，相应开展了相关的劳动技能竞赛和业务知识竞赛。中国金融工会及时总结经验，编辑下发竞赛活动通报 4 期，通报了 8 个单位的经验、做法。在竞赛活动基础上，专项表彰了 33 个先进集体、59 名先进个人，分别授予全国金融五一劳动奖状和全国金融五一劳动奖章。开展此项工作与当前服务实体经济对金融工作的要求相契合，选准了金融系统各级工会组织服务大局、服务中心工作的重点和突破口，调动了广大职工的参与热情和积极性。同年，中国金融工会创新开展劳动竞赛优秀团队优秀个人展示展演活动。召开劳动竞赛工作座谈会，就开展竞赛展示展演活动的可行性、必要性以及内容、形式等充分征求意见，5 月下旬举办了以“新业务、新知识、新技能”为主题的优秀团队优秀个人业务技能展示展演活动，对金融系统技能型竞赛活动的推动做了有益探索和尝试。

2013 年，为深入学习贯彻党的十八大精神和中央经济工作会议精神，结合金融系统实际，提出了“金融创新，服务创优，大力促进转型发展”（两创一促）劳动竞赛活动主题，起草了《关于组织动员金融系统广大职工开展“两创一促”劳动竞赛活动的通知》，制发了《劳动竞赛情况统计表》，要求各单位掌握全年劳动竞赛活动的有关基本数据，既抓好定性的评价分析，也积累与竞赛活动相关的量化评价。为推进“两创一促”竞赛活动的深入有效开展，及时制定实施方案加强指导和推动落实，分别赴工商银行、人保公司、华融公司、银河公司、农业银行工会和部分基层单位进行走访调研和工作督导，总结、挖掘基层经验、做法。在京组织主要金融机构召开了劳动竞赛工作调研座谈会，听取了劳动竞赛工作开展情况汇报，征求了对金融系统竞赛工作的意见建议。注重竞赛活动的宣传总结，充分运用《中国金融工运》《中国金融工会通报》及多种信息渠道，加大对竞赛创新做法和先进典型的宣传力度，制发了9期《金融系统“两创一促”劳动竞赛活动情况通报》。注重加强分类指导，辅导推动了黑龙江金融工会扎实开展“金融服务‘小微’助推龙江腾飞”主题竞赛活动；深度参与了河南金融系统“金融杯”职工技能比赛，10家银行类、6家保险类机构参加了河南职工技能比赛，参赛率达100%。各项目第一名的共3名选手被即时授予“全国金融五一劳动奖章”，产生了积极的正面效应。

2014年，继续组织开展“两创一促”劳动竞赛活动。一是着眼于国家经济发展的“新常态”，倡导开展“强化合规文化，防范金融风险，提升金融服务能力”专项业务竞赛。在倡导金融系统广大职工学法规防风险的基础上，于年底开展专项竞赛表彰，对竞赛中突出的集体和个人授予全国金融五一劳动奖状、全国金融五一劳动奖章、全国金融先锋号。二是着眼于提升基层一线职工业务技术素质，倡导开展“学技能，练本领，提素质”竞赛。中国金融工会对中国农业发展银行、中国人民保险公司等金融机构的竞赛活动给予支持和指导，积极协调，作为全国产业工会竞赛项目，向全国总工会进行推报并授予2个项目决赛第一名选手全国五一劳动奖章；指导并组织山东、宁夏、广西、广东、安徽、湖南等省（自治区）金融工会，结合辖区实际，开展了形式多样的技能竞赛活动，使省级金融工会较好地把握了应有的工作层面和角度，进一步实现了劳动竞赛普及性以及面向基层、面向一线职工的原则要求。三是着眼于做深做细劳动竞赛，开展做实劳动竞赛调研，做优劳动竞赛品牌。中国金融工会成立“做实劳动竞赛”课题组，于 9 月至 10 月，分赴湖南、重庆等省、市对辖区内主要金融机构特别是基层网点及一线职工进行调研。会员单位也认真组织开展劳动竞赛调研并上报“做实劳动竞赛”调研报告 70 余篇，为下一步更好地推进金融系统做实劳动竞赛提供思考和借鉴。山东和湖南两个省级金融工会勇于创新，迎合当下信息时代发展，将劳动技能和计算机结合，开展了防控技能竞赛和计算机技能竞赛。

2015 年，中国金融工会不断深化专项竞赛。坚持着眼于基层一线职工，深入推动“两创一促”劳动竞赛向纵深发展，并注重做好“十二五”以来劳动竞赛的总结和表彰工作。下发《关于开展“全国金融系统劳动竞赛示范单位”创建命名活动的通知》，对“十二五”期间各金融机构竞赛组织领导情况、活动开展情况、竞赛推动情况、表彰情况等进行量化、直观考核，制订了《全国金融系统劳动竞赛示范单位考核情况表》，规定了命名的条件、范围、周期、名额、程序等要求；表彰“强化合规文化，防范金融风险，提升金融服务能力”专项业务竞赛活动先进集体和个人，授予 11 个单位全国金融五一劳动奖状，56 名个人全国金融五一劳动奖章，35 个集体全国金融先锋号，推动了广大金融职工努力成为防范金融风险的主动参与者和实践者。同时，中国金融工会逐步做实技能竞赛。注重加强金融系统职工职业技能比赛即时授予奖励项目的计划管理和配套表彰措施，对各总行（司）和省级金融工会上报的技能竞赛项目中表现突出选手即时授予全国金融五一劳动奖章，条件成熟的，在经过必要审核程序后，于技能竞赛决赛现场即时颁发。本着大力倡导、鼓励参与、充分调动基层一线职工积极性的原则，在严格标准、严格程序的基础上，共计对国家开发银行、农业发展银行、工商银行、农业银行、中国银行、建设银行、人保公司、人寿公司、阳光保险等 9 家总行（司）和 8 家省级金融工会推荐的 33 名技能竞赛突出选手授予全国金融五一劳动奖章。中国金融工会领导莅临现场颁奖并宣读表彰决定，烘托了气氛，提升了技能竞赛的影响力和职工受益度，极大地鼓舞了基层一线职工参与劳动竞赛活动的热情。在做好对技能竞赛配套表彰奖励的基础上，与全国总工会积极协调，争取支持，用足资源，推荐上报工行、农行、中行、建行和阳光保险 5 家单位各 1 个项目的决赛第一名申报全国五一劳动奖章。晋商银行工会也在创建民族品牌银行的过程中，积极探索与时代同步的工会劳动竞赛新途径，坚持以“中国梦 · 劳动美”为主题，从 2015 起，连续十年举办“晋益求精”职工技能大赛，从传统项目技能比拼到业务创新成果展示，从专业知识现场竞赛到云端全员学习不断掀起建设学习型银行新高潮，对提升职工素质，促进产品创新，提高金融服务水平起到积极的作用，被评为工会工作“品牌活动”。

2016 年是“十三五”规划的开局之年，中国金融工会紧紧围绕落实金融行业“十三五”期间的职责和任务，紧紧围绕各金融机构和各辖区金融工作的中心任务，推动开展竞赛活动。2016 年 7 月，下发了《金融系统“十三五”期间劳动竞赛工作指导意见》，提出了总体目标和工作要求，努力把劳动竞赛进一步做实、做精、做细。坚持“面向基层、面向一线、面向职工”，充分调动广大职工参与竞赛活动的积极性，推动劳动竞赛特别是技能竞赛活动在金融系统广泛深入开展，积极推动证券行业技能竞赛取得了突破和进展，成功指导银河证券“工匠精神”一线职工技能比武总决赛，实现了全行业全覆盖全方位开展技能竞赛的目标。4

月 25 日至 26 日，中国金融工会在中国银行江苏南通分行举办全国金融系统“一线职工话竞赛”现场交流观摩活动，来自各总行（会、司）及各省级金融工会负责同志与金融系统基层单位一线职工、劳模代表 100 余人共畅“工匠精神”。创新邀请了来自不同时代的 4 位劳动模范代表走红毯、当明星，面对面现场访谈。活动期间，与会代表到全国劳动模范“袁卫华工匠人才创新工作室”，全国五一劳动奖章获得者、党的十八大代表、“蔡淑娟班组”劳模工作室进行实地观摩交流，并就如何贴近基层、一线和职工开展好劳动竞赛进行了深入探讨和交流。中国金融工会创新搭建平台，举办全国金融系统银行证券保险综合业务技能竞赛，银行、证券、保险行业基层一线职工首次在同一舞台进行技能大比武。竞赛层层选拔，广泛动员，6 月在全国范围启动，各省级金融工会在组织过程中，广泛联系各地方工会以及监管部门、银行业协会、保险业协会、证券业协会等。11 月 27 日，决赛在西安顺利进行并圆满落幕，来自全国 32 个省（区、市）金融工会代表队的 633 名选手同场竞技。通过决赛紧张激烈的角逐，27 名选手获得个人项目一等奖，并被现场授予全国金融五一劳动奖章，河北金融工会代表队获得团体一等奖。此次竞赛运用了全新的互联网技术，同时支持开闭幕式和赛事直播、会议签到以及点赞功能等，真正做到了赛事网络化、信息化。特别邀请了有影响力的劳模作为颁奖嘉宾。此次竞赛效果显著，影响深远，带动全系统 80%以上的基层工会开展劳动和技能竞赛活动，吸引 130 万人次基层一线职工参与，成为培训和发现基层人才的“点兵场”、职业发展的“快车道”。“十三五”期间，中国金融工会支持引领各级工会组织开展覆盖银行、证券、保险等多条线的基层一线职工劳动和技能竞赛活动累计 9800 余场，直接组织动员金融系统职工 540 余万人次，职工参与率在 90%以上。

（二）弘扬劳模精神，不断提升劳模服务管理水平

2012 年至 2016 年，中国金融工会积极弘扬劳模精神、劳动精神、工匠精神，让平凡的岗位光荣起来，充分发挥先进典型的引领作用，大力推进“大国工匠”的工作。在对于劳模精神的弘扬和表彰上，中国金融工会首先制定并印发了《全国金融五一劳动奖状、全国金融五一劳动奖章、全国金融先锋号评选管理工作办法》，将劳动模范评选和表彰工作规范化、制度化。2013 年“五一”国际劳动节前夕，评选、授予 47 个单位全国金融五一劳动奖状、229 名个人全国金融五一劳动奖章。随着劳动模范评选机制的进一步优化，越来越多的单位和劳动者获得了劳动荣誉，中国金融工会继续创新，重点加强对劳动模范事迹和精神的宣传，充分利用传统纸媒和新媒体平台，弘扬金融奋斗力量，展示金融劳动者奋斗形象，宣传劳动模范先进事迹，激励广大金融职工争做新时代的奋斗者。2016 年召开马荣先进事迹报告会暨全国金融系统“大国工匠”专题推进会，由马荣作了题为《精雕细刻追求极致》的报告。

对于劳动模范的奖励和服务管理，中国金融工会也从单一的一年一次的五一劳动表彰扩展至丰富多样的活动。一是加大劳动模范服务管理工作力度，中国金融工会致力打造更加完美的劳动模范疗休养工作品牌。通过提高劳动模范休养活动的品质、增加携带家属数量、增设休养旅程地点等方式，使劳模们在疗休养中真正得到身心的愉悦和放松。二是着力做好劳模的关爱慰问，逐年提高对于劳动模范的奖金和慰问金发放，加大对困难劳动模范的生活走访和慰问力度。

（三）开展多元文体建设，绽放职工风采

对于职工身体素质的提高，中国金融工会、中国金融体协积

极贯彻落实《全民健身条例》和《全民健身计划（2011—2015年）》，始终坚持发展体育运动、增强人民体质这一体育工作的根本方针，结合金融行业特点，积极推动全国金融系统全民健身活动深入持久开展，引导金融系统职工体育活动逐步走向经常化、制度化、规范化，全面提高金融系统广大职工的健康素质。

2012 年至 2016 年，中国金融工会每年定期或不定期举办了全国金融系统职工运动会、基层金融职工网络系列赛等大型体育赛事，丰富金融职工的业余体育生活，推动金融系统群众性职工体育活动迈出新步伐。坚持每年两次深入地市以下金融机构，开展“送体育下基层”活动，加强和完善单项协会组织建设，并且成立各类运动项目的体育协会，广泛开展职工间体育切磋的竞技赛事，增进职工的身心健康，提升职工的身体素质，增加企业职工的凝聚力，积极营造健康生活、快乐工作的良好氛围，有力推动了金融系统中心工作的开展。

2012 年 4 月，在中国金融工会的支持下，中国金融文联正式成立。进一步用文化引领金融职工，陶冶情操，升华思想，积极培育和践行社会主义核心价值观，做实“工会搭台，文体唱戏”平台，唱响主旋律。坚持以深入学习贯彻社会主义核心价值观为统领，牢牢把握“中国梦·劳动美·金融情”主旋律，其活动形式主要有歌舞展演、演讲比赛、书法绘画大赛等。为此，中国金融工会成立了相关的文体协会，以提供给职工更好发挥个人兴趣的平台。2015 年，中国金融工会勇于创新，通过主动适应互联网时代金融职工需求和阅读特点，进一步完善网上网下服务体系；发挥工会“大学校”作用，加强金融系统工会职工书屋建设，面向基层、职工，加强《中国金融工运》杂志、《要闻与动态》编辑发行工作和中国金融工会官方网站建设。

在中国金融工会不断加强文体建设的工作开展下，截至 2016 年底，全系统建立文联及各文艺协会 10305 个，建立体育协会

22067 个。

（四）拓宽对台对外交流的深度和广度

2012 年至 2016 年，中国金融工会放宽视野，积极开展对外交流。通过高峰论坛、劳模交流、参加国际体育赛事、组团出访等形式，不仅让金融系统职工“走出去”，更将国际工会友人“请进来”，不断拓展工会对外交流的深度和广度，提升工会对外交流工作的质效。

针对两岸之间的工会建设交流，2013 年 4 月 16 日，张东风出席“2013 海峡两岸工会论坛”并发表讲话，就两岸工会在组织建设、维护职工权益、协调劳资关系、服务经济发展等方面的做法和经验进行了深度探讨。

针对海外交流，中国金融工会派出代表团赴其他同中国建交的友好国家进行访问和交流。2013 年赴巴西对巴西金融业工会组织维护职工权益、工资集体协商等方面的工作进行深入了解，2015 年先后赴巴西和马来西亚举行双边座谈会并与其签署友好备忘录。

第十章
贯彻党的十九大、二十大精神与金融工运发展

2017 年 10 月 18 日，中国共产党第十九次全国代表大会在北京胜利召开。会议指出要始终坚持习近平新时代中国特色社会主义思想，不忘初心，牢记使命，高举中国特色社会主义伟大旗帜，决胜全面建成小康社会，夺取新时代中国特色社会主义伟大胜利，为实现中华民族伟大复兴的中国梦不懈奋斗。党的十九大是在全面建成小康社会决胜阶段、中国特色社会主义进入新时代的关键时期召开的一次十分重要的大会，对鼓舞和动员全党全国各族人民继续推进全面建成小康社会、坚持和发展中国特色社会主义具有重大意义。

2018 年 10 月 22 日，中国工会第十七次全国代表大会在北京召开。会议强调要以习近平新时代中国特色社会主义思想为指导，坚持走中国特色社会主义工会发展道路，忠诚党的事业，竭诚服务职工，团结动员亿万职工为决胜全面建成小康社会、夺取新时代中国特色社会主义伟大胜利而奋斗。报告明确指出此后五年工会工作的主要任务是：全面贯彻党的十九大精神，以习近平新时代中国特色社会主义思想为指导，深入学习贯彻习近平总书记关于工人阶级和工会工作的重要论述，坚持走中国特色社会主义工会发展道路，坚定政治方向，凝聚奋进力量；着力推进产业工人队伍建设改革，充分激发职工劳动热情和创造活力；着力做好工

会维权服务工作，切实提升职工群众获得感、幸福感、安全感；着力深化工会改革创新，全面增强政治性、先进性、群众性；着力提高工会系统党的建设质量，把工会组织建设得更加充满活力、更加坚强有力。

2022 年 10 月 16 日，中国共产党第二十次全国代表大会在北京胜利召开。会议指出，中国共产党第二十次全国代表大会是在全党全国各族人民迈上全面建设社会主义现代化国家新征程、向第二个百年奋斗目标进军的关键时刻召开的一次十分重要的大会。大会的主题是：高举中国特色社会主义伟大旗帜，全面贯彻习近平新时代中国特色社会主义思想，弘扬伟大建党精神，自信自强、守正创新，踔厉奋发、勇毅前行，为全面建设社会主义现代化国家、全面推进中华民族伟大复兴而团结奋斗。

2023 年 10 月 9 日至 12 日，中国工会第十八次全国代表大会在北京召开。中国工会第十八次全国代表大会，是在我国迈上全面建设社会主义现代化国家新征程、向第二个百年奋斗目标进军的关键时刻召开的一次十分重要的大会，是全国广大工会工作者和亿万职工群众政治生活中的一件大事。以习近平同志为核心的党中央高度重视中国工会十八大，习近平等党和国家领导人出席大会开幕式，蔡奇代表党中央致词。大会明确指出今后五年工作的总体要求是：坚持以习近平新时代中国特色社会主义思想为指导，全面贯彻党的二十大精神，深入贯彻习近平总书记关于工人阶级和工会工作的重要论述，紧紧围绕党和国家工作大局，忠诚党的事业、竭诚服务职工，改革创新、奋发进取，保持和增强政治性、先进性、群众性，持续提高引领力、组织力、服务力，充分发挥党联系职工群众的桥梁纽带作用，团结引导亿万职工群众坚定不移听党话、跟党走，为全面建设社会主义现代化国家、全面推进中华民族伟大复兴发挥主力军作用。

在党的十九大、二十大精神和工会十七大、十八大要求的指引下，金融系统各级工会坚持以习近平新时代中国特色社会主义思想为指导，深入学习贯彻习近平总书记关于工人阶级和工会工作的重要论述、关于金融工作的重要论述，切实增强“四个意识”、坚定“四个自信”、做到“两个维护”，团结引导广大职工群众坚定不移听党话、矢志不渝跟党走；认真履行维权服务基本职责，积极推动构建和谐劳动关系，保持金融系统职工队伍团结稳定；大力弘扬劳模精神、劳动精神、工匠精神，结合金融行业实际广泛深入持久开展各种形式的劳动和技能竞赛，团结动员广大职工助力金融服务实体经济、深化金融改革、防范化解金融风险、推动经济社会持续健康发展，为实现中华民族伟大复兴的中国梦不懈奋斗。

一、强化思想政治引领，把牢正确政治方向

党的十九大以来，金融系统各级工会组织深入贯彻落实习近平新时代中国特色社会主义思想，特别是习近平总书记关于工人阶级和工会工作的重要论述，始终把党的政治建设摆在首位，以增强政治性为灵魂，不断增强“四个意识”、坚定“四个自信”、做到“两个维护”，以增“三性”、去“四化”为主线，突出政治方向，强化思想引领。

（一）加强党组理论学习，坚持工会工作正确方向

中国金融工会发挥党组的领导作用，多次召开党组学习会议、座谈会，学习领悟习近平总书记的重要讲话、全国总工会的会议精神以及中国银保监会的工作要求，不断创新组织体制、运行机制、工作方法，把金融系统工会工作做实、做细、做深、做透，团结引导广大金融职工坚定不移听党话、矢志不渝跟党走。

2017年3月30日至31日，中国金融工会在北京召开第四届

全国委员会第五次全体会议。中国金融工会主席张鸣起，中国金融工会兼职副主席郭利根、周延礼，常务副主席张东风，副主席杨树润、王海光，女工委主任陶跃进，经审会主任余洁等出席会议并参加分组讨论，与金融系统各级工会干部和基层职工代表等130余名常委、委员共商良策，探讨如何结合金融系统工会实际，增强“三性”，去除“四化”，加大为金融职工办实事、解难事力度，力求把“职工之家”和“娘家人”称号做得名副其实。会议按照相关程序替补中国人民银行党委委员、副行长、工会主任殷勇和中国证监会党委委员、副主席兼机关党委书记赵争平为中国金融工会兼职副主席，同时增补、替补了14名常委、35名委员。

2017年11月9日至10日，中国金融工会33家会员单位总行（会、司）的工会主席、副主席等齐聚浙江嘉兴，不忘初心，继往开来，专题深入学习宣传和贯彻落实党的十九大精神，共同讨论工会组织如何联系工会工作实际，在做实上下功夫。中华全国总工会主席团成员，中国金融工会党组副书记、常务副主席张东风主持会议，中国金融工会党组成员、副主席杨树润，女工委主任陶跃进，副主席王海光，经审会主任余洁，巡视员王全新出席了会议。各工会领导同志结合实际，畅谈了如何在职工之家、技能竞赛、职工职业发展、健康计划等具体工作中贯彻落实党的十九大精神。张东风提出要把党的十九大提出的各项目标要求转化成为具体工作和结果，成为实实在在的成效和具体措施，成为职工的实实在在的幸福感受。

2018年8月16日至17日，中国金融工会第五届全国委员会第一次全体会议在北京召开。全国总工会党组书记、副主席、书记处第一书记李玉赋，中国人民银行党委书记、中国银保监会党委书记郭树清出席会议并讲话。会议选举产生了新一届中国金融工会领导机构成员，全国总工会副主席、书记处书记焦开河当选中国金融工会主席；中国人民银行党委委员、副行长朱鹤新，中国银保监会党委委员、副主席周亮，中国证监会党委委员、副主席赵争平，中国工商银行职工林小群为兼职副主席；中国金融工会党组副书记梅志翔为常务副主席；中国金融工会党组成员杨树润、王海光、张亮为副主席。会议审议通过中国金融工会第四届全国委员会工作报告、财务工作报告和经费审查委员会工作报告，履行了相关人事事项的民主程序，并选举产生了金融系统出席中国工会十七大的代表。在中国金融工会五届一次经费审查委员会上，余洁当选第五届经费审查委员会主任；在中国金融工会五届一次女职工委员会上，曾萍当选第五届女职工委员会主任。

2019 年 7 月 15 日，中国金融工会第五届全国委员会第一次主席会议在北京召开。中国银保监会党委委员、副主席，中国金融工会党组书记、兼职副主席周亮主持会议，中国人民银行副行长、党委委员、中国金融工会兼职副主席朱鹤新，中国证监会党委委员、副主席、中国金融工会兼职副主席赵争平以及中国金融工会其他副主席出席会议。会议听取了中国金融工会五届二次全委会筹备情况的汇报，讨论了全委会工作报告，审议了有关人事事项。会议指出，金融系统各级工会要切实加强理论武装，以习近平新时代中国特色社会主义思想为指导，融会贯通到金融工会工作实际，从方向到方法，从战略到战术，既要想明白，又要跟职工讲明白，还要把金融工会工作实践干明白，进一步提升金融系统工会工作的政治性；充分发挥先进典型的示范引领作用，传播正能量，进一步增强先进性；切实提高覆盖面，向基层、一线延伸，进一步聚焦群众性。

2019 年 7 月 20 日，中国金融工会第五届全国委员会第二次全体会议在北京召开，全国总工会副主席、书记处书记阎京华当选为中国金融工会主席。中国银保监会党委委员、副主席，中国金融工会党组书记、兼职副主席周亮主持会议，中国金融工会第五届全国委员会常委、委员 120 余人出席会议。会议要求，金融系统各级工会组织要认真学习习近平新时代中国特色社会主义思想，全面贯彻党的十九大精神，切实履行好维权服务基本职责，团结动员广大职工不忘初心、牢记使命，当好主人翁、建功新时代，为决胜全面建成小康社会而奋斗，以优异成绩向新中国成立70周年献礼。会议审议通过中国金融工会五届一次全委会以来的工作报告和经费审查委员会工作报告，选举宋萍为中国金融工会第五届全国委员会副主席，增补、替补了常委、委员等。

2020年11月30日，中国金融工会第五届全国委员会第三次全体会议在北京召开。全国总工会副主席、书记处书记、中国金融工会主席阎京华，中国银保监会党委委员、副主席，中国金融工会党组书记、兼职副主席周亮分别主持会议并讲话。会议选举中国人民银行党委委员、副行长刘桂平为中国金融工会兼职副主席，选举张锐、李立东为中国金融工会副主席。中国金融工会党组副书记、常务副主席梅志翔作工作报告。会议要求，金融系统各级工会要把深入学习贯彻党的十九届五中全会精神、全国劳动模范和先进工作者表彰大会精神作为当前和今后一个时期的一项重大政治任务，结合金融系统实际，积极探索实践，把党的十九届五中全会精神和习近平总书记重要讲话精神贯穿金融系统各级工会工作始终，推动金融工会各项工作取得新成效。

2021年8月23日，中国金融工会召开党组会议，专题学习领会贯彻习近平总书记在庆祝中国共产党成立100周年大会上的重要讲话精神，部署中国金融工会近期重点工作。会议要求，要深入学习习近平总书记在庆祝中国共产党成立100周年大会上的重要讲话精神，把习近平总书记重要讲话精神贯彻到金融系统工会工作中；要加强职工思想引领；要维护职工合法权益，打造劳动者港湾、劳模创新工作室、金融讲习堂等一批品牌；要大力弘扬劳模精神、劳动精神、工匠精神；要坚持以政治性、先进性、群众性为主线，加强自身建设，明确职责定位，加强对基层工会的指导、管理、监督、服务，特别是要对工会经费加强审计监督，补齐制度短板。

2022 年 4 月 28 日，中国金融工会党组召开专题会议，学习贯彻习近平总书记致首届大国工匠创新交流大会的贺信精神，结合中国金融工会实际，研究贯彻落实措施。银保监会党委委员、副主席，中国金融工会党组书记周亮主持党组学习会议。中国金融工会党组成员围绕学习贯彻习近平总书记贺信精神，结合中国金融工会工作实际交流学习体会。大家一致表示要深入准确把握贺信内涵，始终在思想上、政治上、行动上同以习近平同志为核心的党中央保持高度一致。会议要求，金融系统各级工会和广大金融职工要以学习贯彻贺信精神为契机。学习宣传习近平新时代中国特色社会主义思想，深入学习习近平总书记关于工人阶级和工会工作的重要论述，努力推进金融系统各级工会工作再上新台阶。一是要学习好、领悟好。二是要宣传好、贯彻好。三是要组织好、弘扬好。进一步推进金融产业职工队伍建设改革，促进金融系统各项工作高质量发展，以优异成绩迎接党的二十大胜利召开。

2023 年 7 月 26 日，中国金融工会第五届全国委员会第四次全体会议在北京召开。国家金融监督管理总局党委委员、副局长、中国金融工会党组书记、兼职副主席周亮主持会议。金融系统工会近 200 名全委会委员、经审会委员参会。会议按照《中华人民共和国工会法》和《中国工会章程》有关组织工作规定，表决通过增补张青松、王建军、童爱萍等 3 名同志为全委会委员，李菊为经审会委员，替补全委会委员 83 人、经审会委员 19 人；表决通过了《金融系统出席中国工会第十八次全国代表大会代表选举办法》，选举产生了 27 名金融系统出席中国工会第十八次全国代表大会代表。会议还履行了其他相关组织人事事项。会议指出，2023 年是全面贯彻落实党的二十大精神开局之年，是实施“十四五”规划承前启后的关键一年。金融系统各级工会要始终坚持以习近平新时代中国特色社会主义思想为指导，全面贯彻党的二十大精神，坚决落实习近平总书记关于工人阶级和工会工作的重要论述，深入学习贯彻习近平总书记关于金融工作的重要论述，保持和增强工会工作的政治性、先进性、群众性。要加强金融职工思想政治引领，切实维护金融职工合法权益，助力金融业高质量发展，充分发挥党联系职工群众的桥梁纽带作用，深入推进产业工会改革，团结带领金融职工积极建功新时代，为全面建设社会主义现代化国家，实现中华民族伟大复兴作出新贡献。

2023 年 11 月 1 日，中国金融工会召开党组会议，传达学习中央金融工作会议精神和习近平总书记 2023 年在同中华全国总工会新一届领导班子成员集体谈话时的重要讲话精神，并结合中国金融工会实际，研究部署下一步宣传贯彻落实工作。国家金融监督管理总局党委委员、副局长，中国金融工会党组书记周亮主持会议并讲话。中国金融工会党组成员作了交流发言。会议首先传达学习了中央金融工作会议精神。会议认为，中央金融工作会议是我国处于全面建设社会主义现代化国家开局起步的关键时期召开的一次重要会议。习近平总书记的重要讲话，全面总结了党的十八大以来的金融工作，科学回答了金融事业发展的一系列重大理论和实践问题，是习近平经济思想的重要组成部分，是马克思主义政治经济学关于金融问题的重要创新成果，为新时代新征程推动金融高质量发展提供了根本遵循和行动指南。会议强调，必须坚持党中央对金融工作的集中统一领导，坚持以人民为中心的价值取向，坚持把金融服务实体经济作为根本宗旨，坚持把防控风险作为金融工作的永恒主题，坚持在市场化法治化轨道上推进金融创新发展，坚持深化金融供给侧结构性改革，坚持统筹金融开放和安全，坚持稳中求进工作总基调，以金融高质量发展助力强国建设、民族复兴伟业。会议还深入学习了 2023 年习近平总书记在同中华全国总工会新一届领导班子成员集体谈话时的重要讲话精神。会议指出，习近平总书记的重要讲话，集中阐述了党中央关于工人阶级和工会工作的大政方针，进一步丰富和发展了习近平总书记关于工人阶级和工会工作的重要论述，高度评价了党的十八大以来我国工人阶级在党和国家事业发展中作出的重大贡献，充分肯定了新时代工运事业取得历史性成就、工会工作实现全方位进步，对做好此后一段时期工会工作提出了明确要求，具有很强的政治性、思想性、理论性、指导性。会议指出，金融系统各级工会要提高政治站位，认真学习贯彻习近平总书记重要讲话精神，贯彻落实党的二十大精神、中央金融工作会议精神、工会十八大精神，把牢中国工人运动和工会工作的主题和方向，把金融职工组织动员起来，为建功新时代作出更大贡献。会议要求，要找准金融工会与党的中心任务的结合点、切入点、着力点，推动党中央决策部署在金融工会系统落实落地。2023 年 11 月 20 日，中国金融工会印发了《关于深入学习宣传贯彻习近平总书记重要讲话精神 全面落实中国工会十八大部署的各项任务的通知》，要求各会员单位、各省（区、市）金融工会要结合自身实际情况，抓紧研究制定落实方案，把各项工作要求真正转化为实际行动，确保落实到位。

2024 年 12 月 19 日，国家金融监督管理总局党委委员、副局长，中国金融工会党组书记周亮主持召开中国金融工会党组会议，传达学习中央经济工作会议精神，贯彻落实《中共中央 国务院关于深化产业工人队伍建设改革的意见》文件精神，并研究部署金融工会近期主要工作。中国金融工会党组副书记、常务副主席人选康华平，中国金融工会党组成员、副主席张亮、张锐、李立东，中国金融工会党组成员、女职工委员会主任人选李晓文结合金融工会工作，谈了贯彻落实中央经济工作会议精神的具体措施。

2024 年 12 月 24 日至 25 日，中国金融工会在北京召开金融系统工会工作座谈会暨经验交流培训会，37 家会员单位、36 家省级金融工会负责人及有关方面人员共 90 余人参加会议。中国金融工会党组副书记、常务副主席人选康华平结合党的二十届三中全会精神，传达解读了中央经济工作会议精神和《中共中央 国务院关于深化产业工人队伍建设改革的意见》，并作总结讲话。康华平在总结讲话中强调，2025 年是“十四五”规划的收官之年，是“十五五”规划谋篇布局之年，也是中华全国总工会成立 100 周年。金融系统工会要坚持党的全面领导，形成“大思政”“大宣传”“大竞赛”“大学习”“大维权”和“数智化”“规范化”的大格局、大平台，充分发挥示范引领作用，着力打造一系列有影响力的“工”字品牌，擦亮“金”字招牌，为推动金融高质量发展提供强大的动力和支撑。

（二）加强工会党支部建设，推进“党建带工建”

2019 年，中国金融工会主动把工会工作嵌入党建工作，依靠党的优势，扩大影响力，增强凝聚力，更好地履职尽责、发挥作用。坚持党建工作与工会工作同步谋划、同步推进；坚持党建工作与工会工作互为依托、互相协助、互相促进，“党建带工建、工建壮党建”。坚持把党建的优良传统、科学方法，理论与实践相结合的方法，从实际出发，运用于工会。坚持党建工作从思想上、组织上、制度上、作风上带动工会工作，通过党建带工建，带出好作风、带出好干部、带出好成效，带出向心力、凝聚力、战斗力。

2020 年 11 月 4 日，中国金融工会党支部召开全体党员大会，学习贯彻党的十九届五中全会精神。党支部 3 位支委先后逐字逐句、原汁原味领读领学了《中国共产党第十九届中央委员会第五次全体会议公报》和《中共中央关于制定国民经济和社会发展第十四个五年规划和二〇三五年远景目标的建议》，参会人员作了交流发言。党支部书记梅志翔要求全体党员要不断提高政治站位，忠实履行工会政治责任；积极主动融入新发展格局，始终在党和国家事业发展大局中谋划推动工作，围绕“十四五”时期国家重点工作，深入开展劳动和技能竞赛，全面提升金融职工整体素质，打造一支知识型、技能型、创新型的高素质金融产业工人队伍；坚持贯彻以人民为中心的发展思想，切实维护职工合法权益；维护职工队伍的稳定，提升职工获得感、幸福感、安全感；加强组织建设，深化改革创新。

2021 年，中国金融工会党支部严格落实“一岗双责”，从严管理监督干部，努力打造忠诚、干净、担当的干部队伍。结合组织观看银保监会警示教育专题片《穿透Ⅱ》，深入开展包商银行严重信用风险事件背后系列监管腐败案件警示教育活动。发挥纪检委员职工身边人和工作参与人的优势，实行双纪检委员制度。严格执行银保监会廉政纪律要求，建立廉政风险防范长效机制，制定《金融工会廉政风险防控手册》，明确界定权责清单，梳理廉政风险事项，全面完善大额采购、固定资产管理、财务报销、评选表彰和经费审计的权力运行流程图和风险点，进一步强化风险意识和规矩意识，织严织密风险“防护网”。持续整治“四风”，特别是形式主义和官僚主义问题，锤炼自身作风。

2022 年 7 月 1 日，中国金融工会党支部举办庆祝中国共产党成立 101 周年暨“七一”支部书记讲党课活动。党支部书记梅志翔以《推进政治建设提升政治能力增强责任担当意识》为题，为全体党员干部讲授专题党课，提出要坚持“学在前列”，自觉把迎接党的二十大，学习宣传贯彻党的二十大精神作为重大政治任务，要与工会业务相结合、相融合，往深里学，往实里学，提升履职能力，更好服务基层、服务职工，以实际行动走在前、做表率，推动中国金融工会工作高质量发展，努力为党的二十大胜利召开营造平稳健康的经济环境、国泰民安的社会环境、风清气正的政治环境，以优异成绩迎接党的二十大胜利召开。

2023 年 7 月 4 日，为庆祝中国共产党成立 102 周年，按照国家金融监督管理总局机关党委关于扎实推进主题教育、抓好青年理论学习的要求，中国金融工会党支部暨青年理论学习小组组织开展“七一”主题党日活动。中国金融工会党支部坚持“第一议题”制度，及时传达落实习近平总书记重要讲话和重要指示批示精神；中国金融工会党组成员、经审会主任余洁结合金融系统工会工作，以《转换思路 明确定位 充分认识新时代赋予工会经审的任务和使命》为题讲党课；为增强党员干部的政治意识、责任意识和身份意识，中国金融工会党支部还组织了重温入党誓词宣誓活动，党员干部面向党旗唱国歌，右手握拳庄严宣誓；青年理论学习小组成员共唱歌曲《在灿烂阳光下》，表达青年人对党的崇敬和热爱之情。

二、深化工会改革创新，夯实组织保障机制

党的十九大以来，中国金融工会积极学习贯彻习近平总书记关于工人阶级和工会工作的重要论述，落实全国总工会和银保监会党委对金融系统工会工作提出的各项要求，积极推进金融系统工会组织建设。健全以职工代表大会为基本形式的民主管理制度，落实职工群众知情权、参与权、表达权、监督权，充分调动职工的积极性、主动性、创造性。强化财务制度建设和预决算管理，进一步提高工会财务工作科学化、系统化、规范化水平。稳步推进审查审计全覆盖，深入完善工会经审监督体系建设，切实加强审计结果运用，审计质效持续提升。进一步推进线上工会、智慧工会建设。

（一）加大工会组织建设力度

在指导新入会的金融机构组建工会方面，2019 年以来，按照《中华全国总工会关于明确中国金融工会组织领导关系的通知》的要求，将中国保险保障基金有限责任公司工会、中国银行保险信息技术管理有限公司工会、中保投资有限责任公司工会、上海保险交易所工会新增为中国金融工会会员单位，进一步加强了金融系统工会组织建设。2021 年，指导中国农业再保险股份有限公司组建工会组织，并就工会如何组织选举、开展工作、帮扶职工等相关政策进行详细介绍和辅导。11 月 5 日，中国金融工会一级巡视员王海光出席中国农业再保险股份有限公司第一届工会会员大会第一次全体会议，指导其开展选举工作，为下一步加强工会组织建设打好基础。

在建立健全省（区、市）金融工会机构和人员配备方面，2019 年 4 月 15 日，经报银保监会党委领导批准，中国金融工会印发了《关于做好省（区、市）金融工会机构设置和工会工作的通知》，明确提出要求在银保监局机构改革期间，工会组织及其办事机构依法设置和人员到位，确保工会各项工作真正落到实处。该文件对党中央和全国总工会的要求进一步细化量化，对省（区、市）金融工会办事机构的设置和人员配备提出了具体要求。据统计，省（区、市）金融工会工作人员基本配齐的有 25 家，约占 70%。2020 年，经过反复调研和征求各省级金融工会意见，制定了《中国金融工会关于推进省（区、市）金融工会组织体系建设的工作方案》，就省级金融工会组织建设的指导思想、政策依据、方法步骤和措施要求等方面的内容进行了细分完善。方案中明确了按照坚持分期分批、逐步过渡的原则，先从工作基础好、条件较为成熟的省（区、市）金融工会开始，分类实施、先行试点、典型引领、逐步推开，把握好次序、节奏和力度，在总结经验的基础上，分期分批完成省（区、市）工会工作委员会向工会委员会的转化。

此外，在全国总工会的大力支持下，制定印发《关于湖南、厦门建立金融工会委员会试点工作方案》《中国金融工会关于试点建立省（区、市）金融工会委员会的通知》及《建立省（区、市）金融工会委员会工作基本程序》，对省（区、市）金融工会委员会的筹备召开、选举原则、候选人提出、选举程序和注意事项等民主选举的全过程提出了详细明确的要求。2020 年 12 月 28 日和 2021 年 1 月 5 日，分别召开了中国金融工会湖南省和厦门市第一届委员会第一次全体会议。两家省、市金融工会委员会的成功揭牌，为此后省级金融工会的试点提供了明确的政策依据和规范流程，也为其他省（区、市）金融工会委员会如何选举落地提供了范本，起到了示范引领作用。中国金融工会绘制工会干部协管流程图，加强工会干部协管的权威和质效，科学考察建议人选的德、能、勤、绩、廉等情况。每年考察金融系统工会领导干部近百人。此外，2021 年，中国金融工会印发《关于加强与当地总工会沟通统筹推进省级金融工会工作的通知》，进一步推动省级金融工会与当地总工会建立广泛的沟通协作机制，推进省级金融工会委员会建立，扩大工会组织覆盖面，保障金融职工充分享受当地总工会提供的各项权益，推动工会维权服务更加全面。

2022 年 4 月 14 日，中国金融工会梅志翔、王海光、李立东及组织部、财务部有关同志到全国总工会就省级金融工会工作进行汇报座谈。全国总工会财务部、组织部及基层工作部有关同志等参加调研座谈。中国金融工会组织部向全国总工会汇报了湖南、厦门试点建立金融工会委员会进展情况、经费收支情况及存在的问题，省级金融工会建设的两项任务（委员会建设、归口管理）、三项困难（缺人的问题、经费分成的问题、文件依据不明的问题）、四点建议（为归口管理地方金融机构工会提供政策文件依据，开展金融行业工会组织体系建设调研，进一步规范对金融系统工会经费留成比例，对解决中国金融工会人力不足的问题予以专项财务支持），以及中国金融工会与各地总工会的沟通协调情况等。

2023 年，中国金融工会不断推动金融系统工会民主化、规范化、法治化建设。围绕中心工作加强工会组织建设，从工会组织和工会干部协管两方面加强金融系统工会规范化建设，推动基层工会选强配齐工会干部，推动资源、资金不断向基层倾斜，完善基层工会建制功能，推动基层工会转起来、强起来。一是指导人民银行、工商银行、中再集团等工会工作委员会形成转制为民主选举的工会委员会整体工作方案，深入推进工会工作民主化建设。二是指导民生银行、太平保险、阳光保险、方正承销保荐、中央国债、国开行、中诚信托、光大集团、信托保障基金等单位工会进行换届选举，推动金融系统工会委员会建设，推进工会工作规范化建设。三是指导农业银行、中国银行、中央国债等单位工会建立工会集体决策制度，助推金融系统工会民主机制建设，推进工会工作法治化建设。

2024 年，中国金融工会进一步加强工会组织建设，完善工会民主决策机制建设，规范集体议事规则，工会干部协管作用得到进一步发挥。全年共考察批复金融系统工会领导干部 103 人。金融监管总局工会坚持狠抓基层工会规范化建设，坚持一根杆子插到底，着力解决基层工会组织建设的难点和痛点。此外，2024 年 3 月 14 日，全国总工会组织部回复了《关于中国金融工会拟接收中央金融办、中央金融工委机关工会为会员单位的请示》，同意中国金融工会接收中央金融办、中央金融工委机关工会为会员单位。

（二）健全和深化企业民主管理制度

党的十九大以来，中国金融工会着力推进企业民主管理建制扩面，进一步健全企业民主管理制度机制、规范运行程序、丰富内容形式，着力提高制度化、规范化、法治化、程序化建设水平。以落实2018年出台印发的《全国金融系统企业民主管理实施办法》和《全国金融系统职工代表大会操作规程》为抓手，通过加强相关法规政策服务和指导、完善会前预审流程，督促落实职代会基本职责，严格履行民主程序，同时涉及职工切身利益的重大事项必须提交职代会审议通过。

2019年，中国金融工会深化职工代表提案工作，推动民主管理实践创新。中国金融工会选送的中国建设银行《关于“同心计划”延展有效落实普惠关爱》提案，入选“聚合力促发展”全国百佳优秀职工代表提案。中国建设银行率先制定并通过了《中国建设银行企业民主管理办法》，将民主管理部分内容写入公司章程，把职工参与民主管理纳入公司治理结构中。

2020年，根据疫情防控工作的现状和实际工作需求，在既要满足程序规范又要严谨高效的情况下，指导多家机构完成线上职代会的召开。非常时期展现创造性和灵动性的工作要求，是完善以职工代表大会为基本形式的企业民主管理工作常态化履职的有益探索。广大职工代表普遍认为，这样的会议方式，减少了聚集、降低了风险，符合现阶段工作要求。各基层代表在工作现场或家里均可参加会议，增加了灵活性，提高了参与度。

2021年，中国金融工会进一步建立健全以职工代表大会为基本形式的企业民主管理制度，推动完善金融系统公司治理结构，提高职工代表的履职能力，保障金融职工各项民主权利；稳步推进职代会规范化建设，召开金融系统民主管理经验交流会暨工作培训会（线上视频会），与中国工人出版社合作制作以职代会为主题的民主管理动漫视频，加强会前预审流程、因行（司）施策。

2022 年，中国金融工会进一步建立健全以职工代表大会为基本形式的企业民主管理制度，推动完善金融系统公司治理结构，提高职工代表的履职能力，保障金融职工各项民主权利。中国金融工会持续推进以职代会为基本形式的职工民主管理制度的落实，稳步推进职代会规范化建设。与中国工人出版社联合制作推出《企业集团职工代表大会制度》主题动漫微课，在“金融工运”微信订阅号和“学习强会”平台同步开辟学习专栏，专栏点击浏览逾 2 万人次。在 5 月至 8 月期间，积极组织会员单位参与全国企业民主管理微视频大赛，共有 4 部作品入围全国百部作品网络投票阶段。8 月，根据全国总工会要求，对 2013 年、2017 年、2020 年获得“全国厂务公开民主管理先进单位”荣誉称号的 12 家金融机构组织开展自查复查工作。在审核书面材料的基础上，综合运用座谈交流、查阅资料等方式进行了现场抽查检查，12 家单位均符合复查要求。9 月，由中国金融工会推荐的中国农业银行重庆市分行获“全国和谐劳动关系创建示范企业”荣誉称号。

2023 年，持续推进以职代会为基本形式的企业民主管理制度落实，在坚持职工主体地位和职工需求导向的前提下，不断创新和丰富民主管理形式，使民主管理程序更为有效、参与更为真实，稳步推进职代会规范化建设，完善金融机构公司治理体系。截至 12 月底，共分类指导 11 家总行（会、司）工会规范召开“线上+线下”21 次职代会，广大金融职工的知情权、参与权、表达权、监督权得到有效保障。召开金融系统民主管理暨权益保障工作交流会，安排部署 2023 年金融系统工会民主管理、权益保障重点工作。在 2023 年全国总工会新时代企事业单位民主管理研究理论征文评选中，由中国金融工会推荐的金融系统征文获二等奖 1 篇、三等奖 1 篇、优秀奖 1 篇。开展 2023 年度“聚合力 促发展”金融系统优秀职工代表提案征集推荐活动，编辑印制《金融系统优秀职工代表提案汇编》。

（三）强化财务保障机制

党的十九大以来，金融系统工会财务工作牢牢把握改革方向，聚焦主责主业，坚持面向职工、面向基层、面向一线，将有限的资源和资金向基层倾斜，认真找准工会工作和服务职工的着力点和切入点，精准施策、强化管理，通过进一步落实工会经费收缴改革，强化预决算和项目管理，创新培训形式，提升工会财务干部专业素养，广泛开展财务工作调研，完善财务管理体系，加强财务监督等工作，着力提高服务职工群众的能力和水平，努力为建设覆盖面广、充满活力的工会组织和服务体系添砖加瓦、做好保障。

在经费收缴管理方面，中国金融工会严格按照《中国金融工会经费管理办法》（2000年制定并报全国总工会审批）执行。全国总工会同意中国金融工会实施系统管理经费，同时接受同级地方工会检查和指导的财务管理体制。经费分成比例为：一是中国金融工会全国委员会系统内留成80%，其中，基层工会留成比例为60%。在上解的经费中，地市级行（局、司）工会留成5%，省行（局、司）工会留成10%，各总行（局、司）工会留成2%，中国金融工会留成3%。二是全国总工会及各级地方总工会留成20%。在上解经费中，由中国金融工会全国委员会上交全国总工会5%；由各省、自治区、直辖市行（局、司）工会上交所在的省、自治区、直辖市总工会5%；中国金融工会全国委员会管辖的基层工会上交所在地方工会10%；具体手续由省、自治区、直辖市行（局、司）工会与所在省级地方工会商定。中国金融工会按照全国总工会和《工会法》要求，继续贯彻落实严格按比例收缴工会经费的改革措施，加大经费收缴工作宣传和执行力度，财务部、经审办联合开展金融系统工会经费计拨收缴自查工作，进一步摸清了经费收缴底数，了解了经费收缴困难，经费收缴工作整体稳步推进，每年拨缴经费收入保持稳定增长。

在强化预算管理方面，中国金融工会加强对会员单位以及省（区、市）金融工会预决算审核、管理和监督，加强预算编制科学性、规范性，强化预算约束，严格按照预算编制安排经费支出。同时，中国金融工会继续通过专项转移支付补助和一般性转移支付补助加大对下补助力度，专项转移支付补助资金结合当年中国金融工会工作和本系统重点工作申报，主要用于引导各单位、各级工会突出主业，将有限经费更多地用于困难职工帮扶、送温暖、劳模创新、职工之家建设、服务职工等工会主责主业方面。一般性转移支付补助，参照全国总工会的做法，主要为对按比例收缴经费原超收部分的回拨，将经费最大限度用于服务基层一线职工，弥补下级工会经费不足的问题，每年一般性转移支付补助保持稳步增长。

在经费支出管理方面，2018 年 4 月，中国金融工会制定《金融系统基层工会经费收支管理实施办法》，紧密结合金融系统实际，对金融系统基层工会收支管理原则、范围、标准、工作流程等方面进行了全面规范，并对基层工会财务管理和监督检查提出了明确细致的要求。2020 年，中国金融工会把制度建设作为财务的一项重点工作，起草了《金融系统工会预算管理办法》《金融系统工会决算报告制度》《中国金融工会关于全面实施预算绩效管理的实施意见》《金融系统工会财务监督暂行办法》《关于加强和改善金融系统工会结转结余资金使用管理的通知》《中国金融工会机关部室集中和自行采购事项规定》等多项制度办法，从预决算管理、资金存放和使用、绩效管理、财务监督等多方面对财务工作提出了新要求，推动了财务工作向系统化、科学化、制度化迈进。2021 年，继续完善工会财务规章制度，重新修订《中国金融工会机关会议费管理实施细则》《中国金融工会机关培训费管理实施细则》《中国金融工会机关差旅费管理实施细则》；对金融系统工会下发《关于进一步加强金融系统各级工会财务管理工作的意见》，对重点财务工作提出要求，指导和监督各级工会开展财务工作。2022 年，制定《中国金融工会预算支出绩效评价实施办法（试行）》，对中国金融工会预算支出开展绩效评价工作。此外，全力配合全国总工会实施审计，以整改为契机强化财务管理。2021 年 4 月至 6 月，全国总工会经费审查委员会对中国金融工会 2019—2020 年度经费预算执行情况进行送达审计，中国金融工会积极配合全国总工会审计组工作要求，及时准确提供各项资料。中国金融工会召开党组会听取审计进展情况专题汇报，多次召开主席办公会对审计组提出的质询作专题研究，并成立审计整改工作领导小组，落实整改第一责任人和主体责任人。对全国总工会审计结果逐条对照检查，明确各部室责任，落实整改措施，建立健全制度规定，查缺漏、强管理，补短板、强弱项，不断提高履职水平。2021 年以来，按照《金融系统工会财务监督暂行办法》以及全国总工会关于财务监督工作的部署，会员单位、省级金融工会重点围绕新《工会会计制度》、重大财务制度执行情况、工会经费收缴情况、预算执行情况、资金存放管理情况、决算编报情况、预算绩效管理情况、专项补助使用情况等方面开展检查，形成监督检查工作报告上报全国总工会财务部。通过监督检查，及时了解工会财务制度执行中存在的问题，进一步压实财务监督责任，推进财务监督经常化、制度化、规范化，提高工会财务监督工作质效。在财务队伍建设方面，为推动中国金融工会财务部相继出台的一系列工会财务制度的学习贯彻，使金融系统工会财务干部更好地理解和领会制度内容和精神，更好地贯彻执行各项要求和政策，进一步提高金融系统工会财务工作整体水平，中国金融工会于 2020 年 11 月开展了以“学习工会财务知识、做好工会财务工作”为主题的线上财务知识学习培训活动。通过答题闯关的活动方式，配合图片、音频等生动教学，将过去两年印发的10 项财务管理制度融入其中，内容丰富翔实，广大基层工会财务干部积极参与，在活动中加深了对知识的巩固和理解，营造出了良好的学习氛围，取得了良好的学习效果。2021 年，中国金融工会开展线上财务培训会，对工会经费收缴与管理、工会预决算汇总工作、工会财务账务系统等内容进行了详细讲解和操作，共有160 余名金融系统财务干部参加培训。培训就新形势下工会财务工作要求、新《工会会计制度》实施等工作任务进行宣讲和解读，为实现新旧工会会计制度顺利衔接打下基础。2022 年 10 月28 日至 11 月 28 日，为贯彻落实党的二十大精神，中国金融工会财务部联合经审办举办了金融系统工会财务经审干部网络培训班。邀请中央党校、财政部专家、教授，宣讲党的二十大精神，解读习近平经济思想，并对当前宏观经济形势、新《工会会计制度》、工会预算绩效管理、工会绩效审计等内容进行专题培训。充分利用网络优势扩大了培训覆盖面，同时采用课后测试方式，及时掌握学习情况，不仅达到了强化财务经审干部专业理论知识的目的，也实现了学习交流、融会贯通的良好效果。2023 年 12 月，中国金融工会召开了金融系统工会财务工作培训会，各会员单位、省级金融工会的 80 余名财务干部参加了培训会。会上邀请中华全国总工会财务部领导就预算绩效管理工作做专题辅导，为下一步推动基层以上工会开展绩效评价工作，建立全面预算绩效管理体系打下良好基础。同时，培训会还就工会经费结转结余工作进行了实操讲解，不仅强调了结转结余工作的意义和重要性，还以案例形式指导财务干部进行操作，实打实地提升了财务干部专业能力和财会工作规范性。

（四）发挥经审内部监督作用

党的十九大以来，中国金融工会经审会进一步落实党对经审工作的领导，围绕中心服务大局，整章建制夯实基础，稳中求进强化监督，提质增效促进管理，经费审查审计工作取得新成效。按照中国金融工会党组和全国总工会经审会的总体部署，围绕中国金融工会实际谋划开展经审工作，落实工会主体责任和经审监督责任，健全经审监督体系，坚持应审尽审、凡审必严，持续推进审计成果运用，切实发挥工会经审监督的审帮促作用。

在坚持党对经审工作的领导方面，中国金融工会经审会严格执行经审工作重大事项请示报告制度。经审会主任在中国金融工会全国委员会历次全体会议上宣读由经审会全体会议审议通过的年度经审工作报告；按照《中国金融工会党组工作规则》和《中国金融工会党组讨论和决定事项清单》规定，向中国金融工会党组请示报告经审工作有关事项；结合同级审查审计和“下审一级”，督促中国金融工会本级、各会员单位总行（局、会、司）工会、各省级金融工会结合本单位实际建立重大事项决策、重大项目安排和大额度资金使用事项的集体决策制度，明确工会委员会、工会领导班子集体决策的事项范围、决策程序。

2019 年，中国金融工会经审会《关于 2018 年“下审一级”工作有关情况的报告》先后得到中国金融工会党组成员、常务副主席梅志翔，全国总工会党组成员、副主席、中国金融工会主席焦开河，中国金融工会党组书记、兼职副主席周亮重要批示，全国总工会财务部也给予了积极评价并提出意见、建议；按照中国金融工会主席办公会议安排，中国金融工会经审办牵头会同有关部室开展了省级金融工会活动及经费管理情况调研，并积极研究解决省级金融工会因客观条件制约无法建立经审组织、经审监督缺位的问题，召集 8 家省级金融工会办公室主任座谈，组织 36 家省级金融工会全面自查和书面调查，组成 4 个调研组对 10 家省级金融工会进行现场审计调研，向中国金融工会党组书记、兼职副主席周亮报送《关于省（区、市）金融工会有关情况的报告》（附《关于省（区、市）金融工会的调研报告》）和《关于下发〈加强省（区、市）金融工会活动及经费管理的通知〉的请示》，先后得到周亮和中国银保监会党委书记、主席郭树清，中国银保监会党委委员、副主席曹宇，中央纪委国家监委驻中国银保监会纪检监察组组长、中国银保监会党委委员李欣然重要批示，5 月 24 日正式印发《关于加强省（区、市）金融工会活动及经费管理的通知》。

2020 年，向中国金融工会党组书记、兼职副主席周亮报送《关于金融工会经审会 2019 年“下审一级”工作有关情况的报告》。

2021 年，中国金融工会经审会向中国金融工会党组书记、兼职副主席周亮报送签报 4 份，分别是《关于金融工会经审会 2020 年审计工作情况的报告》《关于金融工会经审工作有关情况的报告》《关于建立完善省级金融工会经费审查组织机制的请示》《关于完善金融工会经审会审计工作计划的报告》；11 月，向中国金融工会党组会议汇报了经审会 2022 年审计工作计划，根据党组会议指示精神，对审计工作计划进行调整完善，并向全国总工会党组成员、经审会主任李晓钟专题汇报了有关落实全国总工会经审会“延伸审计机关工会”审计建议的工作计划。

2022 年，中国金融工会经审会向中国金融工会党组书记、兼职副主席周亮报送签报 3 份，分别是《关于金融工会经审会 2021 年“下审一级”工作情况的报告》《关于印发〈中国金融工会经审会 2022—2026 年审计工作计划〉的请示》《关于金融工会经审会在 2022 年度全国省级工会经审工作规范化建设考核中获评特等奖的报告》；4 月，向中国金融工会党组会议汇报了对中国金融工会 2021 年预算执行情况、2022 年预算草案的审查情况；6 月，向中国金融工会党组会议汇报了对中国金融工会2021年预算执行情况等的审计情况、《中国金融工会经审会2022—2026年审计工作计划》。

2023年，中国金融工会经审会向中国金融工会党组会议请示报告4次，议题涉及以下内容：2022年“下审一级”情况，对中国金融工会本级2022年度预算执行审计情况，对中国金融工会本级2022年度决算、2023年度预算审查情况，按照主题教育和大兴调查研究要求，通过制定《中国金融工会关于工会经费使用有关问题的补充规定》推动解决金融系统工会经济活动中主要问题难题的工作情况，中国金融工会经审会特约审计员培训班暨“下审一级”工作部署会情况，中国金融工会经审会审计结果抄送被审计工会所在单位党委主要负责人，制定《中国金融工会经费审查委员会审计问题整改监督管理办法》；向中国金融工会党组书记、兼职副主席周亮报送签报4份，包括《关于金融工会经审会获评2022年度全国工会优秀审计项目的报告》《金融工会经审会2022年“下审一级”有关情况的报告》《关于印发2023年度金融工会经审会对同级工会审计报告的情况汇报》《关于印发〈中国金融工会关于工会经费使用有关问题的补充规定〉的请示》，其中《关于印发〈中国金融工会关于工会经费使用有关问题的补充规定〉的请示》先后得到周亮同志和国家金融监督管理总局党委书记、局长李云泽，国家金融监督管理总局党委、副局长曹宇重要批示。2024年1月，向中国金融工会党组书记、兼职副主席周亮报送《金融工会参加2023年度全国省级工会经审工作规范化建设考核以及全国工会优秀审计项目评选的情况汇报》，先后得到周亮同志和国家金融监督管理总局党委书记、局长李云泽重要批示。

在经审制度建设方面，中国金融工会经审会先后修订印发《总行（会、司）工会经审工作规范化建设考核办法》《考核标准》以及《中国金融工会经费审查委员会工作规则》《中国金融工会经费审查委员会常务委员会议事规则》《中国金融工会经费审查委员会特约审计员管理办法》，制定印发《全国金融系统工会优秀审计项目评选管理工作办法》《关于确认总行（会、司）工会经审工作联络员的通知》《关于组建中国金融工会省（区、市）工作委员会经费审查工作组的通知》《中国金融工会经审会2022—2026 年审计工作计划》《中国金融工会审计查出问题整改实施办法》，组织编写《金融工会经费审计操作向导（2020版）》《金融工会经费审计操作向导（2024 版）》。

2017 年，修订印发总行（会、司）工会经审工作规范化建设考核办法和考核标准，其中：细化完善考核标准，明确了金融系统工会经审工作要求和发展目标；适当延长考核周期，将原来的每年考核一次，改为“每两年考核一次、每次考核两年”，给会员单位经审会科学部署相关工作提供必要时间，避免短期行为；客观反映考核等级，由原来的按得分直接确定考核等级，且不限制获奖单位数量，改为按得分的排名次序确定考核等级，适当控制获奖单位数量，尤其是特等奖的单位数量，凸显树标杆立典型的激励作用。

2018 年，制定印发《全国金融系统工会优秀审计项目评选管理工作办法》，明确了优秀审计项目评选的范围、条件、程序及具体评分项目和标准，发挥优秀项目的示范引领作用，带动金融系统各级工会经审组织找差距、补短板、提升审计项目质量；同年，印发《关于确认总行（会、司）工会经审工作联络员的通知》，要求各会员单位指定相对稳定的经审工作联络员，并明确了经审工作联络员的职责包括承担本单位经审日常工作、接收传达中国金融工会经审工作部署以及收集报送本单位经审工作相关材料，从实际操作层面解决金融系统各级工会长期以来受客观条件制约没有固定的经审会办事机构和办事人员，制约经审会履职效率以及全系统经审工作贯通联动的问题。

2019 年，修订印发《中国金融工会经费审查委员会工作规则》和《中国金融工会经费审查委员会常务委员会议事规则》，进一步强化新形势下中国金融工会经审会及常委会的监督职责；同年，还修订印发了《中国金融工会经费审查委员会特约审计员管理办法》，结合中国金融工会经审会 2016 年创新实施特约审计员制度 3 年来的实践经验和下一步工作需要，进一步增强特约审计员人才库选拔管理的前瞻性、规范性和可操作性。

2020 年，中国金融工会经审会组织编写的《金融工会经费审计操作向导（2020 版）》正式印发，根据各会员单位前期提交的使用需求，免费发放 3.2 万册供金融系统各级工会参考使用。该书自 2017 年启动编写，共 11 章、近 11 万字，详细规范了金融系统的工会经费审计程序和方法、归纳总结了工会经济活动中常见的 300 多个风险点和审计定性依据、列示了涉及的主要参考法规制度目录，为金融系统各级工会经审组织和经审人员合规高效审计提供了有力保障，对于提高工会经费审计质效和经审人员业务素质发挥了积极作用，其指导性和实用性得到金融系统各级工会和经审人员的广泛认可。

2021 年，中国金融工会经审会制定印发《关于组建中国金融工会省（区、市）工作委员会经费审查工作组的通知》，所附《组建方案》明确了经审工作组的成员构成、工作职权、工作保障以及组建程序等要求。

2022 年，制定印发《中国金融工会经审会 2022—2026 年审计工作计划》，经中国金融工会经审会五届八次全体会议讨论完善、中国金融工会党组会议审议通过，按照审计署《“十四五”国家审计工作发展规划》以及全国总工会《中国工运事业和工会工作“十四五”发展规划》相关要求，明确了 2022—2026 年金融系统工会经审工作的指导思想、基本原则、主要目标、审计安排、保障落实等内容，这是中国金融工会经审会首次制定 5 年审计工作计划。

2024 年，正式出版《金融工会经费审计操作向导（2024 版）》。该书修订自 2022 年启动，由《金融工会经费审计操作向导（2020 版）》的近 11 万字扩展至近 17 万字：一是根据新的《中华人民共和国审计法》和《工会审计条例》，结合金融系统工会经费审计工作的发展实践，对审计程序、内容及方法做进一步规范完善；二是根据 2020 年以来工会经济活动有关法规制度的修订出台情况，以及中国金融工会经审会审计查出的主要问题，对各类风险点及其审计依据进行补充和更新，主要风险点由 300 多个扩展至 500 个，所覆盖的工会业务范围更全面，对新形势下工会经费审计的指导性更强；三是对主要参考法规制度目录相应跟进整理并优化列示方式，更便于审计人员查阅使用和参考学习。制定印发《中国金融工会审计查出问题整改实施办法》，根据全国总工会印发的《工会审计查出问题整改办法》，结合前期督促整改工作实践和金融系统实际，细化明确了本系统落实党对工会审计整改工作的领导、审计整改责任、整改情况报告、整改结果认定、审计结果运用、审计整改约谈和责任追究等具体工作要求，推动金融系统各级工会审计查出问题、整改落实到位。

在履行审查审计监督方面，中国金融工会第五届经审会 2018 年组建后，继续按照“每年必审”对中国金融工会实施同级审计，按照“两年审一次”对会员单位总行（会、司）工会实施“下审一级”审计，并从 2019 年起将省级金融工会纳入“下审一级”范围，按“三年审一次”对其实施审计；在同级审计监督基础上，经审会全体会议审查中国金融工会年度预决算，经审会常务委员会议审查中国金融工会上半年预算执行情况和年度预算调整。到 2021 年底，中国金融工会第五届经审会已实现对在册总行（会、司）工会、省级金融工会的“下审一级”全覆盖，其中对总行（会、司）工会进行了两轮现场审计、对省级金融工会进行了一轮现场审计，提前完成全国总工会经审会关于“下审一级”实现届期全覆盖的要求。

2020年至2021年，中国金融工会经审会联合财务部首次对金融系统工会经费计拨上缴情况进行了全面摸查和专项核查，要求32家会员单位各层级每一个工会组织都对2019年经费计拨上缴情况进行了摸底自查，并结合2020—2021年“下审一级”对32家被审计会员单位自查数据的真实性和准确性进行了现场核查，分2批全面核查了2019年底在册的31家会员单位（不含人民银行，因其未提供有关数据；不含2020年以后加入的4家新会员单位）2019年工会经费拨缴数据，解决了长期以来金融系统工会经费财力底数不清的问题，并将欠缴等有关问题列入了审计报告，有效督促各会员单位依法依规拨缴工会经费。2022年起中国金融工会上缴全国总工会的经费在全国35家省级工会中的排名由2018年的倒数第3上升至正数第1，2023年上缴全国总工会约6.13亿元，比2018年增加4.82亿元，中国金融工会36家会员单位中，除个别单位仍未提供工资总额数据并仍按定额缴纳工会经费外，基本实现工会经费系统条线的应缴尽缴。

2022年至2023年，按照全国总工会经审会2021年审计建议，中国金融工会经审会对总行（会、司）工会“下审一级”同时，首次全覆盖地延伸审计了总行（会、司）机关工会。其中，2022年，对中国民生银行等20家总行（会、司）工会的“下审一级”内容为以前年度审计发现问题的整改落实情况，而将延伸审计其机关工会2021年预算执行和资产管理等情况作为重点，为保障首次延伸审计工作质量，《中国金融工会经审会2022年审计方案》中详细列明了内部控制等6方面33项审计重点，并通过审前调研收集了现行制度规定不明确、易有争议的32个典型问题，协商中国金融工会财务部后随该审计方案印发《审计定性指南》，统一了本次审计中 32 个典型问题的定性尺度。2023 年，在 2022 年第 1 批对 20 家会员单位总行（会、司）总部机关工会的延伸审计基础上，第 2 批对中国人民银行工会等 17 家总行（局、会、司）工会"下审一级"的同时，实施了对其总部机关工会预算执行情况的延伸审计，结合 2022 年第 1 批延伸审计情况对《中国金融工会经费审查委员会 2023 年审计方案》做了进一步完善，所附《审计定性指南》统一了 42 个制度规定不明确、存在争议问题的审计定性口径，比 2022 年《审计定性指南》增加了 10 个问题；2022—2023 年分 2 批完成了对所有 37 家会员单位总部机关工会的首次全覆盖延伸审计，对延伸审计发现的问题均在审计报告中单独列示并提出了审计建议，主动防范基层工会经费管理风险和"灯下黑"。

2024 年起，根据《中国金融工会经审会 2022—2026 年审计工作计划》，中国金融工会经审会把对各会员单位总行（局、会、司）工会的"下审一级"频率由"两年审一次"调整为"三年审一次"，与对省级金融工会"三年审一次"的"下审一级"频率一致。

在加强审计结果运用方面，中国金融工会经审会及时总结审计工作，提升审计结果知晓面和警示力，跟踪督促整改落实，切实推进源头治理，积极与有关业务部门贯通协同、形成监督合力，做好审计整改"下半篇文章"。

一是及时总结审计工作。2017 年 11 月 30 日至 12 月 1 日，在杭州召开 2017 年现场审计工作总结会议，中国金融工会经审会常委、委员以及参与 2017 年现场审计工作的特约审计员代表参会，中国金融工会党组成员、经审会主任余洁主持会议，各审计组对本组审计情况进行了总结并围绕进一步提高审计质效提出了建议，中国金融工会经审办通报了 2017 年审计总体情况、发现的主要问题，与会常委、委员就进一步提升经审会履职水平进行了积极讨论。2018 年 11 月 27 日至 28 日，中国金融工会经审会在贵阳召开 2018 年现场审计工作总结会议，首次将现场审计工作总结会议的参会范围由审计人员扩展到各金融机构工会分管财务的负责同志，中国金融工会党组成员、经审会主任余洁参加会议并讲话，会议通报了审计发现的主要问题、点名表扬了工作完成较好的审计组、点名提示了问题较突出的被审计单位，显著提升审计结果的知晓面和警示力。2019 年 12 月 10 日至 11 日，在石家庄召开 2019 年中国金融工会经审工作总结会议，中国金融工会经审会委员、审计组主审以及部分省级金融工会经审工作负责人参加，中国金融工会党组成员、经审会主任余洁参加会议并讲话，会议邀请全国总工会经审会副主任、经审办主任张西昶进行了题为《努力做好新时代工会经审工作》的专题授课，对 2019 年度现场审计、优秀审计项目评选、经审工作规范化建设考核等工作进行了总结，并为获奖单位颁发了奖牌和证书。

二是提升审计结果的知晓面和警示力。2020 年 2 月，报经全国总工会党组成员、副主席、中国金融工会主席阎京华，中国金融工会党组书记、兼职副主席周亮以及各位副主席同意，印发《关于 2019 年“下审一级”情况的通报》，首次在全系统范围内通报了“下审一级”工作中发现的 9 方面 44 类主要问题。2021 年 2 月，印发《关于中国金融工会经审会 2018—2019 年审计发现问题整改情况的通报》，根据 2020 年开展的审计“回头看”情况，向全系统点名通报 44 家被审计单位对 371 条审计发现问题的整改落实情况。2022 年 4 月，印发《中国金融工会经审会关于 2021 年“下审一级”情况的通报》，向全系统公开揭示审计发现的主要问题，点名鼓励内部控制、财务管理和整改完成情况较好的单位，点名提示 2019 年工会经费欠拨欠缴问题突出的单位，强调审计整改主体责任和要求。2023 年 2 月，印发《中国金融工会经审会关于 2022 年“下审一级”情况的通报》，首次对被审计单位按现场审计核查的整改完成率由高至低列表进行了点名通报；对以前年度审计未整改到位问题和当年审计新发现问题，以具体问题列表方式进行了点名通报；对延伸审计发现的总部机关工会 7 个方面突出问题进行了分类通报；经 2023 年 10 月 20 日中国金融工会党组会议审议同意，2023 年起中国金融工会经审会审计报告报送被审计工会所在单位党委主要负责人。

三是跟踪督促审计发现问题整改落实。2017 年起，中国金融工会经审会开始结合当年同级审计和“下审一级”工作，现场核实被审计单位对以前年度审计发现问题的整改落实情况，对核实发现仍未完成整改的以前年度发现问题，列入审计报告，督促被审计单位切实履行整改主体责任，推进解决屡审屡犯问题，主动发挥审计“纠错”“防病”作用。2019 年 2 月，中国金融工会经审会专门派出 17 个审计回访组，对 2018 年下审一级中发现问题的整改落实情况进行了现场核实，130 个问题中 115 个已基本整改，占比 88%；2020 年 3 月，为落实中国金融工会党组书记、兼职副主席周亮批示精神，中国金融工会经审会印发《关于对 2019 年度审计发现问题整改落实情况进行督促回访的通知》，组织审计“回头看”，一方面逐家制定审计发现问题台账，以专项审计和回访检查的方式，按季度跟踪有关单位整改自查情况；另一方面对中国人民银行工会等 2019 年来在册的 32 家会员单位以及山西等 12 家省级金融工会 2018—2019 年度审计发现问题的整改落实情况进行了专项回访核查，2018—2019 年“下审一级”发现的 371 个问题中已基本整改到位 311 条，整改率 83.8%。2022 年，在采取上述通报审计发现问题、“下审一级”现场核查整改结果等措施的基础上，中国金融工会经审办进一步“台账式”持续跟踪督促整改，逐家制发审计发现问题清单，要求各会员单位总行（会、司）工会、省级金融工会每半年按清单报送阶段性整改进展，直至问题全部整改到位。2023 年初，中国金融工会经审办对

2022年20家被审计单位报送的《整改报告》进行审核，对原因分析和整改措施不合规不到位的2家单位，正式下达了《整改报告审核意见书》，逐项指出偏差并要求重报《整改报告》；梳理下发了“下审一级”范围内全部73家被审计单位的问题台账，按半年跟踪被审计单位整改进度自查情况；继续在“下审一级”中，现场核实被审计单位整改情况的真实性，经现场核实整改到位的问题方予销号。

四是切实推进源头治理。中国金融工会经审会围绕重点难点问题提出有针对性和可操作性的意见建议。2019年10月，根据对会员单位2019年度工会经费拨缴情况的统计及核查情况，向中国金融工会提交了《关于金融系统2019年度工会经费计拨上缴自查核查情况的报告》；2021年2月又提交了《关于对加强2021年经费收缴管理的有关建议》。2023年，为落实学习贯彻习近平新时代中国特色社会主义思想主题教育和大兴调查研究要求，中国金融工会经审会不推诿、敢担当、做实事，切实解决基层痛点难点问题，把《审计定性指南》转化为财务制度，报经全国总工会办公厅发文批复同意后，于2023年9月印发《中国金融工会关于工会经费使用有关问题的补充规定》，解决了系统内各级工会在经费使用上误解或争议比较集中的43个问题。

五是贯通协同、形成合力。2021年，中国金融工会经审办配合银保监会巡视工作，提供了中国金融工会经审会对部分总行（会、司）工会、省级金融工会的审计报告，以及建议巡视组重点关注的情况，协助中国金融工会财务部，对银保监会党委巡视办移交的有关会员单位工会企业监督管理问题，研究提出整改建议以及对整改方案的意见；配合中国金融工会组织部对会员单位工会负责人的考核工作，提供对部分总行（会、司）工会有关工作开展情况的监督评价，供其对工会主席、常务副主席人选的考察时参考。2022年，配合巡视工作，就银保监会党委巡视办转来部分被巡视单位的工会相关问题整改方案进行审核并反馈意见；配合中国金融工会组织部，参与对 4 家会员单位工会经审会主任人选的考察，提供对 5 家会员单位的经审监督评价。2023 年，配合银保监会内审部（党委巡视办）就 2 家会员单位对 2022 年第一轮巡视发现问题中涉及工会经费管理的整改措施研提反馈意见，就其整改进展情况研提审核意见；配合中国金融工会组织部，参与对 8 家会员单位工会经审会主任人选的考察，提供对 5 家会员单位的经审监督评价。

在提高全系统经审监督质效方面，党的十九大以来，中国金融工会采取多项举措强化对下级工会经审工作的指导监督，健全系统经审监督“一盘棋”。

一是创建省级金融工会同级经审监督机制，指导尚未成立工会委员会的 34 家省级金融工会成立经审工作组，作为经审会的过渡形式履行同级审计监督。2021 年 7 月，在前期调研和征求意见基础上，经会签银保监会人事部并请示银保监会领导同意，中国金融工会五届三十八次主席办公会议研究通过，以《关于组建中国金融工会省（区、市）工作委员会经费审查工作组的通知》印发组建方案，明确经审工作组的成员构成、工作职权、工作保障以及组建程序等要求；9 月，召开中国金融工会经审会五届十二次常委会议，审议通过 34 家省级金融工会（不含已组建工会委员会和经审会的湖南、厦门 2 家省级金融工会）推荐的经审工作组组长人选，印发《中国金融工会关于组建中国金融工会省（区、市）工作委员会经费审查工作组情况的通报》，完成组建 34 家省级金融工会经审工作组；10 月，在湖南宁乡举办金融系统经审、财务干部联训期间，套开了省级金融工会经审工作组工作会议，对 36 家省级金融工会经审工作负责人进行了履职培训，并对其下一步开展审查审计工作进行了部署。2022 年 7 月印发《关于省级金融工会经审组织实施 2022 年同级审计的通知》，2023 年 6 月印发《关于省级金融工会经审组织实施 2023 年同级审计的通知》，2022—2023 年以统一制定审计方案、并安排中国金融工会经审会特约审计员加入审计组的方式，分 2 批指导新成立的 34 家省级金融工会经审工作组以及湖南、厦门金融工会经审会对其同级工会实施首次审计监督。

二是组织开展总行（会、司）工会年度经审工作规范化建设考核，推动各会员单位构建规范高效的经审监督体系。2017 年起，根据修订印发的《总行（会、司）工会经审工作规范化建设考核办法》《考核标准》，按“两年考核一次”的频率对各总行（会、司）工会经审工作规范化建设进行考核并通报考核结果。

三是组织开展金融系统工会优秀审计项目评选，发挥优秀项目示范作用，引导金融系统各级工会提高审计质效。2018 年起，根据全国总工会经审会关于评选年度全国工会优秀审计项目的工作要求以及《全国金融系统工会优秀审计项目评选管理工作办法》，每年评选“全国金融系统工会优秀审计项目”并给予通报表扬，择优推荐参加全国总工会经审会组织的全国工会优秀审计项目评选。

四是组织编写《金融工会经费审计操作向导》，指导全系统经审人员规范从审。2017 年，启动编写《金融工会经费审计操作向导》，2020 年正式印发《金融工会经费审计操作向导（2020 版）》，免费发放供各级工会参考使用。2020 年启动修订《金融工会经费审计操作向导》，2024 年正式出版《金融工会经费审计操作向导（2024 版）》，免费发放 4.2 万册供会员单位各级工会经审人员参考使用。

五是编发简报《要闻与动态（经审专刊）》，报送全国总工会经审办，并发送各会员单位、各省级金融工会、中国金融工会经审会委员及特约审计员、省级金融工会经审工作组组长，一方面按照全国总工会经审会要求，以简报形式报告金融系统经审工作开展情况，另一方面为金融系统各级工会经审组织和经审干部提供一个政策指导和业务交流的正式平台。2021 年，经中国金融工会五届四十一次主席办公会议同意，开始编发中国金融工会简报《要闻与动态（经审专刊）》，当年按季度编发 4 期。2021 年至 2023 年，已按季度编发中国金融工会简报《要闻与动态（经审专刊）》12 期，收到的投稿量稳步增加，2023 年刊登各类稿件 58 篇，较 2022 年增长 70%，内容包括中国金融工会经审会和会员单位经审会近期工作计划、进展、成效及调研成果等，《要闻与动态（经审专刊）》逐渐成为各级工会经审组织和经审人员认可的业务交流平台。

在经审队伍建设方面，中国金融工会经审会特约审计员制度有效整合了审计资源，提升了审计质效，还为各金融机构工会提供了交流学习的平台，这支队伍也得到了有效锤炼，已成为金融系统各级工会经审监督的骨干力量。

2018 年，中国金融工会经审会在 2016 年首批聘请 42 名工会审计、会计工作业务骨干组建特约审计员人才库的基础上，按规定程序新聘用了 42 名特约审计员，解聘了因工作调整等由所在会员单位提出解聘申请的 10 名特约审计员，特约审计员人才库扩充至 74 人；4 月，中国金融工会经审会在北京举办了 2018 年特约审计员培训班暨“下审一级”工作部署会，中国金融工会经审会委员和特约审计员共 100 人参训，中国金融工会党组成员、经审会主任余洁出席培训班并讲话，培训班邀请全国总工会财务部主要负责人、中国农业银行党校主要负责人、中国金融工会经审会第一批特约审计员代表、北京大学教授就工会财务管理的最新政策导向和工作要求、如何做好新时代工会工作、如何做好特约审计员、中国高铁进步之路等内容进行授课，中国金融工会经审办讲解了 2018 年“下审一级”工作方案；9 月，中国金融工会经审办和财务部在厦门联合举办 2018 年工会经审和财务人员培训班，这是继2017年以来举办的第2次经审、财务联合培训，中国金融工会经审会新任委员、经审工作联络员以及金融系统工会财务干部人才库成员共107人参训，中国金融工会党组成员、副主席王海光出席并讲话，培训班邀请中国金融工会财务部负责人、中国内审协会负责人、厦门会计学院教授和中国金融工会特约审计员代表就工会财务工作的新要求、审计署关于内部审计工作的规定、国际政治经济新形势与中国应对策略、新时期展现工会经审新作为等内容进行了授课，培训期间还组织了爱国主义现场教学。

2019年，中国金融工会修订印发了新的《中国金融工会经费审查委员会特约审计员管理办法》，结合2016年创新实施特约审计员制度3年来的实践经验和下一步工作需要，进一步增强特约审计员人才库选拔管理的前瞻性、规范性和可操作性；同年，经会员单位推荐，中国金融工会经审会常务委员会议审议通过，重新选拔聘用92名特约审计员；5月，中国金融工会经审会在天津举办特约审计员培训班暨2019年“下审一级”工作部署会，中国金融工会经审会委员、特约审计员共115人参训，中国金融工会党组成员、经审会主任余洁出席并讲话，培训班邀请中国金融思想政治工作研究会负责人、中国金融工会特约审计员代表、中国金融工会权益保障部负责人就新时代金融思想政治工作、如何高效实施工会经费审计、工会经审实务与管理、工会送温暖资金的政策措施及管理使用要求等进行了授课，中国金融工会经审办就2019年“下审一级”工作方案、《金融工会审计操作向导》初稿进行了说明，培训期间为按照修订后《中国金融工会经费审查委员会特约审计员管理办法》重新选聘的92名特约审计员颁发了聘书。

2020年，中国金融工会经审会按规定程序新聘16名、解聘11名特约审计员，特约审计员人才库调整至97人；按照新冠疫情防控要求，中国金融工会经审会首次采用录播形式，完成了

2020年特约审计员培训班暨“下审一级”工作部署会，分两个板块，对省级金融工会2018年至2019年经费预算执行、资产管理和2019年送温暖资金分配管理使用情况审计，以及总行（会、司）工会2018年审计发现问题整改落实情况和2019年工会经费计拨上缴情况专项审计的工作要求进行了详细讲解，培训还对疫情期间安全高效完成2020年审计任务提出了具体要求；10月，全国总工会经审会到中国金融工会进行“深入推进社会力量参与工会审计”重点课题调研，中国金融工会党组副书记、常务副主席梅志翔和经审会主任余洁向全国总工会经审会调研组专题汇报了中国金融工会建立实施特约审计员制度的经验做法，华融公司、农业银行工会介绍了本单位建立实施特约审计员制度的情况，全国总工会经审会对中国金融工会经审会实施特约审计员制度有效提升审计质效给予了充分肯定。

2021年，中国金融工会经审会按规定程序新聘10名、解聘11名特约审计员，特约审计员人才库调整至96人；10月，中国金融工会经审办联合财务部克服新冠疫情困难在湖南宁乡成功举办了对各总行（会、司）工会、省级金融工会专兼职经审、财务干部的线下联合培训，共160人参训，中国金融工会党组成员、经审会主任余洁出席并讲话，培训内容涵盖《工会预算管理与绩效管理重点》《工会会计制度及新旧衔接》《工会资产管理政策解读》《预算绩效管理和绩效审计》等，这是自2017年开启的金融系统工会经审、财务人员年度联合培训的接力，学员普遍反映此次培训内容丰富实用，对工作开展有很强指导意义，取得了较好效果；培训期间，还召开了省级金融工会经审工作组工作会议，对36家省级金融工会经审工作负责人进行了履职培训，并对其下一步开展审查审计工作进行了部署。

2022年，中国金融工会经审会按规定程序新聘74名、解聘18名特约审计员，特约审计员人才库调整扩充至152人。

2023年，中国金融工会经审会按规定程序新聘22名、解聘11名特约审计员，人才库人员数量调整至156人；6月，在浙江宁波举办2023年中国金融工会经审会特约审计员培训班暨“下审一级”工作部署会，共190余人参训，中国金融工会党组成员、经审会主任余洁，宁波金融工会主要负责人出席开班式并讲话，培训班暨部署会邀请全国总工会经审办负责人详细解读了新修订的《中国工会审计条例》，邀请在“下审一级”中表现突出的中国金融工会经审会委员、特约审计员分别从审计组组长和主审的角度，交流了工会审计实操工作经验，中国金融工会经审办对机关工会延伸审计中部分问题的定性口径，以及近2年审计报告审核、审计档案归集时发现的常见问题进行了说明和提示，部署了2023年审计方案，各审计组就本组工作计划进行了讨论。培训期间还为2023年新聘的20名特约审计员颁发了聘书，为在总行（会、司）工会2021—2022年度经审工作规范化建设考核中获特等奖、一等奖、二等奖的17个会员单位经审会颁发了奖牌，为中国金融工会经审会组织实施并获2022年度全国金融系统工会优秀审计项目的6个审计项目组长、主审、成员颁发了证书；11月，中国金融工会经审办和财务部在重庆联合举办2023年全国金融系统工会经审财务干部培训班，共150余人参训，中国金融工会党组成员、经审会主任余洁，重庆金融工会主要负责人出席开班式并讲话，这是2017年以来中国金融工会第6次举办经审、财务干部联合培训（其间仅2020年受新冠疫情影响中断1次），培训班邀请全国总工会有关部门处室负责人、金融作家协会负责人、重庆工商大学审计系教授，进行了《学习贯彻习近平总书记重要讲话精神，推动工会十八大精神落地见效》《工会财务监督》《善写者赢》《新时代工会审计监督的定位、重点与实施路径》的专题授课，中国金融工会经审办就《中国金融工会关于工会经费使用有关问题的补充规定》进行了解析，组织了革命历史现场教学；

中国金融工会经审办就上述 2 项培训的课程、效果、服务等情况分别进行了问卷调查，参训人员普遍反映培训课程设置合理、与时俱进，有效提升了思想认识和业务能力，对各自所在单位工作也具有较强借鉴意义。

2024 年，中国金融工会经审会按规定程序新聘 34 名、解聘 13 名特约审计员，人才库调整至 177 人；6 月，中国金融工会经审会建立特约审计员人才库推动经审监督提质增效的工作，入选全国总工会发布的 2024 年第 4 期全国工会重点工作创新案例。

在全国总工会经审会组织的省级工会经审工作规范化建设考核、全国工会优秀审计项目评选中，中国金融工会经审工作表现突出。

一是经审工作规范化建设考核方面。2020 年，在全国总工会经审会组织的全国省级工会经费审查工作规范化建设考核中，中国金融工会经审会连续九年荣获特等奖；2021 年，全国总工会经审会修订印发了新的《省级工会经费审查工作规范化建设考核办法》和《考核标准》，要求创新工作须为全国首创才能获创新项得分且总分前 6 名的省级工会才能评为特等奖，当年中国金融工会经审会被评为一等奖；2022 年，全国总工会经审会按照 2021 年新修订的《省级工会经审工作规范化建设考核办法》《考核标准》对全国 34 个省级工会经审工作进行考核（国家机关工会联合会未参加考核），中国金融工会经审会总分首次排名第 1，获评特等奖；2023 年，在全国总工会组织的 2023 年度全国省级工会经审工作规范化建设考核中，中国金融工会在全国 35 个省级工会中总分排名第 3，再次获评特等奖。

二是工会优秀审计项目评选方面。2017 年，中国金融工会经审会推荐的 3 个项目被全国总工会经审会评为 2017 年度全国工会优秀审计项目，包括中国金融工会经审会对光大集团工会 2015—2016 年度经费收支预算执行等情况审计、农业银行北京市分行工会经审会对北京万寿路支行工会2016年度经费预算执行等情况审计、国家开发银行青海省分行工会经审会对青海省分行工会2016年度经费收支等情况审计；2018年，中国金融工会经审会推荐的3个项目被全国总工会经审会评为2018年度全国工会优秀审计项目，包括中国金融工会经审会对信托业保障基金工会2016—2017年度经费预算执行等情况审计、建设银行工会经审会对河南省分行工会2016—2017年度工会经费预算执行情况审计、中国人民银行福州中心支行工会经审会对南平市中心支行工会2015—2017年度经费预算执行和资产管理情况审计；2019年，中国金融工会经审会推荐的3个项目被全国总工会经审会评为2019年度全国工会优秀审计项目（当年评选首次划分了优秀等级，中国金融工会经审会推荐的3个项目获评一等奖1个、二等奖2个），包括中国金融工会经审会对中国金融工会广西工作委员会2017—2018年度工会经费预算执行、资产管理和2018年送温暖资金分配管理使用等情况审计项目获一等奖，建设银行工会经审会对大连市分行工会2017—2018年度经费管理情况审计项目、工商银行山东省分行工会经审会对莱芜分行工会2017—2018年度工会经费预算执行情况审计项目获二等奖；此外，国家开发银行青海省分行工会经审会对省分行工会2018年度财务收支及管理情况审计项目，由青海省总工会推荐参加2019年度全国工会优秀审计项目评选，获三等奖。2020年，全国总工会经审会仅评选出5个全国工会优秀审计项目和10个全国工会表彰审计项目，中国金融工会经审会选送的3个项目中有2个项目获评2020年度全国工会表彰审计项目，这2个获表彰项目是中国金融工会经审会对中国金融工会2019年度经费预算执行、资产管理和送温暖资金分配管理使用等情况的审计项目，中国人民财产保险股份有限公司工会经审会对云南省分公司工会经费收支管理情况的审计项目。2021年，全国总工会经审会仅表彰了15个优秀审计项目，中国金融工会经审会选送的3

个项目中有 2 个项目获评 2021 年度全国工会优秀审计项目且取得得分排名第 1、第 2 的佳绩，这 2 个优秀项目是中国金融工会经审会对工商银行、交通银行工会 2019—2020 年度预算执行和资产管理等情况的审计项目。2022 年，全国总工会经审会仅表彰了 15 个 2022 年度全国工会优秀审计项目，中国金融工会经审会对中国民生银行股份有限公司工会委员会审计发现问题整改落实以及总部机关工会 2021 年度预算执行和资产管理等情况的审计项目入选，且在 15 个优秀项目中获得分排名第 1 的佳绩。2023 年，全国总工会仅评选了 15 个 2023 年度全国工会优秀审计项目，中国金融工会经审会实施的项目有 2 个获评优秀，且得分排名第 1 和第 6，2021 年以来连续 3 次在年度全国工会优秀审计项目评选中排名第 1。

（五）科技赋能智慧工会建设

按照习近平总书记关于“要把网上工作作为工会联系职工、服务职工的重要平台，增强传播力、引导力、影响力”的重要指示精神，落实全国总工会提出的“促进互联网和工会工作融合发展，构建网上工作平台，打造工会工作升级版”的工作要求，中国金融工会结合实际，积极做好新媒体工作，不断加强新媒体宣传力度，加快推进网上工会、智慧工会建设，提升对金融职工的思想引领水平，优化工作流程，创新工作形式。

优化“金融工运”微信订阅号，积极推进线上工会、智慧工会建设。2019 年，发布原创文章 300 余篇，新增订阅用户 50 余万，还开发了服务号功能，丰富了服务劳模、服务职工的形式方法。同时，逐渐建立起了金融系统工会微信矩阵，实现金融系统工会同频共振、共同发声。公众号得到全国总工会高度认可，并作为唯一的产业工会在全国工会新媒体建设推进会议上作典型发言，介绍新媒体运营经验。2021 年，利用“金融工运”微信订阅号多次开展“学党史·悟初心·跟党走”金融职工庆祝建党100周年党史知识竞赛、民法典学习竞答活动、“尊法守法·携手筑梦”宪法宣传周答题活动等多个线上竞赛活动，参与职工上百万人次。连续三年承办“网聚职工正能量 争做中国好网民”网络正能量歌曲征集活动，获“优秀组织单位”奖项。“金融工运”微信公众平台持续报道“新时代金融职工讲习堂”巡回宣讲活动，积极引领金融职工深入学习习近平新时代中国特色社会主义思想、习近平总书记关于工人阶级和工会工作的重要论述等。“金融工运”微信订阅号先后与金融文联各协会合作开展优秀作品线上投票活动，鼓励金融系统职工采用不同形式展示自我。2021年底举办庆祝中国金融工会成立70周年直播活动，用创新的手段、技术的力量举办了一场金融行业的职工盛宴，观看直播人次达255万。截至2022年底，“金融工运”微信订阅号粉丝人数达98.1万人，全年新增订阅用户4万余人，共发布微信推文273篇，其中原创文章196篇，原创率达到71.8%，阅读量在1万以上的推文达到32篇，占11.7%。2022年全年，利用“金融工运”微信订阅号开展“学党章·忆党史”金融职工庆祝党的二十大知识竞赛、“喜迎二十大 颂歌献给党 金融职工好声音网络比赛活动”、“学习宣传贯彻党的二十大精神推动全面贯彻实施宪法宣传周答题活动”等多个线上竞赛活动，参与职工上百万人次。连续四年承办“网聚职工正能量 争做中国好网民”网络正能量歌曲征集活动，获“优秀组织单位”奖项。“金融工运”微信订阅号持续开展“金融职工权益微课堂”活动，和大家分享职代会工作知识。“金融工运”微信订阅号先后与金融文联各协会合作开展“百廉图”征集等优秀作品线上征集、投票活动，鼓励金融系统职工采用不同形式展示自我。2022年底，举办“颂歌献给党建功新时代”金融职工好声音云上演唱会直播活动，用创新的手段、技术的力量举办了一场金融职工的视听盛宴，观看直播人次达151.5万。

2023 年全年，利用“金融工运”微信订阅号开展“我为自己代言”金融职工风采展示活动、“学习宣传贯彻中国工会十八大精神”线上知识竞赛、“大力弘扬宪法精神，扎实推进工会工作法治化”宪法宣传周答题活动等多个线上活动，参与职工上百万人次。连续五年承办“网聚职工正能量 争做中国好网民”网络正能量歌曲征集活动，获“优秀组织单位”奖项。“金融工运”微信订阅号开设学习宣传贯彻中国工会十八大精神专栏，并于专栏内设置学习平台，便于大家线上学习工会十八大精神。截至 2023 年底，“金融工运”微信订阅号粉丝人数达 111.2 万人，全年新增粉丝 16 万余人，共发布微信推文 236 篇，其中原创文章 183 篇，原创率达到 77.5%，阅读量在 1 万以上的推文达到 37 篇，占比 15.7%。

建立“金融职工之家”微信服务号。2020 年 11 月 27 日，“金融职工之家”微信服务号上线运行，成为中国金融工会建设智慧工会、为广大金融职工提供更加优质便捷服务的重要举措。该服务号以增“三性”、去“四化”为主线，共设有三大服务板块：惠信息、惠服务、惠互动。其中，惠信息板块包括工会动态、热门活动、微信矩阵、热门视频、工会网站等五个栏目，是工会信息发布和活动组织的窗口；惠服务板块包括近期财务制度、提升大学堂、挑战大擂台、服务大平台、暖心大家庭等五个栏目，是工会品牌服务展示的载体；惠互动板块包括健步走、法律咨询、心理关爱、建言献策、个人中心等五个栏目，是职工互动交流的平台。2021 年“金融职工之家”微信服务号增设金融职工权益和《工会经费审计经典案例解析》两个微课堂，新时代金融职工讲习堂、首届大国工匠创新交流大会、弘扬与凝聚金融奋斗力量 3 个专栏。截至 2022 年底，“金融职工之家”微信服务号订阅用户数达到 31.4 万余人，2022 年净增订阅用户 10 万余人，增设信息报送系统、金融工运线上陈列馆、金融玫瑰大课堂专栏。截至

2023 年底，“金融职工之家”微信服务号粉丝数达到 38.7 万余人，2023 年净增粉丝 7 万余人，举办“红色经典 声动人心”诵读活动、“领略山河之美 共祝祖国繁荣”随手拍活动、金融系统基层职工之家建设成果短视频展播活动，上线“喜迎工会十八大、关爱职工健康”专栏、《乘风逐梦迈新程——中国工会十八大精神解读》《中央金融工作会议解读》《贯彻落实章程 努力开创工会工作新局面》等课程，更新近期财务制度专栏，后台发布文章 260 余篇。

三、建设职工权益保障体系，关注职工需求

中国金融工会为响应党中央和全国总工会的要求，重点开展了劳动者的维权服务工作。坚持以职工为中心的工作导向，以解决金融职工急难愁盼问题为工作重点，持续深化“制度保障”工作主线，加大源头参与力度，积极推动集体协商等方面政策法规制度的研究制定和落实，健全维权服务机制，持续提升权益保障工作水平。开展员工帮扶，做细做实送温暖品牌，特别是女职工权益保护，推动形成构建和谐劳动关系和共建共治共享社会治理新格局。

（一）推进集体协商，构建和谐劳动关系

2018 年，中国金融工会印发《关于建立专职集体协商指导员队伍的指导意见》和《金融系统专职集体协商指导员管理办法（试行）》，对建立工资集体协商专职指导员队伍提出了指导意见。2019 年，在巩固总行（司）法人层面建立集体合同及协商制度的同时，继续推进行业集体协商工作，形成“区域谈底线、行业谈标准、企业谈增长”的层次分明、协调配套的集体协商工作推进体系。以北京、厦门金融行业集体协商典型经验为引领，探

索推动有条件的市级金融工会或重点城市开展行业工资集体协商工作，助推构建和谐劳动关系。落实全国总工会有关加强专职集体协商指导员队伍建设意见，壮大各级工会专职集体协商指导员队伍。

2020 年，北京金融工会在借鉴银行业集体协商成功经验的基础上，继续扩大金融行业集体协商范围，启动并开展北京保险业集体协商工作。12 月 17 日，北京保险业集体合同正式签署。12 月 29 日，厦门金融工会在做好培训、调研、宣传和协商专项人才储备的基础上，首次签订了厦门银行业集体合同和工资专项集体合同，同时完成了保险行业集体合同和工资专项集体合同续签工作。

2021 年，北京金融工会、厦门金融工会从工作时间、休息休假、劳动安全、职业培训、社会保险和福利待遇等方面入手持续开展协商，使协商内容更加契合当地行业实际情况和特点，进一步扩大集体协商机制在金融行业的覆盖面和影响力，为维护金融业劳动关系和谐稳定、夯实金融行业民主基础创造良好条件。根据全国总工会女职工委员会《关于开展企业性别平等机制建设调研的通知》和《关于开展企业用工成本中的性别差异化调研的通知》要求，中国金融工会女职工委员会聚焦女职工权益保护专项集体合同签订，以基层广大女职工的诉求和工会女职工维权工作中存在的问题为调查研究的基础，切实增强工会女职工维权工作的实效。

2023 年，北京金融工会、厦门金融工会进一步扩大集体协商机制在金融行业的覆盖面和影响力，银行业、保险业续签行业工资专项集体合同，夯实民主基础，维护本地区金融业劳动关系和谐稳定。

（二）深化关爱帮扶，解除职工后顾之忧

坚持开展面对面、心贴心、实打实服务职工在基层活动，探索创新送温暖的方式、方法，深化慰问力度。建立困难职工帮扶档案和动态“台账”，以平时慰问看望为主，以“两节”送温暖为引领，增强带动示范效应。将金融系统扶贫和驻村干部作为慰问对象，扩展慰问广度。加强职工心理关爱和情绪疏导，拓宽慰问深度。针对金融职工工作压力大的特点，中国金融工会通过其官方微信公众号推出“心理关爱”专栏。增强女职工专项帮扶，提升慰问精度。持续推进金融行业服务资源开放共享，协助全国总工会加强“户外劳动者服务站点·劳动者港湾”建设，倡导更多金融机构不忘为民初心，勇担社会责任。组织开展了金融系统职工队伍状况调查，并撰写《金融系统职工队伍状况调查报告》。

在强化困难职工帮扶方面。2018 年中国金融工会不断创新帮扶机制，实现帮扶工作制度化、常态化、精细化、成效化。按照“摸清底数、分类管理、分级帮扶、精细操作、动态服务、实时更新”的原则，在金融系统各级工会的配合下，逐步建立和完善了“金融系统困难职工关爱帮扶动态档案”，健全突出困难重点帮、突发困难及时帮、日常帮扶和集中帮扶互补的帮扶工作机制。2019 年，中国金融工会上线送温暖报送系统，运用科技手段更好地为金融职工服务。突出重大节日送温暖活动的示范导向作用。五年来，按照全国总工会帮扶工作新要求，进一步探索创新送温暖的有效途径和方法，实现送温暖活动常态化、日常化、经常化，注重对职工的人文关爱和心理疏导，把职工对美好生活的向往落到实处。努力做好“两节”期间送温暖活动。中国金融工会和各省级金融工会，开展面向基层送温暖活动，现场入户慰问困难职工、金融劳模、扶贫干部，并看望慰问基层网点一线职工，累计发放慰问金数十亿元，慰问职工数十万人。为职工办实事做好事

解难事的各级工会，在日积月累中筑起竭诚服务职工的一个个金字招牌，释放着直抵人心的温暖力量。2024 年“两节”期间，中国金融工会结合深入学习宣传贯彻党的二十大精神持续开展送温暖活动。领导班子成员分赴北京、天津、江苏、山东、青岛、厦门、湖南、广东、海南、深圳等省市进行现场走访，看望慰问困难职工、劳模工匠代表和坚守岗位的一线职工。2024 年元旦、春节期间，金融系统各级工会组织投入“送温暖”资金 3.8 亿元，慰问困难职工、劳动模范、一线职工、派驻挂职干部职工等 40.6 万余人次。2025 年元旦、春节期间，带着对金融系统广大劳模工匠、困难职工和一线职工的惦念，由中国金融工会领导班子成员带队的送温暖慰问组再次启程，分赴全国 12 省（区、市），通过集中慰问、座谈交流、入户走访、文艺演出等方式进企业、入网点、到家中，把党和政府的关怀、工会组织的温暖送到广大职工群众的心坎上。在全面贯彻落实“十四五”规划的收官之年，持续 31 年的金融系统工会“两节”送温暖行动注入新的时代内涵：2025 年中国金融工会共安排“两节”送温暖专项资金 1000 余万元，预计带动金融系统各级工会组织投入资金 4 亿元，将送温暖行动与学习宣传贯彻党的方针政策结合起来，与金融系统重点职工群体结合起来，与领导干部调研走访、“送文化下基层”等实践活动结合起来，突出重大节日送温暖示范导向作用，开展具有工会特色的走访慰问活动。

在加强人文关怀和心理疏导方面。2019 年“金融工运”微信订阅号开辟“心理关爱”专栏，结合金融系统职工职业特点，定期发布社会热点心理分析、心理学知识、咨询师案例等，开展线上心理健康知识和教育普及，为广大金融职工提供心理科学知识，提升对心理健康的自我认知、自我减压、自我疏导、自我预防、自我提高的能力。2020 年为加强金融系统职工的心理疏导和心理关爱，让职工深切感受到组织的温暖，同时预防与减轻疫情所致的心理困顿，中国金融工会引入优质资源，联合专业心理咨询公司，及时为全国金融职工提供了两条 24 小时免费心理援助热线，其中一条为湖北金融职工专线。2023 年 6 月至 9 月，开展金融系统职工心理健康普查调研，线上依托小程序开展心理健康调查问卷发放、填写和回收工作，9 万余名金融职工完成在线测评和心理健康普查调研问卷。同时，赴江苏、新疆及西藏等地，选取有代表性的单位及职工代表进行现场座谈调研，形成《金融系统职工心理健康普查调研报告》。在金融工会微信订阅号和服务号“心理关爱”专栏定期发布和普及心理健康知识的文章、音频、视频。截至 12 月末，共发布专业心理相关推文 45 篇，阅读量逾 12 万人次。制作完成心理关爱动漫视频《金融职场心理系列动漫》9 集。

在户外劳动者服务站点方面。为贯彻落实习近平新时代中国特色社会主义思想和党的十九届历次全会精神，金融系统不断丰富户外劳动者服务站点、服务内涵，积极推动大型金融机构把以人民为中心的发展思想贯穿至经营发展和金融服务全过程，以金融业服务资源的开放共享践行“我为群众办实事”，推动金融发展成果更多地利长远、惠民生。2018 年以来，中国金融工会及时总结中国建设银行兴办“劳动者港湾”的做法，撰写了《关于研究借鉴创办“劳动者港湾”经验的几点思考》《劳动者港湾的意义和启示》等多篇文章，在《中国工运》和《中国金融工运》上发表。2019 年 4 月 24 日，全国总工会在北京启动“户外劳动者服务站点 · 劳动者港湾”授牌暨金融行业推进服务资源开放共享工作仪式。此次授牌的中国建设银行“户外劳动者服务站点 · 劳动者港湾”是全国首个正式挂牌的户外劳动者服务站点共建品牌。在活动现场，中国金融工会协同中国银行业协会、中国证券业协会、中国保险行业协会，向金融行业各单位及广大金融职工发出开放共享服务资源、携手关爱户外劳动者的倡议。2019 年 4 月底，全国总工会下发文件，号召全国各级工会学习中国金融工会借助爱心企业资源，共建“劳动者港湾”的成功经验和积极有效作为。2019 年 7 月，中国金融工会及中国建设银行受邀为全国总工会在广西南宁举办的全国“户外劳动者服务站点”培训班传授推广经验，扩大其影响。在建设银行“劳动者港湾”示范引领下，带动了更多的金融机构积极投入共建户外劳动者服务站点的建设。

2021 年，推动中国工商银行在全系统建设了 1.55 万个“工行驿站”与全国总工会共建户外劳动者服务站点。12 月举办“心相联 爱无限——让城市更温暖‘共建户外劳动者服务站点·工行驿站’授牌仪式”，通过开放共享网点内部服务资源，累计服务户外劳动者及周边职工群众超 4 亿人次。截至 2021 年 12 月底，金融系统共建户外劳动者服务站点已超 4 万个。此外，由全国总工会评选的 1500 个 2021 年“最美工会户外劳动者服务站点”中，中国金融工会会员单位最美站点数量达 81 个。2022 年，认真落实全国总工会有关户外劳动者服务站点工作部署，积极推动大型国有金融机构开展共建工作。4 月，参加银保监会“金融一线劳动者践行‘我为群众办实事’，服务群众解民忧”专题新闻发布会，介绍中国金融工会有关重点工作，宣传金融系统共建户外劳动者服务站点情况。9 月，推动中国农业银行 2 万余个“浓情暖域”挂牌网点与全国总工会共建户外劳动者服务站点，每年累计为广大城乡客户、社会公众及户外劳动者提供各类便民服务 6 亿人次。据不完全统计，截至 12 月底，中国金融工会助推金融系统共建户外劳动者服务站点 5 万多个，其中中国工商银行的“工行驿站”1.5 万余个，建设银行的“劳动者港湾”1.4 万余个。共建户外劳动者服务站点工作多次得到全国总工会领导和银保监会领导的肯定。2023 年 9 月，推动全国总工会与中国银行共建户外劳动者服务站点“中银公益驿站”8000 余个。截至 2023 年底，四大行均有共建工会站点品牌，金融系统共计共建站点 6 万余个，解决户外劳动者实际困难，营造尊重关爱劳动群众的良好氛围。在2023年“最美户外劳动者服务站点”推树活动中，113个金融系统共建站点被确认为最美站点。金融系统4家单位被评选为全国总工会“双15工程”先进共建单位。

除此之外，2024年，中国金融工会加入全国总工会12351热线工单服务系统，为职工提供法律咨询、政策解答、困难问题解决方案等服务，努力提升做好新时代工会社会联络工作的能力和水平，做好职工帮扶工作，解决职工后顾之忧。

（三）完善职工之家体系

按照优先向贫困一线地区重点倾斜，优先对建设“职工之家”需求迫切，且经济条件困难的基层工会考虑的原则，中国金融工会不断探索完善在金融系统广泛开展“共建基层职工之家”活动，帮助基层工会打造合格职工之家（体育活动室、图书室、女职工关爱室、荣誉室等）。建章立制，规范金融系统基层职工之家建设；完善规则，夯实中国金融工会自身民主制度建设基础；树立典型，引导各级工会提高“职工之家”建设质量。

在探索“建家”新模式方面。2017年以来，金融系统各级工会不断丰富“建家”内涵，建造学习提高之家、民主管理之家、人文关怀之家、文体活动之家等，使广大职工真正感受到“家”的温馨、“娘家人”的温暖。2021年投入400多万元，联合25家总行（会、司）工会的基层分支机构，支持33家省（区、市）金融工会与辖区基层单位工会“共建职工之家”。结合工作实际，深化金融系统基层职工之家建设，全面提升基层职工之家建设水平，研究制定《关于开展“共建职工之家”活动的实施意见（试行）》。明确金融系统各级工会开展“共建基层职工之家”活动的要求，探索形成符合基层实际的共建机制、模式，推动金融系统基层工会职工之家建设制度化、规范化。中国金融工会与中国职工发展基金会合作开展援建基层职工之家“健康小屋”项目，丰富、拓展共建基层职工之家内涵。

在树立“建家”典型方面。2017 年以来，中国金融工会在金融系统广泛开展评选表彰“全国金融模范职工之家”和“全国金融系统优秀工会干部”活动。在充分发扬民主、广泛征求意见，认真组织推荐、党委审核把关的基础上，各金融机构工会和省（区、市）金融工会推荐申报“全国金融模范职工之家”候选单位和“全国金融系统优秀工会干部”候选个人。2021 年积极做好全国模范职工之家复查工作，根据全国总工会要求，中国金融工会对金融系统在 1983 年至 2005 年期间受表彰的 108 家全国模范职工之家进行复查。复查结果表明，金融系统有 98 家全国模范职工之家在新时代围绕中心工作和职工需求，不断丰富建家内涵，提升建家水平，组织健全、工作规范、维权到位、作用明显，保持了先进性。根据《中国金融工会关于开展“共建职工之家”活动的实施意见（试行）》，2023 年与 22 家总行（会、司）工会和 36 家省（区、市）金融工会推荐的基层工会开展“共建职工之家”活动。对达到标准的基层工会，统一制作并发放“中国金融工会支持基层工会共建职工之家”牌匾，并每家拨付 10 万元专项经费，总计 580 万元共建资金已全部到位。同时，强化对共建活动的跟踪指导，切实解决基层职工的愁盼问题，提高经费使用的规范性和效益，努力将共建活动惠及更多的基层职工。

（四）创新工作方法做好女职工工作

在推进女职工关爱帮扶方面。2018 年，中国金融工会女职工委员会认真落实中国金融工会 2017 年 12 月印发的《关于进一步加强金融系统女职工权益维护工作的意见》，深入基层了解意见落实情况，以基层广大女职工的诉求和工会女职工组织维权工作中存在的问题为导向，分类指导金融系统工会女职工维权工作。

2019年做好元旦、春节慰问单亲困难女职工工作。2019年春节前夕，中国金融工会女职工委员会向金融系统194名单亲困难女职工发放慰问金83.6万元。开展共建“女职工关爱室”活动，关爱室一室多用，作为女职工“五期”保护的休息场所和学习交流的场所。2月，中国金融工会女职工委员会在充分调研和广泛征求意见的基础上，制定下发了《关于开展共建“女职工关爱室”活动方案》，总计共建“女职工关爱室”152个，发放共建专项经费158万元。为做好元旦、春节慰问单亲困难女职工工作，2021年对困难情况特别严重的单亲困难女职工及亲属的慰问标准由原来的A类5000元、B类3000元分别提高到6000元和4000元。

2021年，中国金融工会对32家会员单位女职工专项集体合同签订情况开展调查，将各单位女职工专项集体合同签订率分为高、达标、不达标三级。到2021年底，金融系统女职工专项集体合同签订率达到83%，14家单位达到95%，签订内容涵盖了女职工关注度高的劳动就业、职业发展等10余项内容，履约监督检查覆盖率达到77%。组织金融系统女职工参与“情系女职工 法在你身边”全国职工线上法律知识竞赛活动，金融系统女职工答题平均准确率在80%以上，10家单位获优秀组织奖。2022年，为深入开展金融系统女职工关爱行动，维护女职工特殊权益，进一步加强金融系统“女职工关爱室”建设，中国金融工会女职工委员会为金融系统女职工提供普法宣传、读书学习等更加人性化的温馨服务，满足女职工多样化的身心需求，面向2021年的220家“女职工关爱室”共建单位发放创建安全健康平等的工作环境用书。2023年，为切实做好关心、关爱、服务基层一线女职工工作，中国金融工会女职工委员会进一步开展共建“女职工关爱室”活动，总计共建“女职工关爱室”242个，发放共建专项经费311.75万元。

在女职工组织建设方面。2018年，中国金融工会女职工委员会把健全组织、强化队伍、夯实基础作为金融系统各级工会女职工组织建设的重点工作，不断提升金融系统各级工会女职工组织和女职工工作干部的履职能力。继续加强对尚未恢复建立女职工委员会的省（区、市）金融工会的指导、协调工作，促进省（区、市）金融工会女职工组织建设工作。2021年5月，经相关总行（会、司）、省（区、市）金融工会女工委推荐，从10项工作入手，选取13家作为女职工工作示范点。28日下发《关于建立工会女职工工作示范点的通知》，探索拓展女职工工作思路和做法，充分发挥示范引领作用。完善组织机制，当时女职工委员会已建率达到92.58%，实现女职工组织在已建工会组织中的有效覆盖。基层工会女工委主任享受同级工会副职待遇，落实率达到69.27%。2022年9月16日至30日，中国金融工会女职工委员会推荐10名工会女职工工作干部参加全国总工会女职工部举办的全国女职工数字技能提升网络培训班。深入学习了《中国妇女发展纲要（2021—2030年）》《中华全国总工会关于加强新时代工会女职工工作的意见》，提升了女职工数字技能教育，加大了金融系统在数字时代的知识型、技能型、创新型女职工培养力度。

在促进女职工提素建功方面。2018年，金融系统各级工会女职工结合实际、因地制宜，通过各种岗位练兵、技术比武、业务竞赛、提出合理化建议、优质文明服务竞赛等系列活动，为广大职工搭建展示才能的舞台，创造实现人生价值的机遇，为推动金融业改革发展，促进地方经济建设贡献才智，建功立业。2021年，引领金融系统女职工坚定永远跟党走的信念，深入开展“我为女职工办实事”，引导女职工投身“培育好家风——女职工在行动”，开展推报金融系统“最美金融家庭，最美金融巾帼人”活动、“悦读畅享”读书主题实践活动，以先进模范强化女职工理想信念教育，以主题实践活动提升女职工幸福感、获得感、安全感。持续推进女职工专项集体合同扩面提质增效。

（五）助力金融帮扶履行社会责任

中国金融工会以习近平新时代中国特色社会主义思想为指导，坚决贯彻党中央、国务院以及全国总工会、银保监会有关脱贫攻坚决策部署，始终把定点扶贫工作摆在重要位置，强化责任担当，充分发挥金融优势和工会优势，积极开展具有工会扶贫特色定点扶贫工作，深入开展产业扶贫、金融扶贫、文化扶贫和消费扶贫，用心用力用情实施全方位帮扶，为定点扶贫县如期全面打赢脱贫攻坚战作出了重要贡献。党的十九大以来，中国金融工会直接捐赠、直接购买贫困地区农产品和帮助销售金额累计达千万元。

多方式金融扶贫精准施策。一是积极搭建平台，在消费帮扶上下功夫。根据国务院办公厅《关于深入开展消费扶贫助力打赢脱贫攻坚战的指导意见》，以及金融单位定点扶贫工作领导小组《关于充分发挥消费扶贫作用助力湖北省解决特色农产品滞销问题的函》，在“金融工运”微信订阅号开辟扶贫专栏，建立贫困地区农产品公众号销售平台，将4个定点扶贫县扶贫产品一并销售。在拓宽线上渠道的同时，通过号召会员单位购买或员工个人消费等形式，加大线下购买力度。二是充分利用资源，在文化帮扶上下功夫。充分发挥金融文联、各协会和金融职工志愿者的优势，中国金融工会、金融文联号召金融书画家和书画爱好者开展文艺扶贫志愿服务活动。2022年1月21日，在临洮举办中国金融工会文化扶贫书画捐赠暨中国职工发展基金会捐赠仪式，中国金融工会党组成员、副主席张亮代表中国金融工会和中国职工发展基金会向临洮县捐赠50多幅金融艺术家的书画作品和10.5万元专项资金。专项资金用于慰问金融系统20名困难职工，每人3000元，共计6万元；2个建设银行“劳动者驿站（港湾）”公益项目站点建设，共计3万元；购买青少年读物，共计1.5万元。三是结合工会工作，在关爱帮扶上下功夫。中国金融工会加强对扶贫干部的关爱，一方面加强常态沟通，加大对金融扶贫干部的身心健康关爱；另一方面首次将金融系统扶贫和驻村干部作为慰问对象，扩宽慰问广度，在资金慰问上向扶贫干部倾斜。同时，创新“送体育下基层”方式，向扶贫干部赠送体育器材，为定点帮扶县挂职的干部送温暖、解难题。每年利用元旦、春节期间开展“送温暖到基层”活动。2022 年 1 月，中国金融工会党组成员、副主席张亮看望中国银保监会在临洮、和政两县挂职干部并召开座谈会，了解他们的工作和生活情况，在助学济困、农特产品销售、金融支持等方面出谋划策，助其为临洮、和政经济发展和帮扶困难群众作出更大贡献。此外，中国金融工会通过“金融工运”微信订阅号“定点帮扶”专区，将 4 个定点帮扶县农产品一并销售。2023 年，进一步完善贫困地区农产品公众号销售平台，上架更新了多种农产品，同时通过号召会员单位购买或员工个人消费等形式，加大线下购买力度。截至 12 月 5 日，共销售 4 个定点帮扶地区农产品 226.3 万余元（其中金融工会购买 41 万余元，帮助销售 185.3 万余元），超额完成金融监管总局确定的工作任务。2024 年，继续深入开展定点帮扶工作，组织金融系统职工开展消费扶贫，购买和帮助销售农产品 227.1 万元。

积极参与公益活动。2021 年，中国金融工会指导江苏金融工会对“4・30 南通风灾”、河南金融工会对 7 月河南暴雨、山西金融工会对 10 月山西暴雨中金融职工的受灾情况进行摸底，给予即时慰问和专项救灾补助。继续开展“一元捐、十元捐”公益募捐活动，金融系统广大职工充分发挥互助互济精神，共募集资金 400 多万元。2022 年 4 月，鉴于吉林、上海、辽宁、黑龙江、河北五省市疫情防控形势严峻，中国金融工会紧急下拨 230 万元，支持五家省级金融工会开展疫情防控工作和对疫情防控一线的金融工作者人员进行慰问，将地方工会无法提供保障的非会员单位金融职工和网点亦视情况纳入慰问范围。2023 年，对遭受自然灾害的地区，中国金融工会及时下拨救灾慰问专项资金，如下拨北京、河北、黑龙江金融工会抗洪救灾慰问专项资金共计43.55万元；下拨甘肃、青海金融工会抗震救灾专项慰问资金共计60万元。慰问新疆、西藏、内蒙古、云南等地驻村干部职工1600余人，发放医疗健康包等物资价值共计60余万元。

四、提高职工综合素质，引领职工建功新时代

中国金融工会牢牢把握工运时代主题，紧紧围绕推动金融业高质量发展，履职担当、积极作为，加大宣传讲习力度，充分发挥“新时代金融职工讲习堂”“新时代金融职工宣讲员”的示范引领作用，切实履行引导职工听党话、跟党走的政治责任。推动劳动竞赛、劳模评选表彰及服务管理各项工作顺利开展，在“深下去”和“品牌化”上下功夫，为广大金融职工创新成长搭建舞台，充分激发广大金融职工积极性和创造性，用劳模的干劲、闯劲鼓舞更多的人，在助力经济金融高质量发展主战场发挥主力军作用。开展普法宣传，做好法律服务。紧密结合金融系统基层、一线职工文体活动的实际需求，不断创新文体活动的形式，为职工搭建更多更好的服务平台。

（一）筑牢理想信念，深化思想引领

党的十九大以来，中国金融工会发挥各会员单位“新时代金融职工讲习堂示范点”和“新时代金融职工宣讲员”作用，深入基层、一线职工，面对面进行形式多样、活泼生动的学习宣讲，在润物细无声中，传达党的思想和工会的声音。针对突发新冠疫情，开展“讲党史、金融工运史、劳模故事”系列线上线下宣讲活动，加强对职工的思想引领，增强工会凝聚力。深化与媒体合作力度，及时宣传劳模工匠事迹。全面改版《中国金融工运》杂

志，关注职工思想引领，贴近基层职工需求。注重金融业党的建设与思想文化建设的融合与平台搭建。

在深化理想信念教育方面。2019 年，中国金融工会搭建学习平台，开展“新时代金融职工讲习堂”创建活动和“新时代金融职工宣讲员”宣讲活动，召开全国金融系统“学习贯彻习近平新时代中国特色社会主义思想和党的十九大精神‘新时代金融职工讲习堂、宣讲员’现场经验交流会”，坚持用习近平新时代中国特色社会主义思想教育广大金融职工。在认真总结 38 家“新时代金融职工讲习堂示范点”先进经验的基础上，与中国金融文联在金融系统开展推荐百家“新时代金融职工讲习堂”活动，命名了 100 家“新时代金融职工讲习堂”和 1 个“新时代金融职工宣讲团队”——中国建设银行张富清先进事迹情景报告团。2020 年，讲习堂单位在新冠疫情防控期间，充分发挥平台优势，利用多种线上学习渠道，组织职工认真学习贯彻习近平总书记关于新冠疫情的重要讲话和指示精神，党中央、国务院决策部署，全国总工会、中国金融工会相关要求，用全国战“疫”期间涌现出的先进典型和感人事迹等，引领职工抗疫防疫，促使全体职工通过自身实践，进一步增强“四个意识”、坚定“四个自信”、做到“两个维护”，凝聚起了众志成城、全力以赴、共克时艰的强大正能量。2021 年，中国金融工会开展“中国梦 劳动美 金融情——永远跟党走 奋进新征程”主题宣传教育活动，唱响主旋律，建功新时代聚焦和突出庆祝中国共产党成立 100 周年主线，开展形式多样、职工喜闻乐见的宣传教育活动，着重提升职工获得感、幸福感、安全感，营造庆祝建党 100 周年的浓厚氛围，团结引领广大金融职工坚定不移听党话，矢志不渝跟党走。2021 年 6 月，“新时代金融职工讲习堂”巡回宣讲活动和金融职工文化月活动在上海正式启动，“新时代金融职工讲习堂”精选上海、井冈山、瑞金、遵义、延安、西柏坡、北京七站开展现场教学，向金融职工宣传中国共产党人的精神谱系，引领广大金融职工知史爱党、知史爱国。结合新时代新需求，向金融职工宣讲劳模精神、劳动精神、工匠精神，进一步激发金融职工爱党爱国、敬业奉献的热情，增强责任感和使命感，推动金融业高质量发展。金融职工文化月活动是中国金融工会、金融文联引领金融职工文化生活开展的一项重要活动，每年 5 月启动，集中开展一个月，其余为常态化开展，发挥金融各文艺协会作用，引领金融职工积极向上的文化生活，其中金融书协、美协最受欢迎。2023 年，中国金融工会党支部持续坚持以习近平新时代中国特色社会主义思想为指导，深入学习贯彻党的二十大精神，深入贯彻落实习近平总书记关于工人阶级和工会工作的重要论述，牢牢把握主题教育总要求、根本任务和具体目标，与金融工会业务工作紧密结合，扎实开展主题教育。聚焦增强基层党组织政治功能和组织功能，持续推进党支部标准化、规范化建设。坚持每两周周二下午的集体学习，严格“三会一课”等组织生活制度。

在加强思想政治宣传方面。中国金融工会把学习贯彻习近平新时代中国特色社会主义思想作为首要政治任务。2019 年，中国金融工会重点做好庆祝新中国成立 70 周年宣传报道，大力宣传以习近平同志为核心的党中央对工人阶级和工会工作的高度重视和亲切关怀，大力宣传新中国成立 70 周年特别是党的十八大以来金融系统各级工会自觉接受党的领导、团结动员百万金融职工以主人翁姿态建功新时代的有力作为，大力宣传各级工会和各文艺协会开展的形式多样的庆祝新中国成立 70 周年活动。2020 年，中国金融工会坚决做好疫情防控宣传教育和舆论引导工作，印发《关于进一步做好金融系统工会疫情防控宣传报道工作的函》，做好金融系统工会疫情防控舆论引导、解疑释惑工作，着力宣传各级工会参与联防联控、助力复工复产的措施及成效，及时宣传在疫情防控斗争中涌现出来的先进典型。2021 年，中国金融工会深化媒体合作，打造规模化宣传矩阵，与《金融时报》、中工网、《中国银行保险报》、中国银协、今日头条等宣传平台合作，通过纸媒、网站、手机客户端、微信公众号等多元化平台，及时发布中国金融工会重要活动通讯，宣传劳模工匠事迹。全面改版《中国金融工运》杂志，重新邀请书法家撰写刊名，版面进行全面改革，页数从原来的 60 页增加到 80 页。为更广泛地挖掘基层情况，进一步提升《中国金融工运》稿件的质效，中国金融工会组织各会员单位、省级金融工会重建记者站，重选记者站站长和通讯员。2022 年，进一步规范中国金融工会职工宣传教育文化活动有关经费开支范围和标准，规范《中国金融工运》稿酬支付标准，制定印发《中国金融工会职工宣传教育文化活动经费开支管理暂行办法》《〈中国金融工运〉稿酬支付暂行办法》。此外，各会员单位也持续深入学习贯彻习近平总书记关于工人阶级和工会工作的重要论述，贯彻落实党的二十大精神，传达学习贯彻中国工会十八大精神。2023 年 11 月，金融监管总局工会举办了“团结奋进新征程 用心当好娘家人”工会干部知识竞赛。比赛层层开展，决赛采用现场竞答的形式进行，有力推动系统职工深入学习习近平新时代中国特色社会主义思想、党的二十大报告和有关政策法规，有效提升了系统工会的引领力、组织力、服务力。

（二）激发劳动精神，提升竞赛质效

金融系统各级工会大力开展“当好主人翁、建功新时代”主题劳动和技能竞赛，不断创新形式、扩大领域，提升职工金融服务水平、防范化解金融风险技能。完善竞赛活动激励机制，进一步加强金融系统职工职业技能比赛即时授予奖励项目的计划管理，指导总行（会、司）和省（区、市）金融工会举办技能竞赛，即时对竞赛优秀选手表彰奖励，为职工提供职业生涯晋升快车道。

2017 年，用劳动精神深化金融系统技能竞赛。一是以会代

训，举办“全国金融系统银行证券保险综合业务技能竞赛活动”总结交流活动。为巩固2016年首届综合业务技能竞赛成果，总结经验，在新春伊始的2月邀请各省级金融工会代表和选手代表召开总结交流会，分享竞赛组织过程中，协调行业协会、地方工会关系、扩大竞赛活动参与面，以及竞赛程序、比赛规则设计、现场组织，尤其是促进职工成长，增强金融工会社会影响方面好的经验和做法，并请成绩优秀选手现场分享了本次竞赛的感受以及获奖后的感悟。活动还通过以会代训的形式，邀请中国劳动关系学院潘泰萍教授为参会代表讲授了《当前经济形势下的工会工作》，详细分析了当前形势时下，工会工作在供给侧结构性改革战略部署中的作用，提升工会干部工作水平。二是发挥合力，指导有关总行（司）举办全系统职工技能竞赛。在严格标准、严格程序的基础上，经层层审核和修改完善，制定完成《2017年度配套表彰的金融系统技能竞赛项目表》，对2017年各金融机构开展行业技能竞赛活动计划进行部署和要求，共有13家总行（会、司）和2家省级金融工会上报了23个竞赛项目和竞赛活动方案，6月，经评审筛选，决定授予13家单位19个技能竞赛项目的成绩优秀选手全国金融五一劳动奖章。10月至12月，分别指导并参与了工行、建行、交行、人寿、人保、太平、阳光、银河证券等多家单位和湖北、上海等金融工会的技能竞赛活动，竞赛范围涉及产品创新、保险理赔、私人银行、客户服务、财务管理以及金融科技等多方面多领域。

2018年，围绕党和国家工作大局，着眼于基层一线职工，进一步丰富劳动和技能竞赛内涵，进一步增强竞赛活动的针对性和实效性，结合时期和年度重点工作，引导各单位竞赛活动紧紧围绕打好“三大攻坚战”谋划和推进，特别是突出了防范化解金融风险的工作重点，推动广大金融职工努力成为防范金融风险的主动参与者和实践者，很好地体现了围绕中心、服务中心的工作原则。11 月，开展全国金融系统劳动和技能竞赛现场观摩交流活动。选取了部分单位分享竞赛开展方面的特色工作和取得的成效，邀请几位在技能竞赛中脱颖而出的代表讲述竞赛给他们带来的成长与感受，并带领全体与会代表现场观摩了人保财险理赔技能大赛和理赔专业论坛，并听取全国总工会劳动和经济工作部领导专题讲座。活动起到了让各单位相互借鉴、相互学习的作用，影响带动全系统进一步开展技能竞赛的热潮。同时，进一步加强金融系统职工职业技能比赛即时授予奖励项目的计划管理，下发《2018 年度配套表彰的金融系统技能竞赛项目表》，对 2018 年各金融机构开展技能竞赛活动计划进行部署和要求。按照向基层一线职工倾斜、技能操作性强、覆盖面广的要求，严格标准，参与支持了 16 家总行（局、会、司）和 8 家省（区、市）金融工会组织的共计 33 个劳动和技能竞赛项目决赛陆续开展。

2019 年是新中国成立 70 周年。围绕金融业改革发展稳定大局，着眼于基层一线职工，以“当好主人翁、建功新时代”为主题，按照“赛起来—深下去—品牌化”的金融系统竞赛工作“路线图”，紧盯业务发展和职工需求，引导各单位紧紧围绕打好“三大攻坚战”开展劳动和技能竞赛活动。11 月，组织开展金融系统职工防风险网络知识答题活动，金融系统广大职工通过“金融工运”微信订阅号，进行为期一周的线上答题。共计 41.79 万人参与答题，带动“金融工运”新增粉丝 8 万余人。支持指导 16 家总行（局、会、司）和 7 家省（区、市）金融工会举办 47 个项目的全系统、全辖区职工职业技能竞赛，涉及人数 80 余万人次，举办各类比赛 1900 余场。其中，即时授予 18 家单位 29 个技能竞赛项目的成绩优秀选手全国金融五一劳动奖章。一大批总行（局、会、司）决赛有董事长、总裁、监事长级领导出席竞赛活动，省级金融工会决赛也有地方党政（总工会）相关领导出席。此举充分调动了基层员工参与竞赛活动的积极性，进一步提升了竞赛的影响力和职工受益度，凝聚了金融系统劳动最光荣、劳动最崇高、劳动最伟大、劳动最美丽的正能量。劳动和技能竞赛的开展具有几个显著特点：一是行业实现全覆盖。涉及银行业务、证券业务、保险业务和银行保险综合业务。金融系统举办技能竞赛的热情进一步提升。二是领域实现新突破。劳动和技能竞赛围绕“打好三大攻坚战”，范围涉及合规发展、风险防控、业务技能及金融科技、脱贫攻坚、证券实操等多方面多领域，覆盖面广、参与人数多、操作性强，很好地体现了围绕中心、服务职工的原则。三是形式实现多渠道。劳动和技能竞赛内容丰富、形式多样，线上线下相结合，传统创新相结合。有中国金融工会发起、动员广大职工参与的线上答题，也有各机构组织的赛场上面对面的线下比拼；有把传统的柜台操作带上展示的舞台，也有把证券实操搬上了竞赛的现场。

2020 年，着眼于基层一线职工，围绕年度重点工作，结合疫情时期特殊要求，引导各单位根据各地分区分级精准防控要求，按照“赛起来—深下去—品牌化”的金融系统竞赛工作路线图，广泛深入持久开展劳动和技能竞赛及金融系统职工技能素质提升等活动。印发《关于在金融系统广泛深入持久开展劳动和技能竞赛，助力夺取疫情防控和实现经济社会发展目标双胜利的通知》，引导各单位线上线下相结合，深入开展以提升金融职工防范化解金融风险、创新金融产品、探索前沿科技等为主题的劳动和技能竞赛活动，指导 15 家会员单位和 5 家省（区、市）金融工会举办 29 个项目的技能竞赛，涉及人数 140 余万人次，举办各类比赛 4800 余场，挖掘培养了大批基层一线技能人才。

2021 年，中国金融工会研究制定《金融系统工会“十四五”期间劳动和技能竞赛工作指导意见》，引导金融系统职工广泛深入开展劳动和技能竞赛，充分发挥主力军作用，助推金融业高质量发展。加强技能竞赛立项管理。首次试行《职业技能竞赛绩效评估指标体系》，通过强化项目申报、推进、评估，从赛前方案初评、赛中跟进细化督导落实到决赛现场评估和赛后总结宣传进行全流程管理。加强金融系统职工技能培训，发挥互联网+、经济技术网云端平台线上培训模式，依托技能强国、“金融工匠大讲堂”平台等，引导广大职工钻研技术，练就过硬本领，建设知识型、技能型、创新型金融产业队伍。

2022 年，共对中国人民银行工会等 29 家单位的 38 个技能竞赛项目进行立项并给予配套表彰支持，覆盖近百万名金融职工，配套授予 34 名优秀选手全国金融五一劳动奖章，各类竞赛 1000 余场，挖掘培养了大批基层一线技能人才。其中“全国农信机构第一届职业技能竞赛”，是首次农信系统全国范围内的技能竞赛，全国 23 家省级农信机构代表队参与决赛。该竞赛动员全国农信机构员工和客户广泛参与，线上参与人数高达 500 余万人次，广泛地普及金融知识，不仅提升了全国农信机构从业人员的业务技能和服务水平，还提高了广大消费者权益保护意识。同时为顺应科技创新时代及加快银行业金融机构数字化转型的趋势，切实发挥竞赛工作在提高职工素质、推动金融科技进步、防范化解金融风险、促进高质量发展上的积极作用，重点指导了“2022 浙江银行保险业数字化改革数据应用创新大赛”，该竞赛聚焦数字经济、数字社会、乡村振兴、共同富裕、生态文明、全民健康、公共安全七大重点领域，为推进金融业数字化转型、提高服务实体经济能力，推动经济金融高质量发展提供了坚实力量。

2023 年，继续以“建功‘十四五’，奋进在金融”为主题，重点结合中国工会十八大精神和中央金融工作会议精神贯彻落地，侧重科技金融、绿色金融、普惠金融、养老金融和数字金融，重点支持为经济社会发展提供高质量服务为目标的竞赛，广泛深入持久开展劳动和技能竞赛，建立以岗位练兵和技术比武为基础，以各总行（局、会、司）和省（区、市）金融工会职工职业竞赛为主体，以引领性劳动和技能竞赛为示范的竞赛体系。2023年指导和支持各会员单位开展金融系统职工职业技能大赛43项，覆盖400余万名金融职工，基层一线职工劳动和技能竞赛活动累计1300余场，参与竞赛职工超过110万人次，挖掘和培养了大批基层一线技能人才。积极调研谋划“十四五”期间银行保险业数字化转型技能竞赛，围绕金融业数字化转型、提升服务实体经济能力、助力金融高质量发展，注重竞赛氛围营造和宣传，发动职工广泛参与，搭建“比学赶帮超”优质职工竞技平台。其中，中国人民银行系统各级工会在2023年全年共组织开展了497次各种形式的劳动和技能竞赛，共有6个集体和1名个人获全国工人先锋号、全国五一巾帼标兵岗、全国五一劳动奖章等荣誉。

2024年，围绕做好金融“五篇大文章”，中国金融工会继续大力弘扬劳模精神、劳动精神、工匠精神。指导开展各类竞赛活动21项，金融系统上百万名职工参与，“农信机构数字化转型职业技能大赛”“银行保险业数字化转型竞赛”被纳入全国总工会“十四五”全国引领性劳动和技能竞赛项目库，指导开展女职工数字技能提升培训4731场，推动建设女职工创新工作室310个，举办工会女职工工作干部培训班3214期，参加培训超过12万人次。重庆金融工会连续两年举办重庆市金融业数字化转型劳动和技能竞赛，开创金融系统工会竞赛5个“首次”。

五年来，中国金融工会着眼促进金融系统职工职业技能比赛向纵深发展，完善竞赛激励机制，进一步加强金融系统职工职业技能比赛即时授予奖励项目的计划管理，按照向基层一线职工倾斜、操作性强、覆盖面广的要求，鼓励更多单位、更多部门、更多基层职工参与到技能竞赛中来，为职工提供职业生涯晋升快车道，即时授予成绩优秀的选手全国金融五一劳动奖章。

（三）弘扬劳模精神，做好服务管理

聚焦服务实体经济、防控金融风险、深化金融改革，开展全国金融五一劳动奖和金融先锋号评选表彰活动；把握新时期劳模工作的特点和利益诉求，切实做好劳模慰问、劳模疗休养等服务管理工作；扎实开展“我为群众办实事”，落实“工会进万家”调研走访，组织致敬金融劳模活动；筹备首届大国工匠创新交流大会，展示金融创新成果，彰显金融劳模风采。

2017 年，圆满完成五一劳动奖推荐评选工作。表彰全国金融五一劳动奖章 324 人、全国金融五一劳动奖状 68 个、全国金融先锋号 26 个，推荐全国五一劳动奖章 9 人、全国五一劳动奖状 2 个、全国工人先锋号 15 个，并争取到授予技能竞赛优秀选手全国五一劳动奖章 5 人，授予节能减排工作优秀单位全国五一劳动奖状 1 个、全国工人先锋号 4 个。全国（金融）五一劳动奖的推荐评选工作是工会的一项传统工作，中国金融工会已连续开展了 17 年，做到了公开公平公正，树立的劳模也都保持着持续的先进性并不断进步。金融系统的 44 名党的十九大代表中，有 17 名来自基层，据统计，90%以上都曾获得全国和全国金融五一劳动奖章以及全国和省部级劳动模范。首次运用科技手段，打造电子化经济技术工作平台。以劳模评选工作为起点，以提升劳模管理水平为目标，为劳模评选表彰和档案管理、疗休养、帮扶慰问等一系列工作的规范开展，打造一个系统性的综合办公平台。经与技术方反复沟通、不断改进，并在部分金融机构试点使用、调研，初步建立了金融系统经济技术工作平台，大大简化了评审工作的报送程序并降低了材料报送的成本和报送时间。在劳模服务管理方面，进一步细分对象、创新形式、丰富内容，在吉林、青岛和浙江，开展了 3 期主题疗休养活动。参加活动的代表分别为“金融系统技能竞赛活动产生的劳模”“2017 年新表彰劳模”和“金融系统劳模创新工作室领衔人”。通过精细化分类，每一期疗休养活动在参与对象、活动内容和要达成的目标上能够有所侧重，特色更加突出，针对性更强，是十七年来第一次尝试。12 月 14 日由全国总工会组织召开的“全国工会劳模疗休养总结研讨会”上，中国金融工会作为唯一一家经验分享单位，同 40 余个省级工会、产业工会和 15 家劳模疗休养基地的代表分享了我们在疗休养方面的创新做法和丰富内容。此外，重视加强劳模服务基础性工作。一是开展了劳模疗休养基地的选择和调研工作。为规范和提升金融系统疗休养水平，更好地为会员单位和劳模先进提供专业服务，依托金融系统和全国工会系统资源，推动金融系统劳模疗休养基地的建设和培育工作，试点推出劳模疗休养基地。二是继续做好困难劳模元旦、春节慰问工作。2017 年，加大了慰问力度，给困难劳模的慰问金由过去的 2000 元/人增加到 3000 元/人，为 390 名劳模发放慰问金 117 万元。三是推荐并积极组织覆盖银、证、保的 30 名有影响力的新老劳模代表参加“迎新春赞劳模”茶话会，组织 20 名劳模参加 2017 全国金融系统运动会闭幕式。

2018 年，依托新开发的金融系统经济技术工作电子平台圆满完成全国金融五一劳动奖的评选工作，简化了评审工作的报送程序，降低了材料报送的成本和时间，切实提高了工作效率，提升了整体劳模管理工作水平。共授予全国金融五一劳动奖章 322 人，全国金融五一劳动奖状 57 个，全国金融先锋号 34 个。推荐全国五一劳动奖章 9 人，全国五一劳动奖状 2 个，全国工人先锋号 15 个。为进一步鼓励先进模范亮牌子、亮身份、亮作为，创新制作全国金融五一劳动奖章胸章便于日常佩戴，并制定《全国金融五一劳动奖章（胸章）佩戴办法》。既是劳模们的荣誉展示，也是责任担当和工作鞭策，鼓励其珍惜荣誉，将劳模精神、劳动精神、工匠精神发扬光大，在金融系统大力营造劳动光荣的社会风尚和精益求精的敬业风气。2 月，以“光荣属于劳动者”为主题的全国金融系统新春劳模团拜会在北京举行。团拜会分为“杰出劳模”“榜样劳模”“英雄劳模”“特殊劳模”四个篇章，通过视频形式展示了 30 名来到现场的劳模代表的感人事迹，并对优秀劳模代表进行现场访谈。在日常服务管理方面，一是动态化劳模管理。打造了中国金融工会经济技术网“全国金融系统劳模管理平台”，实现了劳模服务管理五大功能：为各级工会、广大劳模、社会各界提供服务功能，提供交流互动平台；建立劳模权威数据库，实现劳模档案的动态管理和实时查询；实现劳模评选、劳模创新工作室信息化申报和管理；实现劳模疗休养等活动的信息化管理；实现劳模帮扶慰问的网络申报和管理。二是精细化服务劳模。把关心关爱劳模放到突出位置，倾听劳模的意愿和呼声，扩大疗休养活动参与范围，自助式及集中式疗休养覆盖人数近 300 人。在山东、黑龙江和广西开展了 3 期主题鲜明的集中式疗休养活动，主题分别为“劳模健康服务管理”“弘扬党的十九大精神和学习交流”“红色教育和休息疗养”，每期活动的参与对象、活动内容、针对性各有侧重。内容上将健康检测、理疗保健、实地体验、交流讲座、红色教育、书画笔会、劳模讲堂等元素贯穿于活动；细节上创新制作手机贴式出席证及奖章胸贴，组建疗休养交流群及时发布提示、听取建议，为劳模过生日等；个性化、人性化、精细化的工作方式得到劳模们好评。每期活动均在微信平台进行耳目一新的宣传，阅读量、点赞量和留言量均位居前列。其中一期活动更是被全国总工会微信公众号转发，并刊登于《金融时报》。

2019 年，严格规范，贯彻“三性”要求，圆满完成劳模评选表彰工作。全面运用全国金融系统劳模管理平台，共评选和推报全国金融五一劳动奖章 331 人，全国金融五一劳动奖状 55 个，全国金融先锋号 37 个。推荐全国五一劳动奖章 9 人，全国五一劳动奖状 2 个，全国工人先锋号 15 个。大力宣传、弘扬劳模精神，发挥劳模工匠人才示范引领作用。一是为劳模和工匠人才发挥作用创造条件。在庆祝中华人民共和国成立70周年之际，推荐4名劳模到京出席系列庆祝活动：现场观看10月1日上午的庆祝大会、阅兵和群众游行以及晚上的联欢活动，欣赏《奋斗吧 中华儿女》文艺晚会，并出席国庆招待会。所有进京劳模感受到了奋斗、奉献的荣光与自豪。庆祝活动前夕，中国金融工会领导赴驻地看望慰问了金融系统观礼劳模。二是为劳模和工匠人才传承精神搭建平台。组织开展第四届“劳模大讲堂”活动，邀请5位来自金融系统不同战线的先进模范代表为200余位金融机构员工讲述成长、成才的感人故事，分享立足本职、建功立业的先进经验。劳模们用不变的初心、匠心，诠释着对劳模、对责任的理解，弘扬劳模精神，宣扬金融正能量，引起强烈反响。三是为劳模和工匠人才传承技能提供舞台。2019年春节前，推荐工、农、中、建四大行的点钞冠军参加央视《挑战不可能之加油中国》节目，来自中国工商银行的卓敏静和来自中国农业银行的毛弘历分别打破30秒和3分钟蒙眼手动点钞最多的吉尼斯世界纪录，技惊四座。协同中国职工技术协会，组织编写《陶萍工作法：点钞技巧与假币识别》一书并配套开发视频课程。该书属于“大国工匠工作法”丛书系列，在全国范围内共选取了8名大国工匠，仅陶萍1人来自金融业，其他7位都来自生产制造业。同时，继续做实做新做细劳模休养和培训等工作。5月，在习近平总书记给中国劳动关系学院劳模本科班学员回信一周年之际，于清华大学组织开展“追梦新时代 奋斗新征程”全国金融系统劳模和工匠人才领衔人培训交流活动。活动借助高校先进的培训体系，将社会优质教育资源引入劳模的教育培养中来，是一次劳模休养与提升劳模综合素质的有机结合和创新举措。该培训休养模式得到银保监会副主席，中国金融工会党组书记、兼职副主席周亮同志的肯定，批示：“名校、名师、名匠三结合的培训方式，可以更好地提升劳模的能力素质，更好地弘扬劳模精神、劳动精神和工匠精神。建议继续坚持和探索这种好做法。”活动的成功举办得到劳模好评和各会员单位的欢迎，起到了示范、带动效应，农业银行、中信集团、民生银行等也纷纷学习、效仿，组织本单位劳模赴名校培训学习。该活动在中央网信办和全国总工会主办的“网聚职工正能量 争做中国好网民”活动中，荣获“网络正能量专题活动”一等奖。7 月至 9 月，分别在陕西、黑龙江、浙江组织开展了 3 期金融系统先进模范主题参观考察暨休养活动，共有近 200 名先进模范参加。活动主要有三大特点：一是结合时事，主题鲜明。3 期活动分别围绕不同主题组织开展，在全党开展“不忘初心、牢记使命”主题教育之际，7 月下旬，即在陕西开展“不忘初心、牢记使命”主题活动，带领劳模们追寻革命先烈足迹、重温党的光辉历史；在黑龙江开展的“绿色粮仓 科技龙江”主题活动，围绕爱国主义教育和参观现代农业进行；在浙江开展的“数字金融 丝路浙江”主题活动，带领劳模们探索如何做好金融服务和金融创新。二是内容丰富，重点突出。3 期活动通过主题教育、参观考察、社会实践、交流讲座、健康体检等多种方式，激励劳模先进把爱国奋斗精神转化为岗位建功的实际行动，以更大的干劲和热情投身金融事业改革发展。三是形式创新，特色繁多。为减少劳模佩戴考察证件的不便，融入“新中国成立 70 周年”“劳动最光荣”等元素，创新制作手机贴版“代表证”；在活动中设置“献计献策”环节，劳模们谈心得感受，为发展献计，共计提出意见建议 40 余条，撰写心得 10 余篇；3 期活动均通过“金融工运”微信订阅号进行宣传，微信阅读量达 4 万次，留言互动百余条，其中一期还得到全国总工会微信公众号的转载和宣传，影响力得到极大提高。劳模们纷纷表示经历难忘，受益匪浅，共上报心得体会文字材料 40 余篇，感言 100 余条。除 1 期全国金融系统劳模和工匠人才领衔人培训交流活动和 3 期先进模范集中式考察暨休养活动外，还组织120位劳模参加了“自助式”疗休养活动。有效引导部分金融机构、省级金融工会开展系统内的疗休养活动。组织26位金融系统劳模参加全国总工会组织的疗休养活动。此外，经推荐，2位金融系统劳模报名参加了劳动关系学院的劳模本科班。所有这些，都让先进模范们感受到了各级工会组织对劳模的关爱和培养。

在庆祝新中国成立70周年之际，开展庆祝新中国成立70周年走访慰问劳模活动，把关心关爱劳模放到突出位置，倾听劳模的意愿和呼声。2019年，中国金融工会领导分别带领4个慰问组，走访慰问了50余位金融系统劳动模范和工匠人才，通过现场慰问、召开座谈会、发放慰问品等方式，面对面转达组织关怀，心贴心倾听劳模心声。其中，慰问组特意赴湖北恩施，看望“共和国勋章”获得者、中国建设银行湖北省来凤支行离休干部张富清，为老英雄送上慰问信、慰问金和慰问品，参观了张富清同志先进事迹宣传教育中心，并举办了中国金融工会学习宣传张富清同志先进事迹座谈会。国庆节前夕，引领金融系统各级工会开展走访慰问劳模活动，各级工会共发放慰问金200余万元，慰问各级劳模600余人，其中70岁以上（含）劳模100余人。继续做好劳模元旦、春节和日常慰问工作。2019年春节前，开展慰问金融系统困难劳模、部分重点劳模工作，共计488名劳模获得慰问金244万元。金融系统全体劳模均收到金融工会发送的电子版慰问信。

为切实提高金融系统五一劳动奖评选表彰工作的科学化、规范化水平，2020年5月下发《关于进一步加强和规范五一劳动奖评选表彰工作的通知》。贯彻落实坚决打好“三大攻坚战”的新要求，围绕国家脱贫攻坚大局，全国金融五一劳动奖评选表彰结合金融系统实际，聚焦脱贫攻坚。疫情期间，保证推荐审核不间断，工作标准不降低，过程把关更严格，依据《全国金融五一劳动奖状、全国金融五一劳动奖章、全国金融先锋号评选管理工作办法》，通过“全国金融系统劳模管理平台”，坚持两审（初审、复审）三公示（所在单位、推荐单位、中国金融工会）的程序开展。坚持向基层一线倾斜，向脱贫攻坚任务重、难度大的深度贫困地区帮扶金融机构倾斜，向取得明显脱贫成效的地区帮扶金融机构倾斜。坚持精准扶贫精准脱贫导向，以脱贫攻坚实绩作为衡量标准，体现先进性、典型性、代表性，做到优中选优。做实劳模关爱，为扶贫一线的全国金融五一劳动奖章获得者量身定制人身健康保险专项产品。丰富活动内涵，深化“名校”“名师”“名匠”相结合的授课模式，疫情期间“云端”授课，为劳模班免费开放网络课程平台，组织金融职工特别是湖北地区学员观看“清华终身学习云课堂”直播，累计 3 万余人次参与。实施金融职工素质建设工程，整合优势资源，充分利用“技能强国”平台、全国产业工人技能学习平台等，全国首批开设“金融工匠大讲堂”专栏，邀请金融劳模工匠录播线上课程，分享疫情期间投资方式及理念，为社会公众和金融从业人员提供相关培训和服务，累计 40 余万名职工收看。推荐金融劳模代表陶萍、杨金安开发《陶萍工作法》《杨金安工作法》等视频课程，与全国职工分享知识要点，展现新时代金融工匠风采，增强广大职工学技能、比技能、赛技能的积极性和创造性，为培养造就高素质金融职工队伍贡献力量。

2021 年 8 月，中国金融工会下发《关于推荐评选 2021 年全国金融五一劳动奖和全国金融先锋号的通知》及《关于推荐评选 2021 年全国金融五一劳动奖和全国金融先锋号的补充通知》，要求科学合理制定分配方案，面向基层，面向一线职工，省级金融工会要做到“广覆盖”。同时严格履行推荐评选程序、严肃推荐评选工作纪律，组成专项审核工作组加强对推荐评选工作领导，使金融系统五一劳动奖评选表彰工作进一步科学化、规范化。12 月 9 日，金融工会授予 79 家单位全国金融五一劳动奖状、492 名同志全国金融五一劳动奖章、115 个集体全国金融先锋号荣誉称号。

2022 年 7 月，中国金融工会下发《关于推荐评选 2022 年全国五一劳动奖和全国工人先锋号的通知》，部署开展 2022 年全国金融五一奖状、奖章和金融先锋号表彰活动。此次表彰结合金融系统实际，认真部署、严格把关、科学合理制定分配方案；面向基层，面向一线职工；严格履行推荐评选程序；坚持公开、公正，严格执行两审（初审、复审）三公示（所在单位、推荐单位、中国金融工会）的评选工作程序。中国金融工会明确了推荐名额、分配原则、分配方案，制定审核工作流程、规范报送内容、强化预审工作。2022 年 12 月 30 日正式下发表彰决定，授予 78 家单位全国金融五一劳动奖状、495 名同志全国金融五一劳动奖章、119 个集体全国金融先锋号荣誉称号。

2021 年，组织劳模参加全国总工会疗休养活动 3 期，共计 35 人；组织 50 位金融系统劳模参加“红色贵州雄关漫漫”疗休养活动；结合“我为群众办实事”，落实“工会进万家”调研走访，组织致敬金融劳模活动，借力公益平台，组织深度服务劳模活动。2022 年春节前采取一卡化发放，慰问金融系统全国劳模 65 名、省部级困难劳模 421 名，共计发放慰问金 158. 8 万元。同时为推动和保障全国劳模待遇落实，主动作为，对中央金融单位全国劳模进行摸底调研，协助全国总工会和中央国家机关将劳模春节慰问金发放到位。2023 年以“学思践悟二十大·接续奋进新征程”为主题开展劳模疗休养，组织 2 批集中疗休养，恢复和组织 1 批自助疗休养；126 名劳模参与疗休养，其中 48 名劳模参与全国总工会组织的劳模疗休养。疗休养中组织金融劳模跨行业学习了解液体动力事业艰苦奋斗、创新超越的发展历程，感受几代动力人的载人航天精神、“两弹一星”精神，学习航天人矢志航天报国的美好情怀，唱响“劳动最光荣、劳动最崇高、劳动最伟大、劳动最美丽”的时代主旋律。

在劳模精神宣传方面。充分利用“两微一端”等新媒体平台，制作发布金融劳动者竞赛瞬间、绝技绝活等短视频，展示劳动者奋斗形象，引导金融系统各级工会组织关注劳动、关爱职工。大力宣传劳动者先进事迹，营造崇尚劳模、关爱劳模、争当劳模的积极氛围。做实对扶贫劳模的关心关爱，为在扶贫一线的全国金融五一劳动奖章获得者量身定制人身健康保险专项产品，为扶贫干部们消除后顾之忧，让劳模们感受到各级组织的关心和温暖。2017 年，新媒体与传统媒体相结合，通过分众式、互动式的传播，极大地增强了信息的阅读量和点击率，扩大了宣传影响力。在中央网信办和中华全国总工会主办的“网聚职工正能量 争做中国好网民”活动中，中国金融工会获得了“网上练兵”、网上劳动和技能竞赛项目的优秀组织奖，我们推荐的贵州农信柜面综合业务技能竞赛平台获得优秀技术平台类二等奖，中国工商银行获得先进单位类三等奖，安徽金融工会获得先进单位类网络投票第一名，切实起到了弘扬劳模精神、劳动精神、工匠精神的作用。2019 年，在新中国成立 70 周年之际，推荐劳模到京出席系列庆祝活动，为劳模和工匠人才发挥作用创造条件；组织开展“劳模大讲堂”活动，邀请劳模代表讲好劳模故事，凝聚金融正能量，为劳模和工匠人才传承精神搭建平台；为劳模和工匠人才传承技能提供舞台，推荐工行、农行、中行、建行四大行的点钞冠军参加央视《挑战不可能之加油中国》节目。通过新媒体与传统媒体相结合的方式，在《中国金融》《中国金融家》《金融时报》以及《中国金融工运》等期刊和“金融工运”微信订阅号刊登劳模先进、劳动竞赛、创新工作室等事迹，扩大宣传影响力，让诚实劳动、勤勉工作成为行业风尚。2022 年 4 月，参加全国总工会主办的“首届大国工匠创新交流大会”，金融区以“凝聚金融奋斗力量，服务国家实体经济，推动实现高质量发展”为主题，携手中信集团以“践行国家战略、助力民族复兴”为使命，金融与实业并举，引领金融系统广大职工秉承创新精神和劳模精神、劳动精神、工匠精神。2023 年 7 月，精心谋划，圆满完成“第二届大国工匠创新交流大会”金融系统交流区的布展与交流展示工作。展区聚焦“服务实体经济、防控金融风险、深化金融改革”三项任务，展示广大金融职工在服务国家实体经济，推动实现高质量发展过程中产生的“匠人”“匠技”“匠物”，展会期间，以“非凡‘金’匠”为主题进行全媒体报道，开展工匠课程录制、工匠采访、技艺展示和宣传报道工作，在银行保险报推出了《非凡金匠 大国工匠创新交流大会》跨版专题，并在头版显著位置进行了专题推荐指引。遴选的典型劳模代表涵盖“50 后”到“00 后”等不同年龄阶段，银行、保险、实业等不同行业。展会期间直播观看人次超过 50 万，官网专题报道阅读量超 20 万次，累计触达受众超 200 万人次，在金融系统内掀起了大力弘扬劳模精神、劳动精神、工匠精神的热潮。2023 年 5 月至 12 月，参加由全国总工会组织的 2023 年全国“五小”系列活动，荣获“最佳组织单位”奖。

（四）培育工匠精神，打造工作品牌

中国金融工会注重发挥劳模工匠的示范引领作用，以金融系统劳模和工匠人才创新工作室创建活动为抓手，以习近平新时代中国特色社会主义思想为引领，牢固树立和贯彻落实新发展理念，围绕实施创新驱动发展战略，大力弘扬劳模精神、劳动精神、工匠精神，努力打造一支有理想守信念、懂技术会创新、敢担当讲奉献的产业职工队伍，以提高广大职工的职业道德、创新能力和技术技能素质为核心，发挥劳模在技能、业务等方面的专长和优势，积极围绕本地区、本系统、本单位的重点、难点问题，广泛开展技术创新、管理创新、服务创新、制度创新，最大限度实现

创新工作室示范引领、集智创新、协同攻关、传承技能、培育精神等功能，团结和动员广大职工积极投身群众性创新实践，建设知识型、技能型、创新型职工队伍，为促进金融体制改革，助推金融业服务实体经济发展作出应有的贡献。

2017 年，开展全国金融系统劳模（优秀技能人才）创新工作室创建及命名活动。1 月 5 日下发《关于命名全国金融系统劳模（优秀技能人才）创新工作室的决定》，命名了首批 22 家金融系统劳模创新工作室。这些创新工作室来自工行、农行、中行、建行、交行、中信、人保、阳光保险等 8 家单位，领衔人都是全国劳动模范、全国（金融）五一劳动奖章获得者，累计完成创新项目 100 多项，实现经营效益的增长和人才储备的提升。首批 22 家劳模创新工作室树得起、叫得响、立得住，有很高的行业影响力和社会美誉度。其中有以党的十八大代表工行金颖颖、中行蔡淑娟、建行刘艳等分别命名的劳模创新工作室；也有以党的十九大代表刘新安命名的劳模创新工作室；更有以农行王东云命名的劳模创新工作室，她带领徒弟参加了央视“状元 360”“旗鼓相当”“我是大能手”以及央视一套播出的“挑战不可能”，在展示了“刮刮式”“小鸡啄米式”等具有自身特点的“王氏点钞法”后，其炉火纯青的蒙眼听音识钞绝技赢得了大家的喝彩和钦佩；还有以退伍老兵、中行匠人李兴旺命名的技能拓展工作室，在这里共走出了 6 名中行系统全国冠军、24 名省行单项冠军，20 余人获全国劳动模范、全国（金融）五一劳动奖章、省劳动模范等荣誉。推进创建工作的规范化、深入化、常态化。组织开展“劳模引领，创新驱动——全国金融系统劳模创新工作室现场交流推进活动”。为展示金融系统首批劳模创新工作室创新成果，6 月 22 日至 23 日，在中国建设银行新疆分行营业部“向党工作站”举办“劳模引领，创新驱动——全国金融系统劳模创新工作室现场交流推进会”。来自 31 家金融机构和 12 家省（区、市）金融工会的负责同志和22家全国金融系统劳模创新工作室的劳模代表参加了活动。通过劳模团队讲述、音像资料展示、师徒朗诵创建过程、现场情景模拟的形式，着重讲述了17年来，李向党通过“向党工作站”的平台，完成了从个体典型到群体典型的转变。来自建行不同地区、不同创新领域的5家劳模创新工作室还通过新疆特色“大巴扎”形式，搭建了创新成果展示厅，同与会代表互动交流，将他们的劳模故事、劳模精神，创建情况和创建成果与代表们分享。活动还邀请了工行、农行、中行以及人保、阳光保险5家劳模典型带动、引领作用突出、促进业务发展工作实效显著的劳模创新工作室代表，介绍了经验，分享了做法。此次活动是在全国总工会转发《新时期产业工人队伍建设改革方案》后的第3天即组织进行的主题活动，在全国工会系统反应最快、落实最好、方式最新，获得全国总工会领导的好评和银监会领导的认可。《金融时报》以“不忘初心 永远向党”为题大篇幅报道了本次活动。深化规范创新工作室创建工作。在充分征求意见和调查研究的基础上，于12月下旬出台《全国金融系统劳模和工匠人才创新工作室创建工作意见》和《全国金融系统劳模和工匠人才创新工作室管理办法》。创新工作成果显著。积极与全国总工会劳动和经济工作部沟通，努力挖掘会员单位中的优秀单位和作品，推荐参与国家科技进步奖、中国专利奖评选工作。最终，在全国仅有的12个获奖项目中，由中国金融工会推荐的中国工商银行“加密装置、利用该加密装置加密、认证的系统与方法”获得中国专利奖优秀奖，“中国专利奖”是我国唯一的专门对授予专利权的发明创造给予奖励的政府部门奖，得到联合国世界知识产权组织（WIPO）的认可，在国际上有一定的影响。11月，我们推荐的中国银行连云港分行的“兴旺技能拓展中心”被命名为全国示范性劳模和工匠人才创新工作室。通过中国金融工会的示范引领和积极作为，各金融机构大力推动与精心培育，劳模创新工作室的创建命名工作已经在金融系统全面开花，并取得丰硕的成果。

2018 年，下发《关于推荐申报全国金融系统劳模和工匠人才创新工作室》，拟命名第二批全国金融系统劳模和工匠人才创新工作室。通过一带多，师带徒，让榜样就在身边，让榜样摸得着、学得起，营造你追我赶、创先争优的行业风尚。通过进一步规范完善、有序推进、蓬勃发展、打响品牌，完成到 2020 年，全国金融系统劳模和工匠人才创新工作室总数达到 100 家的目标任务。

2019 年 1 月，经各单位推荐，命名了第二批全国金融系统劳模和工匠人才创新工作室共计 40 家，实现了广覆盖、硬实力。中国金融工会注重统筹规划，运用科技手段，创新建立劳模和工匠人才工作室网上 VR 展厅，开展劳模和工匠人才工作室巡礼活动。12 月，金融系统 2 家试点 VR 工作室——王东云劳模创新工作室（农业银行）、“刘艳快线”劳模创新工作室（建设银行）已完成制作，率先上线。VR 工作室不仅包含工作室简介、人员构成、大事件、荣誉展示、成果展示等模块，还设有留言互动、微课堂等功能，促进创新成果的转化和技术交流，让职工学有示范、学有平台。

2020 年，打响工作品牌，成功推荐全国示范性劳模创新工作室 1 家，命名金融系统第三批劳模和工匠人才创新工作室 44 家，实现“十三五”期间创建 100 家全国金融系统劳模和工匠人才创新工作室的规划目标，运用科技手段，创新建立劳模和工匠人才工作室网上 VR 展厅，为劳模发挥作用搭建平台，营造争先创优行业风尚。

2022 年，命名了第四批 45 家全国金融系统劳模和工匠人才创新工作室。通过专项补贴扶持培育优质项目，充分发挥劳模和工匠人才在开展技术创新、管理创新、服务创新、机制创新方面的示范引领作用，将劳模的个体优势转化为群体优势，通过一带多，师带徒，带动更多金融职工学业务、练技能，集智创新、协同攻关、传承技能、培育精神，劳模的品牌效应进一步凸显，实现经营效益和人才储备的双提升。

（五）加大普法宣传，提升法治思维

为引导广大金融职工和工会干部增强法治观念，维护劳动关系和谐稳定，中国金融工会持续开展“12·4”国家宪法日和“宪法宣传周”集中宣传活动，形成学习宣传宪法法律的浓厚气氛，弘扬社会主义法治精神，将法治宣传教育与履职、维权等工作有机结合，落实学法用法制度，切实提高金融系统工会干部和职工运用法治思维和法治方式开展工作的能力。跟进劳动争议个案，提供法律意见，配合进行依法处置和舆论应对工作；协助各总行（会、司）、省（区、市）金融工会办理工会法人资格更换。

2021 年，深入学习贯彻习近平法治思想，按照全国总工会“八五”普法规划开展金融系统工会普法工作。以职工群众喜闻乐见、易于接受的方式开展《宪法》、《民法典》、职业病防治、安全生产活动月等法治宣传教育，增强金融职工尊法学法守法用法意识，提升法治素养。贯彻落实全国总工会《基层工会法人资格登记办法》，积极协调解决金融系统派出机构法人资格办理历史遗留问题。

2022 年，深入开展普法宣传，推动工会法治建设。一是以新修订《工会法》为重点，围绕中心工作开展法治宣传教育。2022 年 4 月，组织新修订《工会法》网上答题活动，近 3 万人次参与；5 月，举办金融系统“深入学习贯彻《工会法》推进工会工作法治化建设”网络专题学习班，123 名工会干部顺利结业。二是贯彻落实全国总工会《基层工会法人资格登记办法》，做好基层工会法人资格审核工作。2022 年共协助 25 家总行（局、会、司）工会、2 个省级金融工会办理工会法人资格（含工会法人变更），协助 3 家省级金融工会办理统一社会信用代码证。此外，及时转

发《中华全国总工会办公厅关于学习宣传贯彻〈中华人民共和国工会法〉的通知》《关于开展 2022 年全国工会系统“安全生产月”活动的通知》等文件，协助各部门审定 43 份合同。三是结合 12 月的“宪法宣传周”，开展为期一周的“学习宣传贯彻党的二十大精神推动全面贯彻实施宪法”网上答题活动，其间共有 38 万余人次参与。深入学习宣传《宪法》《工会法》《民法典》《劳动法》《劳动合同法》等法律法规，提升广大工会干部法治素养，切实增强工会法治化建设。

（六）打造文体品牌，彰显职工风采

坚持以习近平新时代中国特色社会主义思想为指导，着力丰富活跃职工文化生活，推动职工文化繁荣，结合工作实际，努力为金融职工打造良好的文化阵地建设；结合党史学习教育，不断丰富金融职工文化建设内涵，激发金融职工爱党爱国精神；结合职工体育工作实际，着力打造职工体育特色品牌。

在建设金融职工文化阵地方面。党的十九大以来，结合金融工作实际，中国金融工会持续开展职工书屋建设和职工阅读活动。积极引导各级金融机构工会将职工书屋与职工之家、劳模创新工作室等工作阵地相结合，拓展延伸职工书屋载体，同时将职工书屋与读书、学习、培训、休闲、用餐、交流、沙龙、业务洽谈等多功能融于一体，使职工书屋成为金融企业文化建设、品牌塑造的时尚载体，广泛开展经典诵读、文化沙龙、道德讲堂、读书论坛、专题讲座、好书分享会、诗词创作大赛、阅读演讲、知识竞赛、读书征文等丰富多彩的阅读学习活动，形成浓厚的阅读氛围。2021 年，组织开展以“把一切献给党·劳动创造幸福”为主题的职工书屋阅读活动，发挥职工书屋精神文化家园作用，引领广大金融职工学习党史，激发爱党爱国热情，让金融职工在书香的陶冶中感受快乐、享受生活。2022 年，为学习贯彻习近平总书记致

首届全民阅读大会的贺信精神，落实全国工会职工书屋建设工作要求，推荐7家单位为全国工会职工书屋示范点。对金融系统21家已建全国工会职工书屋示范点进行图书补充和更新，为便利型职工阅读站点配书、为劳模（职工）书架添置图书。推荐金融系统2名同志分别获得全国工会职工书屋“突出贡献工作者”和“阅读学习成才职工”称号。充分发挥职工书屋精神文化家园作用，引领广大金融职工坚定不移听党话，矢志不渝跟党走，让金融职工在书香的陶冶中感受快乐、享受生活。

在丰富职工文化生活方面。2019年，金融文联按照中国文联和中国金融工会的工作部署，在各文学艺术协会的积极配合下，深入学习贯彻习近平新时代中国特色社会主义思想和党的十九大精神，坚定不移地坚持“二为”方向和“双百”方针，走“三贴近”路线，围绕中心工作，充分发挥文联组织、联络、协调、服务的职能，用心用情用功服务基层、服务职工，不断推出精品力作，努力攀登艺术高峰。2020年初，坚持以“艺”抗疫，凝聚疫情防控正能量，积极组织开展主题文艺创作活动，号召广大金融职工以书法、美术、摄影、文学、音乐、曲艺、舞蹈等多种艺术形式，创作抗击疫情的各类文艺作品。2023年3月，由北京金融街服务局指导，北京金融街商会主办，中国金融文联、金融摄影家协会、金融书法家协会、金融美术家协会联合支持的“你好，金融街——2022金融街建设与发展30年摄影书画展”在金融街购物中心展出。按照全国总工会和中国金融文联的工作部署，结合中国金融工会工作实际，2023年5月18日，由中国金融工会、中国金融文联主办，河北金融工会、河北金融文联等单位承办的“中国梦·劳动美·金融情——凝心铸魂跟党走 团结奋斗新征程”金融职工文化月活动在河北石家庄启动。河北银保监局党委书记王文刚，中国金融工会党组成员、副主席张亮，中国工商银行河北分行党委书记、行长田耕以及中国金融文联七个协会的10

位文艺志愿者、河北金融工会会员单位部分代表出席活动。启动仪式后，志愿者们先后在工行河北省分行、中国银行河北省分行、中国进出口银行河北省分行等开展了书法、绘画、摄影、文学创作、音乐舞蹈等一系列丰富多彩的“送文化下基层”到网点活动。坚持把满足基层金融职工精神文化需求、向基层职工学习作为重要使命，利用重要节日、庆典常态化开展“送文化下基层”和文艺志愿服务活动。每年元旦、春节期间开展“送万‘福’进万家”书画公益活动。通过写春联、送“福”字的传统形式，表达对基层职工爱岗敬业、勇于创新、淡泊名利、甘于奉献精神的敬意和感激，进一步弘扬劳模精神、劳动精神、工匠精神，讲好金融故事、树好金融形象。

另外，为了深入贯彻落实习近平总书记关于“培育中国好网民”重要指示精神，弘扬社会主义核心价值观，传播网络正能量，中国金融工会连续五年承办“网聚职工正能量 争做中国好网民”主题活动之一的“网络正能量歌曲征集”活动。五年里，收到有效参赛歌曲近千首，涵盖 29 个省、自治区、直辖市和金融、铁路、民航等产业工会，以歌曲记录和讴歌了广大职工奋勇争先、爱岗敬业、迎难而上的拼搏精神。中国金融工会也积极组织各会员单位、各省（区、市）金融工会金融职工参与到“网聚职工正能量 争做中国好网民”主题活动的各个子项目中来。五年来，金融系统推报优秀作品 370 余件，获各类奖项近 200 个，充分展现了金融职工建功新时代的担当作为与靓丽风采，树立了金融职工的良好形象。同时，中国金融工会连续五年获得全国总工会和中央网信办颁发的“表现突出单位”“优秀组织单位”，还应邀组织创作了活动主题歌《争做中国好网民》。2019 年，被中央网信办“中国好网民优秀故事及作品展示活动”评为“出彩活动”，是全国工会系统唯一获奖单位；2023 年作为代表参加中国网络文明大会，获评“2022 年职工好网民主题活动优秀组织单位”。

在坚持职工体育群众性属性方面。中国金融体育协会在中国金融工会党组和国家体育总局的指导下，结合实际，秉持服务职工宗旨，认真实施《全民健身计划》，积极组织金融系统各级单位开展丰富多彩的职工体育活动，切实推动金融职工体育工作实现“丰富业余生活，提高健康水平，增强职工体质，凝聚奋进力量”的目标。2019 年 6 月至 8 月，中国金融工会、中国金融体育协会举办了首届全国金融系统职工智力运动会暨第四届全国智力运动会选拔赛，8 月至 10 月举办 2019 年全国金融系统职工健步走网络公开赛；2020 年 9 月至 11 月，中国金融体协圆满完成第五次国民体质监测（金融系统）测试工作，科学有序恢复职工体育工作；2021 年，在统筹做好新冠疫情防控和职工体育工作的基础上，充分发挥金融体协特色优势，7 月举办“庆百年 迎冬奥”全国金融系统职工健步跑系列活动，10 月举办金融系统职工围棋擂台赛。

2022 年，中国金融体育协会坚持以习近平新时代中国特色社会主义思想为指导，全面学习贯彻党的二十大精神，积极营造“喜迎（庆）二十大”热烈氛围，持续统筹做好疫情防控与职工体育工作，坚持“稳”字当头，扎实推进全年工作，组织开展一系列方便参与、种类丰富的职工体育竞技与智力赛事活动，进一步提高金融职工综合素养。8 月至 11 月，由中国金融工会、中国金融体育协会主办，中国金融扑克牌协会协办的“喜迎（庆）二十大”2022 年全国金融系统职工扑克牌系列比赛在线上举办，来自全国各地的 75 家单位、近 4 万名金融职工参与活动，利用工作之余，展开了双升、掼蛋、斗地主三项扑克牌线上比赛，进行了超 500 万场次的智力比拼。9 月至 12 月，由中国金融工会、中国金融体育协会主办，中国金融围棋协会协办的“喜迎（庆）二十大”2022 年全国金融系统职工围棋赛在线上举办。本次比赛规模、参赛水平和赛事人气均为历届之最，共有 750 名选手报名参加，共经历预赛 11 轮、决赛 6 轮，5585 盘精彩对局和近 12000 小时的激烈搏杀，累计近 110 万人次在线观看。

2023 年，中国金融体育协会坚持以习近平新时代中国特色社会主义思想为指导，深入学习贯彻党的二十大精神，以职工体育需求为切入点，以职工体育工作为桥梁，以职工体育活动为契机，积极组织开展富有工会特色、职工群众喜闻乐见的、种类丰富形式多样的职工体育赛事活动。2023 年 3 月至 4 月，中国金融工会、中国金融体育协会、中国金融健步跑协会举办了 2023 年金融系统职工健步跑系列活动。此次活动采取“线上+线下”相结合的形式，设有健步走和健康跑两大项目。线上活动于 3 月 21 日至 4 月 10 日进行，历时 21 天，吸引近 20 万名金融职工线上比拼，是近年来参与人数最多的一次金融职工体育活动。其中，健步走组别累计步数近 205 亿步；健康跑组别累计跑量约 43 万公里。线下活动于 4 月 16 日举行，结合国家“行走大运河”全民健身活动的号召以及第 19 届亚运会即将召开的契机，在京杭大运河的南起点、亚运会举办地——杭州举办了健步跑总结活动。另外，4 月 14 日至 16 日，中国金融体育协会组队参加了“劳动者”杯 2022 年中国职工乒乓球联赛总决赛，选派中国人民银行、中国农业发展银行、中国农业银行、中国建设银行等单位的 10 余名优秀职工选手组队参加，经过 3 个比赛日的激烈争夺，最终获得男子和女子团体行业组双料冠军。8 月 12 日，中国金融工会、中国金融体育协会、中国金融乒乓球协会在京举办了 2023 年金融系统在京机构职工乒乓球比赛，来自金融系统 25 家单位在京机构的 200 多名职工选手参加了比赛。本次比赛设有混合团体和嘉宾组单打比赛，其中混合团体赛包括男子单打、女子单打、50 岁及以上单打、男子双打、女子双打五个项目。

2024 年，中国金融工会组织各会员单位和省（区、市）金融工会开展形式多样的庆祝中华人民共和国成立 75 周年系列活动，开展金融工匠培育宣传活动、劳动和技能竞赛、“凝心铸魂跟党走 团结奋进新征程”主题活动、金融职工融之声合唱季（北京）合唱展演暨第六届金融戏剧小品小戏展演活动、“迎国庆”2024金融系统职工五人制足球预选赛等活动。

后　记

2025年是中华全国总工会成立100周年。为庆祝全国总工会百年诞辰，2022年全国总工会启动了《中国工运通史》系列图书的编撰工作。中国金融工会作为十个全国产业工会之一，负责了《中国工运通史 金融工会卷》的编撰工作。此书即将付梓，掩卷回望，在中国漫长的历史长河中，在民族复兴的浩荡征程中，唯有中国共产党领导下的中国工人运动，才能如此波澜壮阔、如此灿烂辉煌。中国工运是中华人民共和国从革命胜利走向改革开放再到新时代的历史见证者、参与者和推动者。

本书以职工为经，以金融为纬，经纬交织间，展现的是中国金融人“筚路蓝缕启山林，栉风沐雨砥砺行”的奋斗图景。从钱庄票号的古老算珠到数字金融的云端密钥，从瑞金叶坪的土坯房屋到陆家嘴的摩天大楼，从马背银行的手工账簿到量子计算的数字货币，金融人在革命烽火中守护经济命脉，在建设热潮中架起资金桥梁，在改革浪潮中勇立时代潮头，在新时代新征程中谱写辉煌篇章。中国金融工会自成立以来，始终坚持政治性、先进性、群众性，始终引领金融职工听党话、跟党走，激发他们在服务实体经济中建功立业。

两年寒暑交替，本书编撰团队寻遍史籍史料，从泛黄的档案卷宗到斑驳的工会徽章，从历代前辈的口述实录到卷帙浩繁的文字档案，每一次考证都体现了虽艰辛困难但高度负责的求索精神。全国总工会领导的全力指导、金融工会同仁们的深耕细作、学者专家们的博考文献，共同编成这部跨越三个世纪的金融工运之作。

这是中国金融工会第一部全景式编年体著作，虽经编撰团队上下求索，但因史料收集困难，加之编著者水平有限，书中难免有不当之处，亟待后来者进一步完善，也请广大读者多提宝贵意见。

《中国工运通史 金融工会卷》献给所有为中国金融工运事业奉献青春、热血甚至生命的金融人，他们的名字或许未载入史册，但他们创造的辉煌历史、铸就的精神丰碑，已为中国工运留下了浓墨重彩的一笔。

谨以此书献给中华全国总工会成立100周年。

本书编委会

2025年3月